O amor não tem limites

Amadeu Ribeiro

© 2013 por Amadeu Ribeiro

Coordenação de arte: Priscila Noberto
Capa e projeto gráfico: Priscila Noberto
Diagramação: Priscilla Andrade
Preparação: Mônica d'Almeida
Revisão: Cristina Peres

1ª edição — 3ª impressão
5.000 exemplares — abril 2018
Tiragem total: 17.500 exemplares

Dados Internacionais de Catalogação na Publicação (CIP)
(Câmara Brasileira do Livro, SP, Brasil)

Ribeiro, Amadeu
O amor não tem limites / Amadeu Ribeiro. — 1. ed. — São
Paulo : Centro de Estudos Vida & Consciência Editora, 2013.

ISBN 978-85-7722-252-0

1. Espiritismo 2. Romance espírita I. Título.

13-08549 CDD-133.9

Índices para catálogo sistemático:
1. Romance espírita : Espiritismo 133.9

Todos os direitos reservados. Nenhuma parte desta edição pode
ser utilizada ou reproduzida, por qualquer forma ou meio, seja
ele mecânico ou eletrônico, fotocópia, gravação etc., tampouco
apropriada ou estocada em sistema de banco de dados, sem a
expressa autorização da editora (Lei nº 5.988, de 14/12/1973).

Este livro adota as regras do novo acordo ortográfico (2009).

Editora Vida & Consciência
Rua Agostinho Gomes, 2.312 – São Paulo – SP – Brasil
CEP 04206-001
editora@vidaeconsciencia.com.br
www.vidaeconsciencia.com.br

Dedico este livro à minha avó, Carmem, a primeira pessoa que me disse: "Acho que você vai ser escritor algum dia".

Agradeço à minha mãe, Márcia, pelo amor, pela confiança e pelo estímulo.

E ao amigo Marcelo Cezar, a quem sempre admirei pelo talento como escritor.

capítulo 1

Chovia forte. Uma verdadeira tempestade. Os relâmpagos riscavam o céu clareando a noite fria. Naquele horário, somente alguns pedestres estavam na rua, correndo em busca de um abrigo. Os trovões explodiam como bombas. Alguns eram mesmo ensurdecedores. A forte ventania curvava as árvores menores. Os rios, que enchiam rapidamente, transbordariam em pouco tempo.

Lúcia não conseguia dormir. Rolava na cama de um lado para o outro, sem pegar no sono. Consultou o relógio. Eram duas horas da madrugada.

Levantou-se da cama, bebeu um copo de água na cozinha e dirigiu-se ao quarto de Talita. Sabia que a filha tinha medo de trovões e estava surpresa com o fato de que a menina ainda não tivesse vindo procurá-la para dormir com ela.

Durante tempestades fortes como aquela, era comum Talita se levantar, assustada e chorosa, à procura da cama e da companhia da mãe. Aninhava-se nos braços de Lúcia até adormecer novamente. Lúcia era sua fortaleza, seu porto seguro. Sentia que ao lado da mãe nenhum mal chegaria até ela. Lúcia era seu anjo da guarda na Terra. Era sua mãe e seu pai ao mesmo tempo.

Lúcia sorriu ao observar a filha dormindo em sua cama cor-de-rosa, abraçada com a boneca, dona Matilde.

Talita não havia despertado com as trovoadas, o que era raro acontecer. Lúcia se aproximou da cama da menina e pousou suave beijo em sua testa, cobrindo melhor a filha com o cobertor que havia escorregado para os pés. Talita se mexeu levemente, mas não abriu os olhos.

Caminhando devagar, Lúcia retornou ao seu próprio quarto. Tinha verdadeira adoração pela filha, amava-a profundamente. Uma era amiga da outra, uma fazia companhia à outra. Eram somente as duas no mundo. Talita, com seus cinco aninhos, era um verdadeiro anjo, inclusive na aparência. Os cabelos loiros encaracolados, os brilhantes e alegres olhos azuis, a boquinha rosada, as bochechinhas coradas.

Tudo nela lembrava um anjo. Parecia uma dessas crianças de propaganda. Puxara inteiramente ao pai. Daniel também era loiro e tinha os olhos azuis. Lúcia nascera morena, com olhos castanhos, grandes e expressivos.

Quando se conheceram, havia seis anos, Lúcia acreditou ter encontrado o homem de sua vida. Na época, ela trabalhava como recepcionista em um edifício comercial na Avenida Rebouças, e ele, no quarto andar desse mesmo prédio, num escritório de advocacia. Segundo a opinião feminina, Daniel era o advogado mais bonito do edifício, talvez até mesmo o mais belo do bairro. Para Lúcia, ele era apenas um homem elegante, não tinha nada de tão extraordinário.

Sempre havia especulação sobre a vida íntima dele e sua situação conjugal, pois as funcionárias mais antigas evitavam fazer comentários. Como Lúcia sempre o olhara de maneira profissional, jamais pudera refletir sobre a possibilidade de Daniel ser ou não um homem comprometido.

Entretanto, ela foi obrigada a mudar seu modo de pensar quando, inesperadamente, ele a convidou para almoçar. Simplesmente parou diante do balcão da recepção, chamou-a em um canto e discretamente fez o convite. Lúcia estranhou aquela conversa. Ele jamais lhe dirigira a palavra, além de alguns cumprimentos básicos. Mesmo sabendo que havia algo estranho ali, a curiosidade foi maior e ela aceitou.

Foram a um restaurante não muito sofisticado, a uns cinco quarteirões do local de trabalho. Fizeram o pequeno trajeto no carro dele. Lúcia ainda não sabia ao certo o verdadeiro propósito daquele almoço. Eles não tinham amizade, mal se falavam e não tinham intimidade nenhuma para saírem juntos. De uma hora para outra, Daniel surgia com um convite. Como não ficar intrigada?

Porém, Lúcia foi acometida por um susto ainda maior quando já estavam no restaurante. Daniel a encarou, o par de olhos azuis, brilhando expressivamente, fixos nos olhos castanhos de Lúcia. Então, sem nenhum tipo de aviso prévio, ele disparou:

— Eu a trouxe aqui porque quero falar do amor que sinto por você. Se acredita em amor à primeira vista, então vai acreditar se eu disser que estou apaixonado por você.

Acrescentou que sempre a admirara de longe e estava aproveitando a oportunidade para se declarar. Lúcia se lembrava, como se fosse ontem, das palavras que usou para responder, assim que conseguiu se recuperar da surpresa.

— Desculpe, mas o senhor está bem? Não há o menor sentido no que está me dizendo. Como pode estar apaixonado por mim? Nem nos conhecemos, nunca nos falamos, além dos cumprimentos estritamente profissionais. Deve haver algum engano.

Ele permaneceu alguns instantes em silêncio enquanto o garçom servia os pedidos. Por fim, reagiu:

— Não há engano algum, Lúcia — ele a chamava pelo nome, com tal intimidade, que parecia conhecê-la desde a infância. — Talvez você não acredite em mim, com toda a razão. Sei que é muito estranho, até mesmo suspeito, mas, como deve ser do seu conhecimento, eu sou um homem livre, desimpedido, sem compromissos e não devo nada a ninguém.

Ele olhou para o prato e tornou a encará-la.

— Em meu ambiente de trabalho, convivo com belas mulheres, como você também deve saber, mas nenhuma delas nunca me interessou. Desde o primeiro instante em que a vi naquela recepção, senti algo diferente em meu íntimo. Eu não conseguia tirar o seu lindo rostinho da minha memória. Ficava pensando em você todo o tempo — um leve sorriso surgiu nos lábios dele. — Meus colegas até repararam, reclamaram comigo que eu andava distraído, esquecido das minhas obrigações. Houve uma vez em que eu me esqueci do prazo da devolução de um processo junto ao fórum. Tudo porque em minha cabeça só havia espaço para a sua imagem.

Lúcia estava atordoada. Daniel parecia muito sincero. Sabia de casos em que pessoas se apaixonavam à primeira vista, como ele mesmo afirmara, todavia achava que era coisa de novelas, pura ficção. Exageradamente romântico para ser real, quase fantasioso. No entanto, estava acontecendo com ela. Na sua frente estava o rapaz mais admirado do edifício, declarando-se apaixonado.

— O senhor me deixou sem fala, doutor Daniel. Eu...

— Esqueça o doutor. Daniel, apenas — cortou ele sorridente, enquanto segurava a mão dela.

— Está bem... Daniel... — Lúcia sorriu timidamente.

— É que eu, pega de surpresa, não sei o que responder ao senhor.

Por alguns instantes ele pareceu espantado com a hesitação de Lúcia.

— Você tem algum namorado? Mantém um compromisso com alguém?

Era a única explicação para a reação meio tola de Lúcia.

Lúcia sacudiu negativamente a cabeça e Daniel continuou:

— Então, por que não me diz que me quer também? Admita que sente algo por mim também.

Ela o encarou com estranheza. Aquele homem era lindo, porém não coordenava bem as ideias.

— Olhe, as coisas não acontecem assim. Ainda estou confusa com sua confissão. Como o senhor quer que reaja uma mulher que acaba de ouvir uma declaração de amor de um homem com quem ela mal conversa? Como um homem que pode ter a seus pés as mulheres mais bonitas da face da Terra de repente se apaixona por uma pessoa tão simplória como eu, que não tem atrativo nenhum? Até parece o enredo de uma novela mexicana.

Havia certa irritação na voz dela; no entanto, isso não pareceu deixá-lo abalado.

— Além do mais, não posso garantir de imediato que correspondo ao amor do senhor. Eu mal o conheço. Mal não, eu não o conheço. Não sei os gostos do senhor, onde mora, o que faz da vida... Como quer que eu aceite namorá-lo, ou seja lá quais são as suas intenções comigo?

Daniel ouvia atentamente todo o discurso de Lúcia, sem interrompê-la. Sabia que ela não estava errada; contudo, não podia negar que algo nela o atraía demasiadamente. Ele também não conhecia todos os gostos da moça. Sabia onde ela morava, já que a seguira duas vezes. Reconheceu que deveria agir com mais sensatez se quisesse mesmo conquistar a recepcionista. Medindo bem as palavras, ele replicou:

— Você está coberta de razões. Reconheço que estou agindo precipitadamente e isso não é nada bom. Acabei por assustá-la e essa não era a minha intenção. Peço-lhe mil desculpas — ele falava num tom suplicante e Lúcia se sentiu comovida. — Mas, por favor, reflita com carinho sobre tudo o que eu disse. Pense por uns dias e, quando achar que já tem a resposta, me comunique. Pelo sim ou pelo não, quero saber sua resposta.

Dessa vez, Lúcia assentiu com a cabeça, sem dizer nada. Estava emocionada, temerosa e aflita. Emocionada porque, durante toda a sua vida, ninguém nunca tinha se declarado para ela daquela forma, muito menos um homem com uma posição financeira estável, além de ser um ótimo partido, segundo suas colegas de trabalho. Temerosa porque em seu íntimo sentia que deveria haver alguma coisa errada. Nenhum homem como aquele se apaixona por uma mulher pobre, à exceção de filmes e novelas. Sabia que muitos homens desumanos costumavam fazer apostas com amigos para conseguir conquistar uma mulher menos bonita, sem se importar com os sentimentos dela. Se esse fosse o caso, em breve ela iria desmascará-lo.

Também estava muito aflita porque ele dera apenas alguns dias para que ela se decidisse sobre que atitude tomar. Claro que ela poderia negar, já que não era obrigada a nada. Será que era isso que ela realmente queria?

Terminaram de almoçar e pouco depois voltaram para o carro. Durante o trajeto de volta para o trabalho, Daniel não tocou mais no assunto. Murmurou umas poucas palavras sobre temas triviais. Lúcia apenas sacudia a cabeça, sem nada responder.

Durante o restante do expediente, Lúcia só pensava na conversa que tivera no almoço. O que faria? Ela não tinha ninguém na vida. Era filha única e seus pais tinham morrido havia dois anos em um trágico acidente de carro na Rodovia Fernão Dias. Os pais não tinham irmãos, portanto, Lúcia não possuía tios nem primos. Ela ficou sozinha no mundo, conforme imaginava.

Não aceitou a morte violenta dos pais e passou a questionar a existência de Deus. Se Ele era tão bondoso, como todos afirmavam, não podia permitir que tragédias assim acontecessem. Ele não via o sofrimento das pessoas, principalmente aquelas como Lúcia, que ficavam completamente sozinhas?

Ela sempre foi uma mulher religiosa, mas com a morte dos pais tornou-se descrente de tudo. Quase não acreditava mais em Deus, pensava que ninguém seria tão cruel a ponto de tirar a vida de duas pessoas tão saudáveis e felizes, como os seus pais, em uma fração de segundo. Se havia uma explicação para isso, ela não fazia ideia de qual poderia ser.

Lúcia morava numa pensão simples, porém confortável. Com o que recebia de salário, pagava o aluguel do quarto e se alimentava. Não fazia extravagâncias. Jamais viajava, mal se lembrava de quando fizera compras para si mesma pela última vez, pois só comprava produtos para higiene pessoal e alimentos. Apesar de sua rotina modesta, ela não se sentia infeliz. Achava que não precisava de mais do que isso, pois se sentia bem vivendo dessa forma. Todavia, a conversa que tivera durante o almoço deixou-a emocionalmente abalada.

Nos dias seguintes, Lúcia não tinha outro pensamento senão a resposta que daria a Daniel. Considerava tudo terrivelmente estranho. Acreditava sinceramente que Daniel queria fazer algum tipo de brincadeira de mau gosto com ela, ridicularizá-la perante os amigos e colegas de trabalho. E se ele quisesse apenas se aproveitar dela? Eram tantas as possibilidades. E se Daniel fosse algum sequestrador e quisesse lhe fazer algum mal? Ela já lera uma matéria sobre um grupo, cujos homens sequestravam as mulheres para lhes fazer coisas horríveis. Claro que Daniel parecia não se ajustar a nenhum desses perfis, mas Lúcia não gostava de confiar nas pessoas apenas por sua aparência física.

Ele lhe parecera sincero. Poderia estar dizendo a verdade, embora Lúcia julgasse que tudo fora repentino demais, que as coisas tinham corrido numa velocidade em que ela não pudera acompanhar. De qualquer forma, ela já tinha sua resposta pronta. Fora difícil chegar a essa decisão, mas agora ela já sabia o que responder a Daniel.

Desde o dia do almoço, Daniel voltou a cumprimentá-la formalmente sem voltar a tocar no assunto, no entanto, quando Lúcia o olhava, discretamente, sorria ao ver que ele mantinha seu olhar azul fixo nela. Pensara durante a semana inteira e na segunda-feira decidiu dar a resposta que ela considerava ser a certa. Foi quando ouviu batidas suaves na porta do seu quarto. Seria Laura, a dona da pensão?

Lúcia deixou escapar um gritinho de espanto ao se deparar com Daniel ali, bonito, sorridente e perfumado, sobraçando um ramalhete de azaleias belíssimas. Lúcia ficou sem reação. Balbuciou:

— Oh, meu Deus! O que faz aqui? Como...?

— Calma — ele cortou a fala nervosa de Lúcia com um leve gesto com a mão. — Achei que já passava da hora de saber sua resposta. Não aguentava esperar mais. Quanto a estar aqui, desculpe, mas eu andei seguindo você algumas vezes e descobri que morava aqui. A dona Laura me deu permissão para entrar e me informou qual era o seu quarto. Posso entrar?

— Pode sim — era visível o desconcerto de Lúcia. Estava, como sempre, sem reação. — Entre, não repare no tamanho da minha casa, se é que se pode chamar esse quarto de casa.

— Claro que pode — Daniel entrou, sempre sorrindo, e entregou-lhe o buquê de flores. — Não importa o tamanho de sua casa. Se for aqui que mora, este é seu lar. Parabéns, você está maravilhosa!

Lúcia enrubesceu, mas adorou que ele tivesse dito isso. As flores eram lindas e perfumadas.

— Obrigada pelas flores... Vou pôr na água... Sabe, achei estranho a dona Laura ter permitido sua entrada aqui. Ela não vê com bons olhos as moças que moram sozinhas e recebem visitas masculinas que não sejam parentes. Como a convenceu?

— Talvez por ter dado uma única azaleia para ela, não?

Os dois sorriram. Embora parecesse constrangedor, ela o convidou para sentar-se em sua cama. Passaram muito tempo conversando sobre assuntos sem importância, e Lúcia se surpreendeu ao descobrir que gostava de falar com ele, de olhá-lo, de ver seu sorriso.

Ela já tinha sua resposta pronta para ele e depois dessa visita estava ainda mais certa de que não tinha tomado a decisão errada. Ele, entretanto, durante um bom tempo, não tocou nesse tema. Enfim, quando eram quase onze horas da noite, ele finalmente perguntou:

— E então? O que você decidiu sobre a gente? Eu tenho alguma chance?

Lúcia o olhou demoradamente e sorriu:

— Acho que não custa nada tentar, mas antes eu gostaria de saber mais sobre você.

Daniel sorriu de orelha a orelha e a beijou de leve nos lábios. Lúcia sentiu que ficava vermelha, porém não teve tempo de dizer nada porque Daniel começou a falar sobre sua vida. Comentou que sempre quisera cursar Direito, que era seu sonho desde a infância. Contou que seus pais e um irmão moravam num bairro nobre e estivera noivo uma vez, mas a vida levara Estela dele.

O coração de Lúcia se enterneceu, pois tinha se lembrado de seus próprios pais. Eles tinham alguma coisa em comum, haviam perdido entes queridos. Daniel acrescentou que nunca mais sentira interesse em nenhuma outra mulher até conhecê-la. Lúcia, emocionada, deixou-se levar pela emoção do segundo beijo de Daniel, agora mais profundo, mais apaixonado, mais carinhoso.

Pouco depois eles se amaram. Foi o primeiro homem na vida de Lúcia e ela não queria que a magia do momento acabasse, queria que durasse eternamente. De manhã descobriu que estava apaixonada. Passaram juntos aquele fim de semana e ele prometeu que em breve a levaria para conhecer sua família.

Lúcia, no entanto, tinha um temor: que Daniel, envergonhado pela simplicidade dela, não a assumisse perante todos, que mantivesse tudo em segredo. Mas ela se enganou. Ele foi buscá-la na segunda-feira e a levou para o trabalho em seu carro. Chegando lá, ele gritou para quem quisesse ouvir que estava apaixonado por Lúcia e ela era a mulher da vida dele.

Parecia um conto de fadas. Lúcia sentia-se no céu. Às vezes, tinha a impressão de que aquilo não passava de um sonho. Porém, tudo era real, belo, incrível e deslumbrante. A sensação de se apaixonar de verdade, pela primeira vez, era maravilhosa. E aquela era uma adorável realidade.

capítulo 2

Os dias correram céleres. Agora já era do conhecimento de todos o romance entre o advogado e a recepcionista. Naturalmente, muitas pessoas sentiram inveja, principalmente as mulheres. Com o passar dos dias, porém, o assunto foi sendo esquecido e menos comentado. Os outros não compreendiam como um homem bonito e de boa situação financeira se apaixonara por uma simples funcionária do edifício. O amor é realmente estranho e complexo.

Durante dois meses o mundo de Lúcia ficou cor-de-rosa, um mundo mágico, um mundo de amor. Sentia-se uma princesa num reino longínquo e encantador, livre e feliz, como uma fada das histórias infantis. Daniel mostrava-se muito apaixonado, carinhoso e romântico. Esforçava-se para agradar-lhe o máximo possível, satisfazia todos os seus desejos, dedicava-lhe toda a atenção.

Numa sexta-feira, fim de expediente, ele, como já era costume, tirou o carro do estacionamento para levá-la à pensão. Parecia extremamente feliz. Uma vez no carro, ele a olhou com um sorriso misterioso.

— Tenho uma novidade para você, meu amor — ele ampliou o sorriso e Lúcia ficou curiosa. — Garanto que você vai gostar.

— O que é? — quis saber ela, ansiosa. — Fale de uma vez, não me deixe nessa expectativa.

— Bom... — ele estava fazendo suspense. — Você não vai mais morar na pensão.

Lúcia não entendeu de imediato. Pediu que ele repetisse o que tinha dito.

— É isso mesmo, minha vida. A partir de hoje você não mora mais na pensão de dona Laura. Eu aluguei um apartamento para você, onde poderemos ficar juntos, num bairro mais perto do trabalho. Além de ser bem localizado, o apartamento é muito confortável.

Lúcia ficou alguns instantes em silêncio. Então, como se somente agora tivesse entendido a mensagem, ela soltou um gritinho de excitação e atirou-se no pescoço de Daniel, que a beijou e sorriu:

— Calma, Lúcia, desse jeito você me faz perder o controle do carro. Aí, se nós batermos, iremos para um hospital e não para o apartamento novo.

A brincadeira de Daniel fez com que ela se lembrasse do acidente de carro em que seus pais haviam sido mortos. Mesmo assim ela não deixou de sorrir.

— Desculpe, é que não consigo acreditar. Você jura, doutor? — Por mais que Daniel insistisse para que ela não mais o tratasse formalmente, Lúcia não perdia o costume. — Nossa, é a melhor notícia que eu recebo. Ah, meu amor, isso é incrível!

E de fato era incrível. O apartamento ficava a duas quadras da Avenida Rebouças, e Lúcia sabia que um aluguel por ali não era nada barato. Ainda mais em se tratando de um apartamento com um dormitório enorme, sala grande, copa, cozinha e um banheiro com banheira redonda. Lúcia estava quase hipnotizada diante de tanta beleza. Ainda era difícil de acreditar. Assim que recuperou a voz, voltou-se para Daniel:

— Eu não tenho palavras. Isso é divino! Eu não mereço tanto, doutor.

Daniel beijos os lábios dela suavemente, abraçando-a em seguida.

— Em primeiro lugar, não me chame mais de doutor. Que coisa! — Lúcia riu e ele continuou: — E depois, você merece muito mais do que isso. Merece ter uma vida de rainha. Saiba que farei o possível para que você seja feliz enquanto estivermos juntos. Espero que seja para sempre. Eu a amo, Lúcia.

Se tivesse ganhado na loteria, Lúcia não teria ficado mais feliz. A vida voltara a lhe sorrir. Naquela noite, depois de fazer amor com Daniel e logo após ele ter se retirado, ela fez sincera oração:

— Meu Deus, peço perdão pelas blasfêmias que lancei contra o Senhor logo que meus pais se foram. E o Senhor, em vez de se mostrar irado, recompensou-me com um homem maravilhoso, que me ama de verdade e me fará muito feliz. Obrigada, Senhor.

Lúcia era batizada na Igreja Católica, mas a última vez que pisara em uma igreja fora para a missa de sétimo dia dos seus pais, dois anos atrás. Tinha se rebelado contra Deus, porém agora estava arrependida.

No dia seguinte comunicou a Laura, a dona da pensão, que iria se mudar no domingo, se não fosse inconveniente. Laura, uma senhora simpática e bondosa, abraçou-a carinhosamente.

— Minha filha, de coração, eu desejo o melhor para você. Nesse tempo em que a conheço, você demonstrou ser uma mulher muito segura de si. No entanto... — Laura deixou a frase inacabada.

— No entanto o quê, dona Laura? Pode falar, a senhora sabe que é como uma mãe para mim. Diga, por favor.

— Talvez você não goste muito — Laura parecia querer evitar o assunto.

— Mesmo assim peço que a senhora fale. Se for sobre o aluguel do quarto, eu já deixo tudo pago, mesmo que o mês ainda não tenha vencido.

— Não é nada disso, filha... Na verdade... — Laura estava nervosa, no entanto, foi em frente: — Lúcia, eu sei que não tenho nada com isso, mas, sinceramente, não vejo com bons olhos esse seu namoro com esse moço.

Lúcia se espantou com a declaração da amável senhora.

— Por que a senhora está dizendo isso? Não gosta dele?

— Não é isso, mas é que... bem, eu sou uma pessoa experiente e não aprovo esse seu romance, não.

— Isso a senhora já disse, dona Laura — Lúcia estava ficando nervosa. — Diga de uma vez o que quer me falar, por favor.

— Está bem — a senhora suspirou fundo. — Eu não acredito que esse moço realmente ame você da maneira como acredita. Eu não acho que ele tenha se interessado por você só pelas suas qualidades.

— Escute aqui, dona Laura — desde que se mudara para a pensão, essa era a primeira vez que Lúcia se exaltava com a mulher —, sei por que a senhora não está aprovando meu namoro com o Daniel. Acontece que eu sou simples e pobre, e ele é de classe média alta, bem-sucedido em sua profissão, e ninguém consegue aceitar que ele possa gostar de mim de verdade. As pessoas acreditam que, quando uma pessoa rica se apaixona por uma pobre, é coisa de novela, ou um trabalho de amarração.

Lúcia riu do seu próprio argumento, todavia Laura estava extremamente séria.

— Ele me ama sim e já provou isso me alugando um apartamento num local muito chique, com boas referências. Se a senhora não está satisfeita, não é problema meu.

Laura estava espantada com o comportamento de sua melhor inquilina. Lúcia sempre fora uma moça simpática e educada, e agora mostrava uma face desconhecida. Reagindo, Laura rebateu:

— Não, minha filha, não estou dizendo isso. Só quero alertá-la de que o que vem fácil, fácil vai. A vida trabalha pelo nosso bem-estar e, se esse homem for o melhor para você, nada nem ninguém irá impedir, mas, se não for... você só atrairá sofrimento. A ilusão só nos faz sofrer.

— Não estou iludida, dona Laura, estou apaixonada — Lúcia estava irritada agora.

— Não duvido, minha filha, só quero avisar que somos responsáveis por nossas escolhas.

— Obrigada pelos conselhos, dona Laura, mas não preciso deles — Lúcia abriu a bolsa, contou algumas cédulas e entregou para a senhora o valor do aluguel do último mês. — Grata por tudo, embora na verdade eu não tenha que agradecer nada. Pagava por isso, não é mesmo?

Por um minuto completo, Laura nada disse, nem sequer conferiu o dinheiro entregue por Lúcia. Olhava a moça diretamente nos olhos:

— Você já está mudada. Acredite-me, filha, só quero vê-la feliz, mas pare para pensar. Esse moço já lhe apresentou a família dele? Já a pediu em casamento?

Agora foi Lúcia quem não respondeu. De fato, Daniel não fizera nenhuma dessas coisas, mas ele prometia que muito em breve isso aconteceria e Lúcia acreditava nele. Segurando seus pertences menores, pois os móveis já tinham sido levados pelo carreto de mudança, ela respondeu:

— Não creio que isso seja da conta da senhora. Com licença — e pouco depois ela saiu.

— Que Deus a abençoe, filha, e que eu esteja enganada — desejou Laura após a saída da ex-hóspede.

Uma forte trovoada trouxe Lúcia de volta à realidade. Eram três e meia da madrugada e o sono não chegava. A chuva continuava implacável e ela não conseguia dormir. Estava admirada que Talita ainda não tivesse acordado com tanto barulho. Preocupada, novamente se dirigiu ao quarto da filha, e a garotinha dormia placidamente. Lúcia a tocou, mas não sentiu nada de errado. Sorriu e sussurrou:

— Você não está dormindo, você desmaiou, né, querida? — ela beijou a menina e voltou para o seu próprio quarto.

As lembranças do passado tinham deixado seus olhos cheios de lágrimas. Muitas coisas haviam saído erradas, ela se equivocara em muitas situações. Lembrou-se da despedida com Laura e as lágrimas escorreram por seu rosto moreno.

— A senhora estava certa, dona Laura. Lamento ter sido tão cega a ponto de não perceber que tudo não passava de uma farsa — murmurou Lúcia consigo mesma.

Como era feliz naquele tempo com Daniel, como ela o amava, como eram grandes a paixão e a admiração que sentia por ele naquela época. Por que aquilo tinha que acontecer? Lúcia não se conformava e sabia que jamais se conformaria. Ao menos Daniel lhe deixara um magnífico presente: uma filha, a linda Talita.

Outra trovoada fez com que sua mente mais uma vez retrocedesse no tempo seis anos, logo que se mudara para o apartamento que Daniel lhe alugara.

Tudo ia às mil maravilhas. Ele era atencioso, gentil, amoroso. Ela nada tinha a reclamar. No serviço, Lúcia passou a tratar suas colegas de trabalho com frieza, principalmente quando questionavam seu namoro com Daniel. Intimamente, Lúcia temia uma provável concorrente. Achava que tudo não passava de inveja de pessoas despeitadas.

Suzete, a colega que se sentava ao seu lado, comentou:

— Credo, Lúcia, depois que começou a namorar o doutor Daniel, você mudou muito com a gente. Parece que ficou metida, esnobe, não sei...

— Está enganada, Suzete, eu continuo tratando todo mundo como sempre — protestou Lúcia, ofendida com as palavras de Suzete. Interpretava o comentário da colega como um sinal de inveja e não como um possível alerta. — Acontece que, se eu der muita confiança, as pessoas ficam me perguntando coisas, querem saber que truque eu usei para seduzir o Dani.

Suzete estava surpresa com a colega, que continuou:

— Já me perguntaram que trabalho de magia eu usei para conquistá-lo, como se uma moça pobre não fosse capaz de fazer um homem rico gostar dela simplesmente pelo que ela é. Então eu andei separando as coisas. Só quero coleguismo estritamente profissional, nada mais.

Com o tempo, as poucas colegas de Lúcia foram se afastando e só falavam com ela o necessário sobre o serviço.

Algumas noites depois, Daniel estava com Lúcia no novo apartamento e então ela perguntou:

— Com quem você mora mesmo, amor?

Ele não demorou a responder:

— Moro em um apartamento que meus pais me deram de presente assim que completei dezoito anos.

— E por que você não me levou para morarmos juntos lá em vez de alugar este apartamento aqui?

Daniel, dessa vez, não respondeu de imediato. Pareceu pensar um pouco e explicou:

— Porque meu apartamento é pequeno. Este é bem maior, com certeza. Assim que eu levá-la para conhecer minha família, se você quiser, poderemos morar juntos lá.

Lúcia pensou que isso poderia acontecer se eles estivessem casados. Talvez Daniel estivesse organizando um casamento-surpresa para eles. Afinal, ele adorava surpreendê-la.

— Eu posso ao menos conhecer o apartamento?

— Um dia eu levo você lá — era visível a contrariedade dele diante desse assunto. — Agora eu quero saber de você. Está gostando daqui?

— Sim, estou adorando. É mágico, é divino! Eu o amo, Daniel.

— Eu também amo você, meu amor — devolveu ele, beijando-a com ternura.

Sem que soubesse explicar o porquê, nesse momento vieram à mente de Lúcia as últimas palavras de Laura e ela desviou o assunto.

— Daniel — ela finalmente deixara de chamá-lo de doutor —, quando você vai me levar para conhecer os seus pais?

Novamente ele se mostrou contrariado, mas respondeu:

— Logo, querida, logo.

— Quando será esse logo? — Lúcia persistiu no assunto.

— Logo que possível para mim. É que eu estou com uns casos complicados no fórum e preciso resolvê-los o quanto antes. Assim que der uma trégua, a gente parte para o Rio de Janeiro, certo? É lá que meus pais moram.

Lúcia não se deu por satisfeita.

— Por que não vamos até lá num fim de semana qualquer? O fórum não tem expediente aos sábados.

— Por que a pressa, meu amor? Meus pais não vão sair de lá. É uma promessa minha. Assim que eu puder, comprarei nossas passagens, mas não iremos para ficar apenas um fim de semana, e sim um mês pelo menos. Vai ser como se fossem as nossas férias, tudo bem? Agora me dá um beijo, vai.

Daniel tentava desviar o assunto, porém estava difícil. Ela prosseguiu:

— Então por que você não telefona para eles e pede a eles que venham até aqui? Aliás, você já contou a eles sobre nós?

— Eles estão cientes do nosso namoro, mas não tem como eles virem para cá, pois minha mãe detesta sair de casa. Ela prefere nos aguardar no Rio.

— E se você telefonar para eles agora e me deixar trocar algumas palavrinhas com sua mãe, com seu pai ou mesmo com seu irmão? — teimou Lúcia. Ela não entendia o motivo de Daniel estar fazendo tanto mistério.

— Que coisa, Lúcia! — protestou Daniel elevando o tom de voz. Era a primeira vez que ele se exaltava com ela. — Parece que você está desconfiando de mim. Que chatice!

Ele se afastou dela, que ficou boquiaberta. Ela insistira demais, é verdade, entretanto, não era justificável a forma como Daniel lhe respondeu.

— Desculpe, Dani, não queria irritar você. Desculpe mesmo.

Daniel aos poucos se acalmou e a abraçou.

— Perdoe-me você. Eu me descontrolei e você não merece isso.

Essa foi a primeira discussão séria entre eles, e não foi a última, aliás, estava apenas começando. Cada vez que Lúcia tocava no assunto da família dele, ele reagia de forma ríspida e pouco educada. Houve uma noite em que ela localizou o telefone dos familiares de Daniel em sua agenda particular e ele a pegou no flagra.

— O que quer aí? Por que está mexendo nas minhas coisas?

Lúcia imediatamente devolveu a agenda para o bolso do paletó de Daniel e respondeu com voz sumida:

— Desculpe, só queria ligar para a sua família e falar com eles. É que faz seis meses que estamos juntos e você nunca nos apresentou, nem mesmo por telefone.

— Quando quiser alguma coisa, me peça. Não vá metendo a mão em minhas coisas porque eu não gosto.

Lúcia estava impressionada. Aquele homem não se parecia com o Daniel que almoçou com ela no dia em que tinha se declarado. Nem de longe lembrava o amável moço de meses antes.

Ele ficou dois dias inteiros sem falar com ela depois disso. Lúcia estava muito admirada, surpresa mesmo. Jamais esperou que um dia Daniel a tratasse daquele modo. Não sabia por que ele estava reagindo assim. Teria conhecido outra mulher? Ou tudo não passaria de uma crise temporária, uma fase estressante e desagradável?

capítulo 3

Aos poucos, Daniel deixou a imagem de bom moço e passou a tratá-la friamente, com modos rudes. Gritava com ela por qualquer motivo, tinha crises constantes de ciúme. Exigia sempre um relatório completo do que ela fizera durante o expediente, com quem conversara, inclusive com quantos homens ela trocara palavras. Lúcia não conseguia compreender o que poderia ter resultado nessa transformação.

O ápice aconteceu num domingo à tarde. No último mês, os dois mal trocavam palavras. Ela desistira de mencionar um possível encontro com os pais dele, pois temia sua reação quando tocava no assunto. Naquele domingo, Daniel tinha saído sem dizer aonde ia. Lúcia, sentindo-se insegura, procurou nos bolsos do paletó de Daniel qualquer pista que elucidasse o estranho comportamento do namorado. Porém, nada encontrou de interessante.

A surpresa estava no bolso da calça. Percebeu que havia um objeto em seu interior e o procurou para ver o que era. Seu espanto foi imenso quando viu que se tratava de uma aliança de ouro. Segurou a pequena joia na palma da mão, tentando decifrar o mistério. Nem por um momento passou por sua cabeça a possibilidade de alguma surpresa que Daniel faria para ela, talvez um pedido de casamento, ou ao menos de noivado. Lúcia sabia que não, pois a aliança estava um pouco gasta, portanto já tinha um bom tempo de uso.

Lúcia ainda estava no mesmo lugar quando ouviu um barulho na porta. Rapidamente, ela recolocou a aliança no bolso e se afastou dali. Daniel não estava com cara de bons amigos quando entrou e notava-se que estivera bebendo. No entanto, percebeu a expressão de Lúcia, que parecia estar bastante nervosa.

— Por que está olhando para mim com essa cara de susto? — quis saber ele com voz arrastada.

— Você esteve bebendo, não é? Você mudou o seu comportamento comigo. Quero saber se fiz algo que o desagradou.

— Olha, vê se não enche. Não estou a fim de conversar.

Daniel deitou-se no sofá e já estava quase cochilando quando Lúcia soltou a bomba:

— Encontrei uma aliança no bolso da sua calça. O que significa? É sua?

Daniel abriu os olhos injetados de sangue e avançou como uma onda para cima de Lúcia. Agarrou-a pelo braço, sacudiu-a com violência e berrou:

— Voltou a mexer nas minhas coisas? Eu já não tinha dito que não queria que você se metesse em meus assuntos? Estava procurando o quê?

— Daniel, você está me machucando! Pare com isso! — pediu Lúcia, começando a se assustar.

— Responda. O que você queria encontrar nas minhas coisas? Vamos, diga — ele rugia como uma fera, o bafo de álcool atingia diretamente o rosto dela.

— Solte-me se quiser que eu fale! — tornou Lúcia, à beira das lágrimas.

Daniel soltou-a, bufando. Lúcia encheu-se de coragem para perguntar:

— Para quem era aquela aliança? O que ela fazia em seu bolso? É só o que quero saber, por favor — um pensamento sinistro e funesto passou por sua cabeça e Lúcia resolveu arriscar: — Você é casado? Ou tem uma noiva?

Nenhum dos dois conseguia ver, mas havia seis espíritos inferiores que gargalhavam diante da discussão. Eles diziam:

— Vai lá, cara, mostre quem manda aí. Enche essa mulher de sopapos.

— Ela merece apanhar por ter mexido em suas coisas sem autorização. Quebre a cara dela!

— Se você deixar quieto, Daniel, ela vai se acostumar e vai querer mandar em você. Não permita que aconteça. Dê uma lição nela.

Daniel, mesmo sem saber que estava sendo influenciado por sugestões negativas, foi tomado pela raiva e esbofeteou com violência o rosto de Lúcia, assim que ela perguntou se ele era comprometido. Com o tapa, Lúcia foi jogada sobre o sofá.

Os espíritos, ainda presos nas raízes do mal, continuavam gritando toda sorte de pensamentos motivadores, como se estivessem no ringue de uma luta livre.

Daniel, conectado com aquelas energias perversas, aproximou-se de Lúcia para lhe aplicar novos golpes, mas dessa vez ela reagiu, surpreendendo-o. Lúcia enxugou as lágrimas, levantou-se rapidamente do sofá e avisou em tom firme:

— Está para nascer um homem que vai me bater, e você não será o primeiro. Meus pais sempre me ensinaram que, quando eu me casasse, jamais deveria permitir que um homem usasse de violência contra mim. Embora não sejamos casados, é como se fôssemos, e você não vai mais me tocar.

— Está me ameaçando? — questionou ele em tom de deboche.

— Interprete como quiser. Eu é que não vou ficar aqui junto de um bêbado.

Os espíritos também se surpreenderam com a reação de Lúcia, pois esperavam que ela fosse uma mulher submissa, dessas que consentem o comportamento agressivo dos maridos sem mover uma palha para reagir.

— Ela está pondo as garrinhas de fora, Daniel. Está fazendo ameaças. Não permita que isso aconteça — opinou um deles.

Daniel, interpretando aquelas sugestões como se fosse fruto de seus pensamentos, explodiu:

— Não coloque as garrinhas de fora. Você não pode fazer ameaças na minha casa. Não pense que só porque eu aluguei este apartamento para você ele seja seu.

— Não! Nem por um momento eu achei que este imóvel fosse meu — embora estivesse nervosa e assustada, ela tentava impregnar firmeza ao tom de voz.

— Sempre tive consciência de quem era o dono daqui. Não se preocupe, eu vou deixá-lo para você.

— Ah, é? E para onde você vai? Voltar para a pensão daquela velha xarope?

— O que vou fazer não é da sua conta.

Lúcia começou a recolher alguns pertences, quando Daniel alertou:

— Pegue somente suas coisas. Se tentar levar algo que me pertença, chamarei a polícia para você.

Ela o fitou horrorizada, como se o estivesse vendo pela primeira vez. De onde saíra aquele louco que estava na sua frente?

— Não se preocupe. Assim que encontrar um lugar para ficar, mando um caminhão vir buscar minha geladeira, minha cama, meu fogão e minha televisão.

Essas eram as únicas coisas que trouxera da pensão. As outras fora Daniel quem comprara para ela.

— Claro. Sinta-se à vontade — Daniel calou-se por alguns instantes, até o momento em que Lúcia se dirigiu à porta. — Espero que não pense em voltar.

— Não pensarei. Não se preocupe, Daniel — antes de sair, ela acrescentou: — Não sei onde estava com a cabeça quando aceitei namorar você. Nunca poderia imaginar que se tratava de um homem com transtornos mentais.

Logo após a saída da moça, as criaturas do plano astral caíram na risada. Aquele era mais um casal que tinha tudo para ser feliz, mas, graças a eles, a relação tornara-se tumultuada, terminando de forma rápida e lamentável.

Quando não há a prática da oração em um ambiente, as vibrações ficam mais baixas, liberando o acesso para esses espíritos infelizes e ignorantes. A oração tem o mesmo efeito de quando se promove uma limpeza na casa. Se a residência não for cuidada diariamente, torna-se suja e empoeirada. O poder da prece também funciona assim. Sem a comunhão com a divindade e a luminosidade conquistada pelos pensamentos positivos e pela força inspiradora do bem, o ambiente vai perdendo as energias benéficas, atraindo espíritos desorientados e iludidos.

Os que estavam no apartamento de Daniel passaram a combinar detalhes sobre o próximo casal que pretendiam cercar. Nesse momento, uma luz clara e muito forte tomou conta do ambiente. Atordoados com aquele clarão repentino, os espíritos afastaram-se para um canto.

Até mesmo Daniel, que estava atirado de qualquer jeito sobre o sofá, segurando uma garrafa de uísque, sentiu uma energia mais leve, que lhe causou uma sensação de tranquilidade.

Do centro dessa energia de luz, uma silhueta surgiu e foi tomando forma, até que aquelas criaturas embrutecidas perceberam que se tratava de uma mulher. Quando puderam olhá-la melhor, viram que ela era jovem e muito bonita. Havia tanta ternura e bondade extravasando por seu olhar que eles se sentiram incomodados e intimidados.

— Olá, meus queridos — a voz dela era delicada e macia. — Parece-me que vocês se divertiram com o que acabou de acontecer neste lar, como se realmente houvesse algo engraçado. O que vocês ganharam com isso?

Um dos espíritos, criando coragem, avançou um passo à frente, embora aquela claridade ainda lhe irritasse as vistas. Fazendo o papel de porta-voz do grupo, ele contrapôs:

— Moça, esse assunto não é da sua conta. Você faz o seu trabalho que nós fazemos o nosso.

— E o trabalho de vocês seria provocar o sofrimento alheio? Com qual objetivo?

— É divertido. Nós nos alimentamos desse sofrimento.

— Entendi — a moça de aparência serena e simpática fez uma pausa, observou-os calmamente por alguns instantes e continuou: — E o que vocês diriam se eu passasse a me alimentar do sofrimento de vocês?

Por um momento eles ficaram sem saber o que responder. Na verdade não entenderam aonde aquela mulher pretendia chegar.

— Moça, você pode se explicar melhor?

— É simples. Vocês se alimentam do sofrimento alheio, e eu irei me alimentar do sofrimento de vocês. Funcionará como uma troca.

— E quem disse que nós estamos sofrendo? — o líder do grupo abriu um sorriso falso. — Adoramos a vida que levamos, portanto, você não poderia se alimentar de nada. Agora nos deixe em paz. Temos trabalho pela frente.

— Se gostam tanto de trabalhar, por que não o fazem a favor do bem?

— Acho que a moça é surda. Já dissemos que não estamos sofrendo.

— Vocês se iludem acreditando que a vida desregrada que levam é sinônimo de diversão e satisfação. Acham que o prazer temporário que sentem ao separar um casal lhes traz felicidade. Porém, intimamente, sabem que não é verdade. Reconheçam para si mesmos que não desejam continuar agindo assim.

Ninguém contestou as palavras daquele espírito instruído. Ela prosseguiu:

— Acredito que alguns de vocês, se não todos, sentem saudades de entes queridos que tiveram enquanto encarnados, no plano físico. Certamente gostariam de obter notícias deles, principalmente daqueles que agora vivem deste lado. Vocês desejam muitas outras coisas, mas não podem obtê-las. Talvez vocês devam cumprir ordens de uma chefia imediata. Se vocês não agirem conforme determinações prévias, poderão ser punidos. Estou correta?

Silêncio. Ninguém dizia nada. Ela continuou a falar, sempre mantendo um cândido sorriso nos lábios:

— Aposto que vocês gostariam de melhorar de vida. Este é um desejo inato de todos os seres humanos, que não desaparece após a morte. Todos nós temos o direito de conquistar coisas boas. O espírito requer a beleza, a alegria. Vocês não podem continuar presos aos desajustes do mundo físico, interagindo sobre ele e prejudicando outras pessoas.

— Não sei onde estão a beleza e a alegria a que se refere — resmungou outro espírito. — Quando eu estive na Terra, com um corpo carnal, morei em uma comunidade muito carente, onde só conheci sofrimento e decepções. A vida nunca foi boa para mim. Por que agora, depois de morto, as coisas seriam diferentes?

Os outros assentiram. A mulher continuou sorrindo, como se já esperasse por aqueles comentários.

— Cabe ressaltar que nenhum de nós está morto. Vocês mesmos não disseram que gostam dessa vida? Quanto a ter morado em um bairro menos favorecido financeiramente, essa pode ter sido uma oportunidade que a vida utilizou para que você passasse por situações que o estimulariam, de algum modo, a dar o melhor de si e a procurar o seu melhor — ela entrelaçou os dedos das mãos. — Nós vemos que as pessoas não são infelizes por residirem em regiões da periferia. Ter dinheiro não garante felicidade.

— Ah, não? — o porta-voz do grupo riu com escárnio. — Experimente viver sem um tostão no bolso e tente ser feliz.

Os outros soltaram altas gargalhadas, porém a moça ampliou seu sorriso, sem perder a calma e a delicadeza. Eles notaram o quanto seus dentes eram belos.

— Vocês disseram que são felizes aqui e nenhum de vocês têm dinheiro, aliás, nem precisam mais dele.

— Aí a situação é diferente. Estamos mortos.

— Ah, pensei ter entendido que vocês estavam vivos e gostam da vida que levam. Creio que me enganei.

— Escute aqui, mocinha, você já encheu nossa paciência. Dê o fora.

— E por que eu deveria ir embora? Se vocês podem ficar, eu também posso — ela se sentou no chão, próximo a eles, que precisaram apertar as vistas em virtude de sua claridade elevada.

— Mulher, você é chata! Por que não volta para o lugar de onde veio?

— Voltarei se vocês forem comigo. Prometo que, se não gostarem, podem retornar para cá e nunca mais os perturbarei.

Alguns pareceram ficar balançados pela proposta, mas o que falava pelos outros contestou:

— Não. Sabemos que vocês, os bonzinhos da luz, só querem nos ludibriar. Vão nos aprisionar por lá e nunca mais sairemos. Nós nos tornaremos seus escravos.

A mulher sorriu bondosamente e afirmou:

— Eu pareço ser uma escrava ou uma tirana? — ela ficou aguardando resposta, mas eles nada responderam.

Aquela dama não se encaixava em nenhuma das opções.

— Pedro, venha comigo. Você e os outros irão conhecer uma região muito melhor do que esta, garanto.

— Quem lhe disse o meu nome? — esbravejou Pedro. — E como podemos saber se não está mentindo para nós?

— Bem, cada um tem seu livre-arbítrio e não posso obrigar nenhum de vocês a nada. Tudo o que eu queria era que vocês entendessem que a melhora interior depende de nós mesmos. Nós promovemos nossa própria evolução desde que queiramos, é claro.

Os espíritos a observavam, tentando decifrar a verdade através do olhar dela.

— Agora me respondam com sinceridade: vocês consideram que tudo o que estão fazendo realmente vale a pena? Julgam que prejudicar a vida de terceiros é uma boa escolha? Se podemos optar pelo que quisermos, por que não escolher o que é melhor?

Ela se acomodou melhor no chão, como se realmente não fosse mais embora.

— O coração de cada um lhes dirá se são felizes ou não. Se a resposta for negativa, é o momento de vocês reverem seus valores, seus hábitos, seus conceitos e a forma como se relacionam com o plano físico, o que já não deveria mais estar acontecendo, pelo menos não dessa forma. Quando vocês estiverem conscientes de que o papel de todo ser humano, em qualquer plano, é agir como um ser divino e consciente, vocês viverão em paz e em harmonia com o sincronismo universal.

— O que provocamos foi só uma briguinha boba, sem sentido, entre Daniel e Lúcia.

— Uma briguinha boba pode destruir a felicidade entre duas pessoas.

Não houve resposta. Ela decidiu:

— Bem, meus queridos, já lhes dei a mensagem que queria. Cabe a vocês refletirem sobre suas atitudes de hoje em diante. Que as bênçãos de Jesus recaiam sobre todos!

— Espere, moça — pediu um dos espíritos, totalmente confuso e desorientado. — Quero ir com você. Quero mudar de vida, quero rever todos os incidentes que pratiquei e, se ainda houver tempo, quero repará-los. E quero principalmente reencontrar minha mãezinha de quem tenho tanta saudade. Que Deus me perdoe!

A seguir, o ambiente ficou ainda mais iluminado e uma senhora surgiu ao lado da moça. Ela sorriu, transmitindo muita ternura.

— Venha, Ademar, há muito espero por você. Agradeça a Deus por esta oportunidade e venha comigo — ela lhe estendeu a mão e Ademar a segurou, chorando emocionado. Eles desapareceram.

Imediatamente os outros disseram que queriam conhecer o lugar que aquele espírito que parecia ser tão bondoso garantira existir, mas avisaram que, se não gostassem, iriam voltar. Ela sorriu satisfeita.

— Está certo! Preparem-se para conhecer uma região bela e encantadora e, o principal, uma nova forma de viver, onde cada um terá a chance de extravasar o seu melhor.

Como uma mãe cuidadosa, ela estendeu ambas as mãos para que eles a segurassem. Pouco depois, todos partiram e a luz ainda demorou alguns minutos para se extinguir totalmente.

capítulo 4

Alheia a todos esses acontecimentos no plano astral, naquele momento Lúcia estava sentada no banco de uma praça, onde chorava livremente.

Perguntava-se sobre o que teria dado errado em seu relacionamento. Por que Daniel passara a agir com um comportamento tão estranho nos últimos meses? E de quem seria aquela aliança? Será que ele não era solteiro, como lhe dissera? E os pais dele? Por que nunca foram apresentados a ela? Por que Daniel nunca a levara ao apartamento em que ele vivia?

As indagações embolavam-se em sua mente e ela não conseguia encontrar a resposta para nenhuma. Nem por um momento lembrou-se de orar, de ligar-se às forças divinas. Perdidas na mágoa, na frustração e no desânimo, muitas pessoas preferem deixar-se envolver pela queixa a buscar socorro no poder invisível, que sempre ampara a todos nós.

Lúcia estava aturdida e perplexa. Segurando uma bolsa com seus objetos pessoais, simplesmente não sabia para onde se dirigir. O primeiro pensamento foi voltar à pensão de Laura; contudo, sentia-se envergonhada de retornar após ter sido arrogante e grosseira com a senhora que sempre lhe tratou com gentileza e carinho.

Lúcia estava enganada. Ela não imaginava que o espírito da moça que conseguira auxiliar os espíritos perturbados fora enviado através da fé das orações da dona da pensão, que desejava o melhor para a moça que tinha como filha. Desde a saída de Lúcia, Laura continuava pedindo proteção e orientação para ela. Sabia que, mais cedo ou mais tarde, Lúcia enxergaria que seu namoro era fruto de uma ilusão passageira. Tentara alertá-la, porém ela não lhe dera ouvidos.

Laura tinha a sensibilidade bastante aflorada, por isso captava com maior facilidade a energia das pessoas com quem conversava. Sentia que havia alguma coisa errada com aquele homem. Não sabia explicar o motivo, mas não confiava nele... O menor dos problemas era a diferença social entre Lúcia e Daniel, pois Laura sabia que isso não é impeditivo para a felicidade e para o amor genuíno. A questão estava em Daniel. Era como se ele tentasse aparentar algo que estava longe de ser na realidade.

Lúcia, iludida pelo amor, pela beleza do advogado e até mesmo pela ambição, acreditou que constituiria uma família ao lado dele. Ela desprezou pessoas que gostavam dela, como Laura e suas colegas de trabalho, porque entendia que tinha que defender com unhas e dentes o seu namoro com Daniel. E essa era justamente a razão que a fez decidir não retornar à pensão daquela generosa senhora que, na opinião torpe de Lúcia, jamais lhe perdoaria.

Como já estava anoitecendo e não poderia ficar sentada sozinha em um banco de praça até tarde, resolveu que naquela noite dormiria em algum hotel. Depois, pensaria no rumo que daria à própria vida. Não ganhava um alto salário, mas o valor sempre fora suficiente para sustentar-se. Não morreria de fome, pois tinha certeza de que seu emprego era a sua única garantia no momento.

Minutos depois, ela procurou um caixa eletrônico e fez um saque instantâneo. Na pressa de deixar o apartamento de Daniel, esquecera sua bolsinha com dinheiro em cima do rack. De qualquer forma, ela não faria questão daquilo. O dinheiro era pouco e não queria dar motivos a ele para que pensasse que ela estava atrás de uma possível reconciliação.

Após efetuar o saque, ela encontrou um hotel que não ficava muito distante do apartamento alugado por Daniel. Sabia que as diárias dos hotéis naquela região eram caras, contudo, devido ao horário, não havia como procurar alguma coisa mais barata e decidiu que dormiria ali somente uma noite.

A recepção do hotel era extremamente elegante. Por um instante, ela acreditou que o dinheiro que sacara não seria suficiente para pagar o pernoite. Ao falar com o educado recepcionista, entretanto, soube que o dinheiro pagaria até mesmo duas diárias.

Ela assinou o nome em um livro de registros, pegou a chave e subiu ao terceiro andar. O quarto era simples, sem muito luxo, porém decorado com muito bom gosto, além de estar absolutamente limpo. Atirou a bolsa com seus pertences sobre a cama e olhou pela janela. Lágrimas voltaram aos seus olhos.

— Por que Daniel fez isso comigo? — sussurrava para si mesma. — Ele me deu certeza do seu amor. Dizia que nossa união duraria o máximo possível. Por que ele agiu assim? O que será que fiz de errado?

Como sempre, nenhuma resposta lhe veio à mente.

Sentiu fome e desceu à pequena lanchonete que havia dentro do hotel. Estava decidida a comer qualquer coisa só para enganar o estômago, pois sabia que ali tudo deveria ser caro. E de fato era. Pediu um croissant e um suco de laranja. Assim que o atendente colocou o lanche à sua frente, o aroma lhe subiu ao nariz. Imediatamente Lúcia empalideceu, sentindo um nó no estômago. Ficou tão branca que assustou o atendente.

— A senhora está bem? Sente-se mal? Quer que chame um médico?

Ela sacudiu o dedo negativamente e perguntou onde ficava o toalete. O rapaz indicou e ela se dirigiu para lá correndo. Tão logo entrou num reservado, curvou-se e começou a vomitar. Em seguida, lavou o rosto e olhou-se no espelho. Ainda estava pálida, mas recuperara um pouco da cor.

O que acontecera com ela agora? Por que sentira enjoo ao aspirar o aroma do lanche? Lúcia sabia que geralmente isso acontecia quando a mulher estava grávida, mas com certeza ela não estava. Havia se prevenido com Daniel e sabia que isso não poderia acontecer agora, de maneira nenhuma.

Então, se não fosse isso, o que deveria ser? Alguma virose, dessas que contaminam todo mundo? Sim, talvez. Ou não? Lúcia estava com sua cabeça em turbilhão, com diversas possibilidades atormentando a sua mente.

De volta à lanchonete, o rapaz perguntou se ela estava se sentindo melhor e Lúcia assentiu, mas desistiu do lanche. Não sentia mais fome. Subiu novamente ao quarto e deitou-se na cama. Em poucos segundos ela adormeceu.

Havia pedido que a recepção lhe despertasse no dia seguinte, pela manhã, e assim foi feito. Não trouxera nem a metade de suas roupas, que deveriam vir junto com seus móveis assim que encontrasse um local fixo para morar. Vestiu um conjunto social simples só para chegar ao trabalho, já que lá era obrigatório usar o uniforme da empresa. Durante o trajeto, ela ficou pensando em Daniel. Como ele reagiria ao vê-la? Pediria perdão? Tentaria falar com ela ou a ignoraria completamente?

As colegas de trabalho mal a cumprimentaram, como vinham fazendo ultimamente, mas desta vez Lúcia se importou e devolveu um sorriso, surpreendendo as outras. Desde que iniciara o namoro com Daniel, mal lhes dirigia um olhar. Agora, no entanto, queria tentar remediar o que pudesse.

Ela trabalhava muito inquieta. Os olhos castanhos fixos no relógio de parede o tempo todo. Quando deu o horário costumeiro de Daniel chegar, sua excitação aumentou. Ficou refletindo se ele falaria com ela, fazendo algum tipo de pergunta ou demonstrando preocupação.

De repente, Lúcia sentiu a bílis subir por sua garganta e ficou branca feito uma folha de papel. Era a mesma sensação que sentiu na lanchonete do hotel, porém, desta vez, não havia nenhum aroma que lhe afetasse o organismo. O enjoo parecia mais forte, e a tontura, maior. Precisou pedir licença ao rapaz que estava atendendo e saiu em disparada até o sanitário.

Mais uma vez vomitou. Sentiu novamente o estômago ficar embrulhado. O que estaria acontecendo com ela? Teria contraído algum tipo de vírus? Porque ela não poderia estar...

Suzete, sua colega, entrou no banheiro, com expressão aflita. Preocupava-se com Lúcia, mesmo que esta tivesse virado a cara para ela.

— O que houve com você, Lúcia? — olhando-a melhor, Suzete levou a mão ao peito. — Pelo amor de Deus, você está pálida como um defunto. Credo! O que aconteceu?

Lúcia fitou o rosto angustiado da colega e seus olhos ficaram marejados. Suzete era ótima pessoa e sempre a tratara com amabilidade. Fora Lúcia que passara a tratá-la com frieza e reserva. Não só a ela, mas às outras também. E nenhuma delas merecia isso.

Num gesto que representava remorso e um pedido de desculpas, Lúcia abriu os braços e Suzete correspondeu, abraçando-a com carinho. Fosse o que fosse que estivesse acontecendo com Lúcia, ela queria saber e ajudar a colega da melhor forma possível. Gostava de Lúcia e queria restaurar a amizade entre elas novamente.

— O que foi, querida? Você saiu correndo de repente e nos deixou preocupadas. Pelo jeito está se sentindo mal.

— Sim... Não... Na verdade não sei... — balbuciando, ela sacudiu a cabeça para os lados. — Eu me senti enjoada e vomitei. Ontem já aconteceu isso também.

— E você ainda não foi ao médico? Sabe que a saúde sempre vem em primeiro lugar.

— Eu sei, mas não tive tempo...

— Peça dispensa ao nosso supervisor e vá se consultar. Embora hoje seja segunda-feira, o movimento está devagar e uma pessoa a menos atendendo na recepção não fará falta. Você precisa se cuidar, menina, vá ao médico.

Suzete tentava animar Lúcia. De repente, uma ideia lhe veio à mente. Imaginou a causa daqueles enjoos frequentes, mas nada disse.

— Sim, eu vou fazer isso — gemeu Lúcia. Na verdade ela não queria ir a lugar algum enquanto não visse Daniel, mas a colega estava certa. Sua saúde em primeiro lugar. — Muito obrigada pela força, Suzete.

— De nada. Você merece — sorriu a outra.

— Na verdade não mereço. Desde que comecei a namorar Daniel, eu passei a tratar as pessoas como se elas fossem menos, como se eu fosse superior em alguma coisa. Ora, só porque estava com um homem bonito e de classe média alta não significava que eu tivesse o rei na barriga.

Suzete ria da maneira como Lúcia se expressava e quis saber:

— Você disse "estava"? Vocês terminaram?

Lúcia percebeu que havia falado demais, mas já que começara iria até o fim. Confiava em Suzete, sabia que a colega não era adepta a fofocas e não espalharia a história. Na vida pessoal não tinha nada a perder, porém precisava daquele emprego e sabia que a maledicência poderia prejudicá-la.

— Sim, nós terminamos ontem — Lúcia começou a chorar ao lembrar-se da maneira como eles haviam rompido.

— Não chore, querida — Suzete acariciou o rosto dela. — Não vale a pena derrubar lágrimas pelos homens, principalmente esse.

Lúcia ficou séria, de repente.

— Por que você diz "principalmente esse"? Sabe de alguma coisa a respeito de Daniel?

— Bom, na verdade todo mundo aqui sabe...

Nesse momento uma terceira recepcionista entrou no recinto, interrompendo a conversa das duas e comunicou:

— Vocês precisam voltar. Tem fila na recepção. Só a Mara e eu não estamos dando conta.

— Sim, já estamos indo — Suzete sorriu e virou-se para Lúcia: — Viu? Só porque eu disse que hoje o movimento estava fraco, mas nem por isso você deve deixar de fazer uma visitinha ao médico.

— Sim, muito obrigada de novo — sussurrando, Lúcia concluiu: — E depois eu quero que você me diga o que todo mundo sabe a respeito dele, certo?

— Pode deixar — prometeu Suzete.

Todas, inclusive Lúcia, voltaram ao serviço. Quando tiveram uma trégua, Lúcia perguntou:

— Alguém viu se o doutor Daniel já chegou?

— Não sei para que a cerimônia de doutor — Mara, uma moça magricela, porém bonitinha, relanceou o olhar para Lúcia. — Todo mundo sabe que vocês namoram. Aliás, sabemos também que, graças a ele, você virou o nariz para nós e nem fala mais com a gente.

— Mara, por favor — defendeu Suzete. — Ela pode ter tido seus motivos.

— Não, Su, ela está certa — interveio Lúcia olhando para Mara. — Eu sei que passei a tratá-las muito mal e quero pedir perdão. Estou arrependida do meu comportamento. Eu dizia isso para a Su no toalete. Eu fiquei metida, esnobe com as pessoas, desprezando os outros como se eu fosse grande coisa. Parecia que eu estava em estado letárgico, como se estivesse hipnotizada. Porém, ontem aconteceu algo que me despertou e me fez enxergar o quanto estava iludida. Peço desculpas a todas vocês.

Mara não esperava um pedido de desculpas e emocionou-se. Junto a Simone, a moça que chamara as duas no banheiro, ela abraçou Lúcia com força e ambas a beijaram na bochecha.

— Nós também gostamos muito de você, Lúcia, e ficamos muito tristes com a maneira como estávamos sendo tratadas.

— Isso não vai mais acontecer, prometo — declarou Lúcia, sentindo dentro do peito o bem-estar causado pelo perdão.

Nenhuma das quatro conseguia ver, mas o espírito da moça que auxiliara os desencarnados no apartamento de Daniel estava ali. Beijou Lúcia suavemente na testa.

— Continue sempre assim, minha querida. Creio que você compreendeu que ninguém é melhor do que ninguém. Deus é quem sabe o que é melhor para todos nós. Que Ele possa abençoá-las! — ao concluir, o espírito da mulher desapareceu.

— Lúcia — Mara retomou o assunto —, antes de interrompê-la, você perguntava se o doutor Daniel já havia chegado, certo? Sim, ele já chegou. Com uma cara...

— Como assim? — questionou Lúcia, curiosa.

— Não estou fofocando, mas me parece que ele andou enchendo a cara ontem. Sua aparência hoje é a de alguém que está com uma ressaca gigantesca.

Lúcia não respondeu. Era óbvio que ele andara bebendo e, após a saída dela do apartamento, ele deveria ter bebido ainda mais.

— Ele perguntou de mim? Estranhou não ter me visto? Aliás, a que horas ele chegou que eu não vi?

— Quando você passou mal e foi para o toalete. E ele não perguntou de você. Sequer olhou para a recepção. Desculpe a curiosidade, mas vocês terminaram?

— Mara, isso não é coisa de se perguntar — repreendeu Suzete.

— Deixa, Suzete, não ligo que elas saibam. Sim, Mara, nós terminamos — Lúcia não entrou em detalhes.

— Sério? E por quê? Você também soube? Como descobriu?

— Do que está falando, Mara?

— Mara, deixe de fofocas, que coisa feia! — Suzete queria desviar o assunto, mas estava difícil. — Não ligue para ela, Lúcia.

— Agora quero saber. Do que você está falando?

— Su, você não contou a ela sobre o segredinho do doutorzinho loiro? — Simone indagou em tom irônico.

— Eu ia contar quando você me interrompeu, mas não vou falar nada porque isso é fofoca.

Lúcia olhava de uma a outra sem nada entender. Do que, afinal, elas estavam falando? Que segredo era esse que sabiam sobre Daniel?

— Vocês precisam me contar ou vou enlouquecer. O que sabem sobre ele que eu não sei?

— Acontece que ele... — era Mara quem contava, porém houve uma nova interrupção.

Uma belíssima mulher acabava de entrar no prédio. Era muito elegante, andava com classe e distinção. Ao chegar mais perto da recepção, Lúcia viu que suas unhas eram muito bem tratadas, seus cabelos, bem cuidados, e o rosto, muito maquiado. Trazia em uma das mãos óculos escuros, com lentes arredondadas e imensas, e uma bolsa elegante, certamente importada. A mulher aproximou-se sorrindo.

— Bom dia, meninas. Como é rara a minha vinda aqui, julgo que precisarei de um crachá de identificação para subir ao escritório de meu marido, estou certa?

Ela tinha uma voz macia e aveludada, com dentes brancos e bem enfileirados. Não parecia ter mais de trinta anos. Simone lhe entregou um crachá, ela agradeceu com um sorriso e subiu pelo elevador, deixando no ar um forte cheiro de perfume adocicado.

— Não acredito. Depois de tanto tempo ela reapareceu — comentou Simone.

— E está mais bonita do que nunca — afirmou Mara.

— Ela tem mesmo muita classe — reconheceu Suzete.

Lúcia, sentindo-se à margem do assunto, interrogou:

— Vocês poderiam me dizer quem é essa mulher tão bonita?

As moças se entreolharam e Suzete preveniu:

— Prepare-se para uma notícia desagradável, Lúcia.

— Vá em frente — consentiu ela, respirando fundo.

Suzete olhou diretamente em seus olhos e disparou:

— Essa é Estela, a esposa do doutor Daniel.

capítulo 5

O fato de Lúcia não conseguir pegar no sono era impressionante. A chuva havia passado, mas o céu continuava carregado e escuro. Já estava quase amanhecendo e ela não sentia o menor vestígio de sono. Havia até desistido de dormir, pois as lembranças do passado a deixavam totalmente desperta.

Seu rosto estava molhado de lágrimas. As recordações eram muito dolorosas, muito amargas. Ela fora enganada por Daniel. Ele mentira o tempo todo. Como pudera ser tão tola?

Eram quase seis horas da manhã quando Lúcia levantou-se, fez a cama e tornou a sentar-se sobre ela. Pareceu pensativa por um momento e foi até a cozinha preparar o café da manhã, pois sabia que Talita não era uma criança que dormia até tarde. Pelo contrário, havia dias em que a menina levantava-se primeiro que a mãe. Como era domingo, não precisaria acordar a filha para levá-la à escola.

Ela se sentou à mesa da cozinha e seus pensamentos retroagiram mais uma vez ao passado. Não queria continuar se recordando, porém, quando se dava conta, suas lembranças já flutuavam em sua mente, lembrando-se de como havia se sentido mal ao saber que Daniel era casado e jamais poderia se casar com ela, conforme prometera tantas vezes.

Assim que recebeu a fatídica notícia das amigas, sua vista turvou-se e ela quase perdeu os sentidos. Não sabia o que fazer. Quando se sentiu um pouco melhor, perguntou:

— Se vocês sabiam disso o tempo todo, por que nunca me contaram nada?

— Achávamos que você também sabia que ele era casado e se contentava em ser sua amante — explicou Suzete.

— Eu nunca me rebaixaria tanto. Se soubesse que ele era comprometido, jamais teria me envolvido com ele ou mantido uma relação. Vocês deveriam ter me falado.

— Como faríamos isso se você tinha se afastado de nós? Parecia achar que todo mundo tinha inveja de você. Com certeza iria pensar que estávamos armando uma fofoca para acabar com o caso entre vocês — defendeu-se Suzete.

Lúcia olhava-as, sem retrucar. Subitamente, todas aquelas perguntas pendentes foram respondidas. A mente de Lúcia fervilhava de ideias e possibilidades. Entendia agora o motivo de Daniel nunca tê-la levado ao seu apartamento oficial. Certamente, a esposa dele moraria lá.

Era por isso que ele nunca a apresentara aos pais também. Nem poderia, pois, se os pais dele fossem vivos, como reagiriam sabendo que o filho tinha uma amante? Entendeu a quem pertencia a aliança encontrada no bolso da calça dele no dia da briga. Era o símbolo de seu compromisso com a tal de Estela. Como Daniel pôde ter sido tão vil?

Sua maior vontade no momento era invadir o escritório dele no quarto andar e colocar tudo em pratos limpos, mas sabia que cometeria uma tolice. O que ela não conseguia compreender era o porquê de Daniel ter mantido relações com ela a ponto de lhe alugar um apartamento caro e até permitir que todos na empresa soubessem do compromisso entre eles. Ele a assumira perante todos sem o menor constrangimento, sem o menor temor de que alguém pudesse noticiar à esposa que ele tinha um caso extraconjugal, que estava sustentando uma amante.

A hipótese de que ele houvesse se casado com Estela depois de ter começado a namorá-la também estava descartada. O casamento tinha que ser tão antigo e gasto quanto a aliança que ele escondia no bolso.

— Moça, você está dormindo? — reclamou um visitante irritado. — Faz tempo que eu estou lhe chamando, mas você parece estar com a cabeça na lua.

Lúcia olhou para as colegas e viu que todas estavam atendendo. Só ela estava parada, refletindo sobre os seus problemas particulares e deixando as obrigações de lado. Pediu desculpas ao senhor que lhe chamara a atenção e tentou esquecer o assunto atendendo as demais pessoas da fila.

Por volta do horário do almoço, ela estava digitando a documentação de um visitante no computador para acesso ao edifício quando viu Daniel passar abraçado a Estela. Ambos sorriam. Eles vinham acompanhados de outros advogados. Lúcia empalideceu, demonstrando visivelmente seu nervosismo. Estela sorriu para elas quando passou, Daniel mal dirigiu um olhar para a recepção. Todos saíram muito alegres, o assunto que discutiam deveria ser muito divertido, já que gargalhavam de forma descontraída.

Quando Daniel e os demais advogados voltaram do almoço, Estela já não os acompanhava. As recepcionistas olhavam para ver qual seria a reação de Lúcia, que estava lívida. Dessa vez Daniel encarou-as. Por um instante, pareceu ter fixado seus olhos azuis nos castanhos de Lúcia, mas talvez tudo não passasse de impressão. Ele, sorrindo com seus companheiros, dirigiu-se ao elevador. Não dirigira uma palavra a nenhuma delas.

— Você está bem, Lúcia? — sussurrou Suzete.

— Está muito branca, abatida... Além disso, você ainda não pediu licença para ir ao médico saber a causa dos enjoos. Vai esperar desmaiar primeiro?

Lúcia sabia que a preocupação de Suzete por ela era genuína, então, forçou um sorriso.

— Você está certa! Foi muita emoção para pouco tempo. Vou falar com o nosso supervisor e pedir dispensa para o restante da tarde.

— Faça isso, cuide da saúde em primeiro lugar.

Ela conseguiu a dispensa um pouco mais tarde, despediu-se das colegas e seguiu para a saída. Decidiu ir ao Hospital das Clínicas. Já na rua, enquanto aguardava que o semáforo fechasse, um veículo saiu do estacionamento do prédio em que ela trabalhava e avançou.

Ao olhá-lo, Lúcia empalideceu. Era o carro de Daniel e, como o vidro estava parcialmente abaixado, ela o viu ao volante. Ele parecia não tê-la notado. Manobrou próximo a ela para ganhar a pista.

— Vai com cuidado, doutor, para não bater seu carrinho — debochou Lúcia na janela do veículo.

Daniel se assustou, mas respondeu:

— Ah, é você? Entra aí — pediu ele, destravando a porta.

— Ora, quem o senhor pensa que é? — ela estava se esforçando para emprestar um tom gelado à voz. — Acha que pode fazer o que quiser comigo e, quando estalar os dedos, eu venho correndo feito uma cachorrinha treinada? Faça-me o favor.

— Não vou falar nada com você aí, do lado de fora. Se quiser satisfações, entre de uma vez — ele usava um tom moderado, mas firme.

Lúcia, embora contrafeita, entrou no veículo. A curiosidade era maior do que a raiva. Que explicações ele lhe daria?

— Estava indo até o fórum resolver uns problemas. E você?

Lúcia decidiu que, até que algo fosse decidido entre eles, manteria segredo sobre seus enjoos.

— Não me senti bem e fui dispensada mais cedo.

47

Ele não perguntou o que ela sentia.

— Você voltou para a pensão?

— Não acho que isso lhe interesse. Se estivesse preocupado comigo, não teria me expulsado de casa pouco antes de anoitecer.

Ela estava furiosa; no entanto, Daniel permanecia com o semblante tranquilo.

— É que ontem eu estava de cabeça quente.

— Ah, é? A propósito, a sua esposa é muito bonita. Como é mesmo o nome dela? Estela, certo?

Daniel apertou os lábios e Lúcia abriu um sorriso sem humor. Estava ferida por dentro, embora não fosse permitir que ele notasse.

— Esse é um dos assuntos que quero tratar com você. Está indo ao médico, já que foi dispensada por não estar se sentindo bem?

— Vou ao Hospital das Clínicas. Gostaria que o senhor me deixasse lá primeiro antes de seguir para o fórum.

— O que você tem? — ele finalmente perguntou.

— Senti uma indisposição e vou ver o que é. Se eu não cuidar do meu bem-estar, quem vai cuidar?

— Se quiser, pago uma consulta para você em uma clínica particular. O atendimento é melhor, mais rápido...

— Não, muito obrigada, *doutor* — ela fez questão de frisar a palavra "doutor". — Nunca precisei que ninguém pagasse nada para mim, sempre me virei sozinha depois que os meus pais morreram.

Daniel fitou-a por um momento e comunicou à queima-roupa:

— Como você descobriu que eu sou casado? Menti para você! — ele admitiu com tranquilidade e não pareceu arrependido.

— Essa não foi sua única mentira. Sei que fui enganada em outras questões.

— Lúcia, pode ser que você não acredite no que vou dizer, mas confesso que, quando a vi pela primeira vez, senti algo diferente, uma emoção nunca antes experimentada, nem mesmo quando conheci Estela — ao parar em um semáforo, ele voltou o rosto para ela: — Quando nos conhecemos, eu já estava casado, porém não sentia mais nada por minha esposa.

Aquelas palavras não condiziam com o que ela vira durante o horário de almoço. Daniel parecia imensamente feliz ao lado de Estela. Obviamente, ele não estava sendo sincero outra vez.

— Gostei de você, Lúcia — ele continuou. — Não sei bem se o que senti foi amor, talvez uma paixão. Você despertou algo diferente em mim, um calor que me fazia bem. Sabia que, se contasse que era casado, você terminaria tudo, pois não aceitaria viver como minha amante. Naturalmente, todos os meus colegas sabiam do nosso caso; afinal, eu a assumi como namorada, não foi? Pedi a eles que não contassem nada a você. Para eles é normal. A maioria também mantém um caso extraconjugal.

Ouvir aquilo era repugnante. Lúcia se questionava por que alguns homens pareciam sentir prazer em brincar com os sentimentos de uma mulher, principalmente com aquelas mais iludidas, como ela.

— No começo tudo era muito bom. Nunca soube se cheguei realmente a amá-la, mas queria o seu bem. Sua curiosidade sobre a minha vida foi se tornando cada vez maior. Você começou a me pressionar e aquilo foi me cansando. Minha paixão por você esfriou e resolvi abrir mão do nosso compromisso quando você encontrou minha aliança. Nunca a levei ao meu apartamento porque Estela mora lá. Embora nunca tenha descoberto nada sobre a gente, acredito que ela desconfiava de algo, afinal eu passei várias noites fora — ele mexeu no câmbio e acelerou quando o sinal ficou verde. — De qualquer forma, ela nunca me cobra satisfações. Por isso, resolvi me afastar de você. Foi o melhor que poderia ter acontecido para nós dois, acredite-me.

Lúcia ouvia as palavras de Daniel em silêncio. As explicações que ela tanto aguardava tinham vindo de forma rápida e resumida. Estava diante de uma temida realidade. Tinha sido um mero brinquedo nas mãos de Daniel. Um brinquedo que fora descartado quando ele se cansara dela.

— Eu é que fui muito boba mesmo. As pessoas tentaram me alertar, sugeriram que eu ficasse atenta à nossa relação, mas eu, iludida com o romance, deixei-me levar pelo que sentia e me fiz de surda aos conselhos dos outros. Como pude ter sido tão idiota?

— Desculpe-me, Lúcia, mas lembre-se de que nunca lhe dei falsas esperanças.

— Eu sei, como eu disse, a iludida era eu — ela suspirou fundo, olhou pela janela e avisou: — Já estamos perto do Hospital das Clínicas. Pode parar aqui que vou descer.

— Não quer mesmo passar por um especialista particular? — Daniel aparentemente estava preocupado, mas Lúcia não acreditaria em mais nada vindo dele. Para ela, tudo não passava de pura falsidade.

— Já disse que não. Obrigada pela carona — ela se virou, abriu a porta do automóvel e desceu, sem olhar para trás.

Por um instante sentiu-se aliviada. Parecia que um grande peso saíra de suas costas. E, por incrível que pudesse parecer, ela não estava tão magoada quanto pensou que fosse ficar. Claro que estava decepcionada com o único homem que afirmara amá-la de verdade. Aquela era a sua primeira desilusão amorosa, o que não fora uma experiência muito agradável e não queria que nada parecido voltasse a acontecer. Iria reagir. Não se deixaria abater por aquele episódio lamentável.

Lúcia fez sua consulta no hospital e aguardou dois dias para a retirada dos resultados dos exames. Foi com emoção e ansiedade que abriu o envelope. Talvez não fosse encontrar boas notícias, embora estivesse segura de que não tinha nada muito grave. Nem mesmo voltara a sentir enjoos.

Retirou os resultados de dentro do envelope branco, leu algumas coisas de praxe e empalideceu de repente. Não conseguiu acreditar no que estava lendo. Precisou sentar-se em um banco no corredor, pois suas pernas tremiam e ameaçavam derrubá-la. A menos que algum erro tivesse ocorrido, aquelas linhas escuras do papel revelavam que ela estava grávida e seu nível de colesterol estava um pouco abaixo da média.

Parecia algo impossível de acreditar, praticamente inaceitável. Sua mente trabalhava rapidamente, tentando assimilar aquela informação. Os resultados dos exames justificavam a razão dos seus enjoos frequentes, as vezes em que passara mal sem motivo aparente. Uma vida estava sendo formada dentro dela, um espírito que em breve retornaria ao mundo.

Lúcia não sabia o que fazer. Não sabia se chorava, se gritava, ou se soltava uma gargalhada de contentamento. Não sabia se deveria falar com o médico para obter mais informações, não sabia se voltava ao serviço e contava a todos, ou se permanecia de boca fechada. Não sabia se voltaria ao expediente ou seguiria para o hotel. Estava completamente sem noção de como agir. Nesse momento sentiu muita falta dos pais ou de alguém que pudesse ouvi-la e orientá-la.

De uma coisa estava certa: por pior que fosse sua situação financeira, não abortaria aquela criança. Levaria a gravidez até o fim. E sabia também que Daniel teria que colaborar financeiramente, já que era o pai daquele bebê. Lúcia só não sabia qual seria o momento adequado para lhe dar as boas novas.

Decidiu que, por ora, manteria segredo. Ela não comentou nada com ninguém. Dissera às amigas que seus mal-estares não passaram de uma indisposição sem gravidade. Daniel não voltou mais a procurá-la. Raramente a cumprimentava e, quando o fazia, era polido e reservado.

O tempo passou rapidamente. Ela alugou uma pequena quitinete para onde Daniel enviou o restante de seus pertences. O local era apertado, mas confortável para uma pessoa só morar ali.

Com o passar dos meses, inevitavelmente, a barriga de Lúcia começou a se avolumar. Ela disfarçava o máximo possível, porém sabia que não conseguiria esconder por muito tempo. Permanecia quase o tempo todo sentada no balcão de recepção e, quando caminhava, colocava uma bolsa ou algum outro objeto sobre a barriga.

Sabia que, quando descobrissem, criariam a maior polêmica. Todos iriam comentar, especular e talvez até acabassem contando a Estela, se ela já não soubesse do relacionamento do marido com Lúcia. E o que ela mais desejava agora era evitar confusão.

O que mais a surpreendeu nos primeiros meses de gravidez foi não ter sentido a menor falta de Daniel, nem como homem nem como alguém para apoiá-la. Ela pensava nele com menor frequência e ultimamente nem se importava quando o via. Ele partira de sua vida da mesma maneira como viera, com a mesma rapidez. Ao contrário de antes, agora ela não estava mais sozinha. Havia um ser vivo desabrochando em suas entranhas, esperando pelo momento certo para trazer muita alegria à mamãe.

Ela decidiu fazer uma consulta com um ginecologista para ver se tudo estava bem e agendara um exame de ultrassom para uma noite de quinta-feira. Não aguentava mais de curiosidade em relação ao sexo do bebê.

A resposta veio rapidamente quando o médico brincou:

— Está tudo bem, tanto com a senhora quanto com essa mocinha que com certeza será sapeca.

— Então estou esperando uma menina? — Lúcia perguntou o óbvio.

— É isso mesmo, com certeza o papai ficará contente quando souber.

Mal sabia o médico que Daniel certamente não gostaria nem um pouco de saber daquilo. Lúcia acreditava que Daniel não aceitaria passivamente essa novidade. O médico lhe deu mais algumas instruções de praxe e Lúcia retornou para casa. Durante toda a noite pensou como Daniel reagiria e, no dia seguinte, durante o trajeto para a empresa, pensava na melhor maneira de dar-lhe a notícia.

Chegou meia hora antes de o expediente começar e, quando interfonou ao escritório do advogado, ficou surpresa ao saber que ele já estava lá. Decidida, Lúcia entrou no elevador e saltou no quarto andar. Caminhou até o luxuoso escritório que Daniel dividia com outros advogados.

A secretária, embora surpresa com sua visita, sorriu-lhe. A moça fora a primeira a notar o volume em sua barriga, que agora já quase não dava mais para esconder. Lúcia explicou o motivo de estar ali e a moça pediu que aguardasse. Daniel não tinha chegado de bom humor naquela manhã e não ficou feliz quando soube da presença de Lúcia, embora tivesse autorizado sua entrada.

Lúcia reparava na decoração sóbria, mas de muito bom gosto do escritório. Desde que começara a trabalhar como recepcionista daquele edifício, essa era a primeira vez que punha os pés no escritório de Daniel. Mesmo quando estavam namorando, ele jamais a convidara para entrar em seu ambiente de trabalho.

Ela seguiu a secretária por um corredor, onde se viam alguns quadros belíssimos, e pôs a bolsa sobre o ventre ao entrar na sala. Daniel estava sentado atrás de uma mesa lotada de documentos, processos e petições. Agradeceu à secretária, que saiu com discrição.

— Bom dia! Em que posso ajudá-la? — seu tom era frio e impessoal.

— Bom dia. Você pode me ajudar e muito. Por isso estou aqui.

— Então vamos logo ao assunto, pois, como pode ver, estou muito atarefado. É demorado? Porque, se for, pode sentar-se.

Lúcia agradeceu com um sorriso enigmático.

— Vim aqui para lhe dar uma notícia que me deixou muito feliz, embora não saiba se o deixará animado — prendendo a respiração, ela revelou: — Estou grávida.

capítulo 6

Aquele era um momento muito aguardado por Lúcia. Aguardara por cinco longos meses para lhe contar que estava esperando um filho dele. Espantou-se, porém, ao notar o semblante tranquilo de Daniel. Nem um músculo moveu-se em seu rosto.

— Parabéns! Imagino que o pai da criança tenha ficado contente ao saber da notícia. Não vejo onde entro nessa história.

Lúcia piscou, incrédula. Não conseguia acreditar no que tinha acabado de ouvir. Como ele podia ser tão cínico?

— Como assim? Imagino que desconfie que a criança que estou esperando seja sua.

A reação de Daniel pegou Lúcia de surpresa. Suas feições se contraíram e seu rosto ficou vermelho. Ele se levantou da cadeira, contornou a mesa e agarrou Lúcia pelo braço, com força, obrigando-a a ficar em pé.

— Quem você acha que eu sou? Está pensando que sou bobo? A palavra "trouxa" está escrita na minha testa? Provavelmente você se relacionou com outros homens após o nosso rompimento, ou até mesmo durante o nosso relacionamento, e agora me vem com essa? Comigo essa história não cola.

Ela puxou o braço para se soltar e por um momento ficou calada. Aquilo só poderia ser uma brincadeira de mau gosto. Ele não podia pular fora do barco com aquela facilidade. No entanto, Lúcia não estava disposta a arcar com a responsabilidade sozinha. Exigiria que ele assumisse a criança e a registrasse com seu sobrenome.

— Não se faça de inocente — o tom dela era irônico, embora estivesse mesclado de medo. — Sabe muito bem que esse filho é seu. Sabe que nunca estive com outro homem. Essa criança também é sua e você vai reconhecê-la, sim.

Daniel olhou para a mulher à sua frente. Não se parecia com a mocinha tola e apaixonada que conquistara havia quase um ano. Aquela era uma mulher forte e determinada. E, no fundo, Daniel sabia que o filho que ela esperava era dele, embora não fosse admitir.

— Está me ameaçando? Eu deveria saber que uma mulher pobre e vulgar como você não valeria muita coisa. Como nós pudemos ter ido tão longe?

— Essa pergunta quem se faz sou eu. Como pude ter visto algo de bom numa pessoa vil e sem caráter como você?

— Não vou permitir que me ofenda em meu escritório. Aliás, se esse filho fosse mesmo meu, você teria me procurado logo no início e não quando a barriga já está tomando forma. Diga ao pai dessa criança que o truque não colou e ele que arrume outro idiota de quem arrancar dinheiro. Vocês não vão tirar nenhum centavo de mim.

— E quem disse que eu vim aqui pedir dinheiro? — Lúcia, de pé, olhava-o fixamente nos olhos. — Vim apenas exigir que você assuma seu filho.

— Você não é ninguém para exigir coisa alguma de mim. Você é uma coitada, que deveria ter tirado esse lixo da barriga, assim que soube que o esperava.

Lúcia se horrorizou com o que ouviu. Que espécie de ser humano era aquele que lhe sugeria retirar o feto de uma criança sem o menor remorso? Como ela nunca pudera notar que Daniel, por trás de sua aparência angelical, era um verdadeiro demônio?

— Eu acabo de ouvir o maior absurdo da minha vida — ela deslizou a palma da mão sobre a barriga, como se quisesse garantir à criança que ela permaneceria no mesmo lugar em que estava. Continuou: — Eu demorei a lhe dar a notícia porque, no íntimo, já esperava por uma reação parecida.

Ela reconhecia que seu descuido fora exatamente esse, adiar o instante de revelar a Daniel que estava grávida dele, embora isso não fosse mudar nada.

— Saia da minha sala, pois como viu tenho muito que fazer. Vá arrumar outro para tentar essa jogada.

Ele a ignorou completamente ao sentar-se novamente e voltar a seu trabalho. Lúcia, porém, não se deu por vencida.

— Só não fiz um escândalo até agora para manter intacta a sua boa reputação e a minha também, mas não hesitarei em fazê-lo, se for preciso.

Daniel levantou os olhos azuis para aquela mulher que em nada lembrava a Lúcia de antes.

— Ouse fazer isso. Sei que você não é louca para cometer tamanho desatino. E repito: saia da minha sala agora.

— Com prazer. Ainda nos falaremos, doutor Daniel.

Ela estava se aproximando da porta de saída quando ouviu:

— Se fizer qualquer barulho a esse respeito, você irá se arrepender, e muito.

Ela se voltou lentamente, encarando-o nos olhos.

— Não tenho medo de você. É um homem tão insensível quanto uma barata. Tenha um bom dia.

Lúcia seguiu até a porta mais uma vez. Foi quando Daniel se levantou como uma pessoa enlouquecida, agarrou-a pelo braço mais uma vez e deu-lhe um tapa violento no rosto. A força do impacto quase a derrubou. Ele rugiu:

— Nunca mais se atreva a me ofender em meu escritório. Você deve ter se deitado com outros homens e agora vem querer aplicar o golpe da barriga para cima de mim? É bem típico de mulheres de sua estirpe. Suma da minha vida, vagabunda!

A secretária, atraída pelos gritos do patrão, entrou correndo na sala a ponto de ver Daniel erguendo a mão para desferir outra bofetada em Lúcia, que chorava com as duas mãos sobre a face atingida. Ao ver sua funcionária, ele gritou:

— Ponha essa infeliz para fora e nunca mais permita sua entrada. Se deixar que ela volte até aqui, perderá seu emprego.

A moça assentiu e aproximou-se de Lúcia, que a empurrou com firmeza, dizendo:

— Eu já sei o caminho da saída. Não posso respirar o mesmo ar que esse monstro.

— Saia rápido, sua cretina! — Daniel estava rubro de fúria e só conseguiu se acalmar quando Lúcia deixou seu escritório.

Ela desceu os quatro andares pelas escadas chorando copiosamente. Ela se envolvera com um maníaco, um psicopata da pior espécie. Tinha gostado de um homem que acabara por agredi-la. Como pudera ter se iludido tanto? Lembrou-se das palavras de Laura no dia em que deixou a pensão:

"*Só quero alertá-la de que o que vem fácil, fácil vai. A vida trabalha pelo nosso bem-estar e, se esse homem for o melhor para você, nada nem ninguém irá impedir, mas, se não for... você só atrairá sofrimento. A ilusão só nos faz sofrer*".

Ela ignorara aquela senhora carinhosa e solidária em nome de um homem frio e calculista, que não pensava em ninguém, a não ser nele mesmo. Laura fora uma segunda mãe para ela e agora Lúcia não tinha mais coragem de voltar a vê-la.

Laura falava muito em Deus. Ele existiria mesmo? Se existisse e fosse como Laura pregava, uma inteligência superior que age em favor da nossa felicidade, por que com ela as coisas sempre davam erradas? Primeiro fora a tragédia da morte dos pais, fato que a abalou profundamente. Depois veio a decepção amorosa com Daniel. E agora uma filha que, embora ela já a amasse, não vinha em um bom momento. Por que Deus permitia que essas coisas acontecessem? Imaginava que houvesse uma explicação, embora não fizesse a menor ideia de qual poderia ser.

Lúcia retocou a maquiagem no banheiro para disfarçar as lágrimas e retornou ao serviço. Tinha uma ideia em mente, um plano ousado, e o colocaria em prática assim que fosse possível. Se Daniel pensava que ela se acovardara diante de suas ameaças, ele estava muito enganado.

Ela o viu sair e voltar do almoço. Ele nem olhou para ela. Quando terminou o expediente de Lúcia, Daniel ainda não tinha saído. Assim, ela resolveu agir o quanto antes. Permaneceu algum tempo na calçada, escondida atrás de uma árvore, até que o viu sair do estacionamento interno.

Disfarçadamente, ela tomou um táxi e pediu ao motorista que seguisse o carro com discrição. O trajeto foi longo. Lúcia ficou preocupada se o dinheiro que tinha seria suficiente para pagar a corrida. Finalmente Daniel parou em frente a um luxuoso prédio de apartamentos, manobrou o veículo e entrou na garagem subterrânea. Lúcia pagou ao taxista, já arrependida de ter gastado tanto dinheiro. Com passos decididos, aproximou-se do bonito, alto e trabalhado edifício, e tocou o interfone que comunicava à guarita.

— Boa noite! Em que posso ajudá-la? — indagou a voz pelo fone.

— Boa noite, eu queria uma informação. É nesse prédio que mora o senhor Daniel e sua esposa Estela?

— Como é seu nome?

— Na verdade sou uma velha amiga dos dois. Eu já tinha vindo aqui antes, já faz algum tempo. Os edifícios por aqui são bastante parecidos e eu queria ter certeza de estar no lugar certo.

Ela sabia que estava dando um tiro no escuro, mas seu nervosismo a atrapalhava para raciocinar melhor. Além disso, bolara aquele plano às pressas e era bem possível que não desse certo.

— Sim, eles moram aqui, sim, senhora — confirmou o porteiro.

— Ah, que bom! — Lúcia fingiu estar aliviada e perguntou: — Eu poderia subir e vê-los?

— Basta que me diga o seu nome para que eu possa anunciá-la.

— É que, na verdade, como já disse, sou uma amiga de longa data da família e gostaria de fazer uma surpresa, chegar de supetão. Eu vim de tão longe e, como pode ver, estou grávida — ela se afastou do portão para que o porteiro pudesse vê-la melhor da guarita. — Já está ficando escuro para eu ir embora depois e...

— Está bem!

A ladainha de Lúcia parecia não ter fim e o porteiro autorizou sua entrada mesmo sabendo que esse procedimento era contra as regras do condomínio. Porém, achava que as gestantes tinham certas preferências que outras pessoas não tinham.

— A senhora deu sorte. Não faz nem cinco minutos que o doutor guardou o carro dele na garagem. Pode subir, os elevadores ficam à sua direita.

— Muito obrigada, meu jovem. O apartamento deles é o...? — ela fingiu forçar a memória.

— É o 302, no terceiro andar. Pode ir até lá.

— Agradecida, meu bom rapaz, de verdade — ela sorriu de orelha a orelha; contudo, assim que saiu do campo de visão do porteiro, o sorriso desapareceu.

Lúcia sabia que o que estava fazendo era loucura. Poucas pessoas teriam coragem de agir como ela naquele momento. Enquanto aguardava a chegada de um dos dois elevadores, ela baixou o rosto para a barriga.

— Não se preocupe, filhinha, você não vai ficar sem um pai.

Ao entrar no elevador e apertar o botão de número 3, decidiu fazer algo que poucas vezes fizera em sua vida. Orar. Fechou os olhos e fez sentida prece pedindo a proteção divina para o que estava por vir. Sabia que não seria fácil a sua conversa na toca dos leões.

Ela saiu do elevador e caminhou lentamente pelo corredor até parar em frente à belíssima porta de número 302. Por um instante Lúcia arrependeu-se de estar naquele lugar e até pensou em ir embora, mas, já que estava ali, teria que seguir em frente. Reparou que o edifício era muito mais luxuoso que o apartamento que Daniel lhe alugara.

Com mãos trêmulas tocou a campainha. Daniel lhe avisara para não procurá-lo mais, porém Lúcia não lhe dera ouvidos e já sabia que sua reação não seria nada boa. Além disso, haveria Estela. Lúcia não sabia como era o gênio da esposa dele. Esperava que ela fosse compreensiva, educada e amável.

— Quem é?— perguntou uma voz feminina do lado de dentro.

Lúcia custou a responder. A mulher repetiu a pergunta e, buscando coragem, Lúcia afirmou:

— Uma amiga.

Silêncio do outro lado da porta. Lúcia se perguntou o que estaria acontecendo. Instantes depois, a chave foi inserida na fechadura, o que fez o coração dela disparar.

Uma mulher magra como uma vareta apareceu ali. Era a empregada, naturalmente.

— Pois não? Em que posso ajudá-la?

— O doutor Daniel e sua esposa se encontram?

— Sim — a mulher a mediu com o olhar. Alguma coisa não estava batendo naquela história. Nunca vira a visitante antes e, no entanto, ela realmente deveria ser amiga do casal, caso contrário o porteiro a teria anunciado. O estranho era que nenhuma amiga dos patrões vestia-se de forma tão modesta e deselegante.

— Seu nome, por favor.

— Vera — Lúcia decidiu mentir até o momento final.

— Aguarde aqui um momento.

A porta foi fechada e Lúcia começou a tremer. Sentiu pânico e estava terrivelmente arrependida de ter ido até ali. Era até perigoso que chamassem a polícia para ela. A empregada voltou com uma expressão amuada.

— Estranho. Disseram não conhecer nenhuma Vera, mas o doutor Daniel autorizou sua entrada. Como ele está na sala de estar com os pais e o irmão, pediu que a senhora aguardasse na biblioteca.

Lúcia assentiu e seguiu a empregada. Então os pais dele estavam lá? Talvez sua visita não tivesse sido em vão. Revelaria diante de todos o caso que teve com Daniel. Diria que estava grávida dele e a forma violenta como ele reagira ao saber da notícia.

Ela notou que o apartamento era gigantesco e muito bonito. A biblioteca era um pequeno cômodo com vários livros de advocacia, como um escritório. A empregada ofereceu água e café, mas Lúcia recusou com um sorriso nervoso, enquanto se acomodava em uma das cadeiras almofadadas. O que faria agora? Se Daniel entrasse sozinho, ele a expulsaria dali antes mesmo que ela falasse com sua família. Isso não poderia acontecer. Mais uma vez orou:

— Sempre duvidei da sua existência, Senhor, mas peço agora muita proteção, por favor.

Ela se levantou lentamente e saiu da biblioteca caminhando devagar por um comprido corredor, onde, ao fundo, ouviam-se vozes alegres e sonoras gargalhadas. O coração de Lúcia batia tão alto dentro do peito que temeu que alguém pudesse ouvi-lo.

O corredor terminava em uma ampla e belíssima sala. Do local onde estava, Lúcia pôde ver parte do que ocorria. Reconheceu de imediato Daniel e Estela sentados juntos no sofá, rindo e trocando beijos apaixonados. Daniel lhe contara que não amava a esposa, mas o que ela estava vendo era totalmente o contrário. Eles trocavam carícias e se olhavam com adoração.

Sentados em duas poltronas, de costas para ela, havia um casal. Um homem com cabelos grisalhos e uma mulher com cabelos loiros e arrumados. Lúcia julgou que fossem os pais dele. Sobre uma almofada no chão, estava um rapaz loiro que era o retrato vivo de Daniel, embora fosse mais novo. Só podia ser o irmão dele.

Todos riam felizes e gargalhavam alto. Pareciam formar uma família muito feliz. Lúcia sentiu-se uma intrusa ali. Ao ver tanta alegria, pensou em ir embora, mas sabia que não poderia parar agora. Daniel procurara aquilo e, ao lembrar-se do tapa que levou no escritório dele de manhã, seu sangue ferveu. Ela respirou fundo e adentrou a sala, mantendo uma postura altiva. Embora sua voz mal tivesse sido ouvida, ela cumprimentou:

— Boa noite a todos!

capítulo 7

*I*mediatamente o ambiente silenciou e todos se viraram para contemplá-la. Lúcia viu quando Daniel empalideceu. A primeira a reagir foi Estela:

— Você não é a recepcionista do edifício em que o meu marido trabalha? — perguntou, reconhecendo-a.

— Sim... — sua voz estava se apagando, assim como suas forças. — Sou eu mesma.

— E o que faz aqui? — Estela interrogou novamente.

— Eu... bem... é que... — Lúcia desejou ser um avestruz e enfiar a cabeça na terra. Queria sumir dali. Todo o seu plano estava escorrendo pelo ralo. — Vim aqui porque... — a voz estava presa na garganta.

— Precisa de alguma coisa? — o senhor que deveria ser o pai de Daniel foi quem lhe fez a pergunta.

— Não... na verdade sim... — Lúcia estava começando a se irritar consigo mesma por não conseguir falar direito. — Eu queria algo.

— Diga, então — pediu o pai de Daniel. Ele ainda não conseguira reagir da surpresa.

— É que eu estou um pouco nervosa — Lúcia corria o olhar de um a um e todos notaram que estava grávida.

— Quer um chá... ou um café? — indagou a mulher que deveria ser a mãe de Daniel.

— Sim... não... — Lúcia não soltava a voz e estava ficando ainda mais nervosa.

Daniel, finalmente, reagiu. Levantou-se do sofá e agarrou-a pelo braço tentando levá-la para fora do recinto, mas foi interrompido pelo pai:

— O que pensa que está fazendo, Daniel? Por que está puxando a moça?

— Porque ela é louca, pai. Não acreditem em nada do que ela disser — avisou Daniel empurrando-a para fora.

Lúcia, ao notar que Daniel a estava tratando de modo parecido a como agira pela manhã, reagiu também:

— Solte-me, Daniel, por favor.

— Não vou soltá-la. Como descobriu onde moro? Andou me seguindo ou alguém lhe contou?

— Vim aqui falar com sua esposa e também com seus pais, já que eles estão aqui. Você não quis me ouvir, então espero que eles me ouçam.

— Que diabo está acontecendo? — zangado, o pai de Daniel pulou da poltrona e empurrou o rapaz, fazendo-o soltar o braço de Lúcia. — Filho, fique quieto no sofá porque agora quero ouvir o que essa menina quer falar.

— Ela vai contar mentiras.

— Calado, já disse. E você, mocinha, conte logo o que deseja e retire-se. Não foi bem-vinda aqui.

— Na verdade já esperava que isso acontecesse — finalmente quem falava agora era a outra Lúcia, o seu lado firme e decidido, e não a mocinha medrosa e envergonhada de minutos atrás. — Não pretendo mesmo me demorar.

— Então desembucha, criatura — ordenou a mãe de Daniel.

Ninguém a convidou para se sentar, mesmo notando sua gestação. Lúcia, de pé, iniciou:

— Como todos já viram, eu estou grávida. E sabem também que uma mulher não engravida sozinha, sem a colaboração de um homem.

— Resuma o assunto e deixe de rodeios — pediu a mãe de Daniel com modos rudes.

— Na verdade, vim aqui buscar a ajuda de qualquer um de vocês para poder criar minha filha. Sozinha, com o salário que ganho, não conseguirei.

— Deveria ter pensado nisso antes de fazer o filho, não? — Estela argumentou friamente, já antevendo o que estava por vir.

— Claro, senhora, mas não sabia que o pai da minha criança iria me abandonar.

Lúcia evitava olhar para Daniel, pois via o ódio crescente no rosto dele. Estava se sentindo deslocada entre aquela gente e mentalmente desejou que seus pais estivessem vivos ali com ela para auxiliá-la. No entanto, acreditava que isso não era possível e teria que se virar sozinha.

— E o que temos a ver com o seu problema, senhorita? — perguntou o pai de Daniel. — A propósito, você é a Vera que a criada anunciou?

Lúcia descobriu que fora um erro não ter dado seu nome verdadeiro.

— Não, senhor, na verdade me chamo Lúcia.

— Estão vendo? — atacou Daniel. — Não disse que ela mente o tempo todo?

— Realmente menti, pois achei que, se desse meu nome verdadeiro, Daniel não permitiria que eu entrasse. Peço desculpas por isso.

— Está certo, siga em frente — o pai de Daniel pareceu lembrar-se de algo e se apresentou: — Meu nome é Ronaldo, esta é minha esposa Cirina e meu filho Gabriel. Estela e Daniel, você já conhece, pelo visto.

— Sim, senhor — Lúcia sorriu timidamente.

— Ai, querido, eu não vejo o porquê de ter nos apresentado a essa mulher. Para que tudo isso? — indagou Cirina, irritada.

— Por educação, querida, por educação. Continue, menina, por favor.

Lúcia sorriu-lhe mais uma vez. Gabriel, o irmão caçula de Daniel, olhava para Lúcia fixamente, como se estivesse hipnotizado por ela.

— Como eu estava dizendo, seu Ronaldo, vim pedir a ajuda do senhor já que o seu filho se recusou terminantemente a me ajudar.

Não era necessário perguntar a qual dos filhos de Ronaldo ela estava se referindo. A informação era clara como a luz solar.

— Por que você diz que Daniel se recusou a ajudá-la? — interpelou Cirina, com aspereza. — O que tem ele a ver com isso?

Lúcia respirou fundo, olhou para a elegante senhora e disparou:

— Porque o pai da minha filha é ele.

Seguiu-se um silêncio mortal. Cirina levou a mão à boca num gesto de horror. Estela olhou de Lúcia para Daniel. Gabriel continuava encarando Lúcia atentamente, nem sequer piscava.

Daniel queria estrangular aquela mulher que tinha acabado de revelar tudo na frente de sua família. Ele havia duvidado quando ela afirmara que faria um escândalo. Estava surpreso por descobrir que Lúcia não era tão ingênua como ele pensava ser.

— Pode provar? — Ronaldo quebrou o silêncio cortante.

— Quando a criança nascer, eu posso autorizar que façam um exame genético. Vão descobrir que não estou mentindo. Mas, como ainda faltam quatro meses para o nascimento dela — Lúcia massageou a barriga —, tenho outra maneira de provar que tive um caso com o filho do senhor.

— Você não vai conseguir nos enganar, mocinha — advertiu Cirina, furiosa.

Lúcia já estava começando a se irritar com a mulher que um dia acreditara que seria sua sogra. Ao que parecia, o mais coerente ali era o pai de Daniel.

— Minha intenção não é enganar a senhora nem a ninguém. Para mostrar que não estou mentindo, peço que qualquer um dos senhores se dirija ao prédio comercial onde trabalhamos para confirmar minhas palavras com as minhas colegas, que também são recepcionistas.

— Isso não prova nada! — exclamou Estela. — Na última vez em que fui até lá, notei como vocês são unidas e ficaram olhando para mim como uma ninhada de cobras a fim de pegar um canário.

Nem de longe a imagem de um canário assemelhava-se à figura exuberante de Estela e, apesar da vontade de lhe dizer isso, Lúcia se conteve, retrucando:

— Eu não precisei combinar nada com nenhuma delas, dona Estela. Mas, se não acredita nelas, pergunte aos colegas de seu marido.

— Saia do meu apartamento, sua vadia! — rugiu Daniel, encolerizado. Pelo visto, o tapa que dera em Lúcia não valera de nada.

— Modere sua fala, Daniel — repreendeu Ronaldo, igualmente nervoso diante daquela situação inusitada. Voltou-se para Lúcia e pediu: — Continue, por favor.

Lúcia contou tudo. A forma como se conheceram, o fato de Daniel tê-la assumido perante todos como sendo sua namorada, o jeito sedutor que a convencera a mudar-se da pensão onde vivia feliz para um apartamento alugado por ele.

Ela acrescentou que talvez os funcionários do prédio a reconhecessem se ela fosse até lá. Acrescentou que Daniel evitava falar da família e jamais dissera ser casado. Contou o modo como Daniel reagira expulsando-a do apartamento perto do anoitecer. E finalmente contou o que ocorrera naquela manhã.

— Não acreditei em nenhuma palavra do que nos relatou — tornou Cirina, com sua voz chata e irritante. — Você falou como se tivesse decorado um texto.

— Cirina, por favor — pediu o marido.

— É isso mesmo, Ronaldo — concordou Estela. — Bem se vê a origem dessa mulher. Ela é extremamente vulgar.

— Tem jeito de ser prostituta — Cirina também se levantou e parou ao lado do marido, medindo Lúcia com arrogância e preconceito. — E agora está tentando atrair o nosso filho para a rede dela, mas não vai conseguir.

— Com certeza Daniel não me trocaria por você — Estela também mirava Lúcia com raiva, o ciúme corroendo-a por dentro. — Pode não ser feia, mas não tem classe ou distinção. Acha que uma ex-moradora de pensão está em condições de disputar comigo?

— Ainda bem que você não acreditou nela, meu amor.

Daniel curvou o corpo e beijou Estela na boca com força, na intenção de ferir os sentimentos de Lúcia ainda mais. Ela, por sua vez, estava perplexa diante daquela saraivada de ofensas e humilhações. Nem ao menos lhe davam tempo para retrucar.

— Se a sua história já terminou, retire-se de nossa casa — ordenou Cirina, apontando para o caminho do qual Lúcia viera.

— E vá ter esse fedelho, vulgo filho, em outro lugar — um sorriso brotou nos lábios de Estela. — Aliás, abortar hoje em dia não tem nada demais. Muitas mulheres estão fazendo isso. Se imaginava que Daniel cairia na sua armadilha, você deve ser mesmo uma estúpida. Leve sua bastardinha para longe de nós.

Ela nem se importaria de ser ofendida, pois se atrapalhara em muitas coisas, mas sua filha, inocente em toda essa sujeira, não seria agredida verbalmente. Por isso, ergueu o queixo altivamente e considerou:

— Em primeiro lugar, dona Estela, minha filha não é uma fedelha, é um ser humano como qualquer um de nós. Talvez ela seja insignificante para a senhora, mas para mim é a coisa mais valiosa que existe. Quanto à ideia do aborto, bem se vê por que a senhora não tem filhos. Acho que quem tem uma visão do aborto como a sua, em que tudo é liberado, tem um cérebro menor do que a própria unha.

— Quem pensa que é? — Estela se levantou de um salto. — Como se acha no direito de me ofender? Está ouvindo isso, Ronaldo? — ela se dirigiu ao sogro.

— Estela está certa, Ronaldo. Ponha essa mulher daqui para fora — bradou Cirina.

Ronaldo olhava de uma a outra. Não sabia o porquê, mas sentia em seu íntimo que Lúcia não estava mentindo e aquela criança que estava em seu ventre era mesmo sua neta. O que ninguém sabia era que no plano astral uma equipe de amigos espirituais tentava incentivar Ronaldo a agir com coerência. Por isso, sua resposta surpreendeu a todos:

— Quero ouvi-la e peço que todos se calem. Aliás, você deve estar cansada, menina. Com essa barriga pesada, permaneceu de pé o tempo todo. Traga aquela cadeira para cá e sente-se nela — ele indicou uma cadeira num canto da sala.

Gabriel, o irmão caçula de Daniel, pela primeira vez desde que Lúcia chegara ali, abriu a boca:

— Pode deixar que eu pego — os olhos azuis dele não se desgrudavam dos de Lúcia e ela já estava incomodada com aquilo. Parecia que ele queria adivinhar o que ia em sua mente. Ele trouxe a cadeira até ela, com um sorriso bobo nos lábios. O sorriso dele era idêntico ao do irmão mais velho, aquele mesmo sorriso que seduzira Lúcia.

— O que significa isso? — era Cirina novamente. — Primeiro você, Ronaldo, convida essa mulher para se sentar em vez de mandá-la embora. Depois, Gabriel traz a cadeira até ela como um servo real. Ora, o que está acontecendo?

— Calada, Cirina, que coisa! Continue, Lúcia, por favor — Ronaldo sorriu para ela, que se sentiu mais aliviada. Olhou para Gabriel, que tinha os olhos brilhantes fixos nela.

— Na verdade isso é tudo. Só o que eu peço é uma ajuda. Não precisa ser em dinheiro, pode ser em produtos, como fraldas, berço, alimentação, essas coisas.

— Claro, claro — Ronaldo amavelmente foi até uma escrivaninha e pegou um talão de cheques.

— O que vai fazer, pai? — perguntou Daniel. — Vai acreditar nela? Vai dar seu dinheiro a ela?

— É mesmo, Ronaldo — tentou Estela, lívida com o aparecimento repentino da amante do seu marido. — Se você for acostumá-la assim, ela nunca mais vai parar de pedir, até que vire extorsão.

— Guarde já esse talão — gritou Cirina, tentando demover o marido daquela ideia estapafúrdia. — E deixem essa mulher comigo — Cirina avançou na direção de Lúcia com o intuito de intimidá-la. Porém, não obteve sucesso. A moça não recuou nem um milímetro. — Não vou falar mais. Saia do apartamento do meu filho agora mesmo e nunca mais ponha seus pés aqui dentro. Vamos, leve a bastarda daqui.

— Cirina, volte ao seu lugar — pediu Ronaldo com o talão de cheques na mão.

— Dona Cirina — começou Lúcia, medindo as palavras para não perder as estribeiras com aquela doida —, com todo o respeito, não chame minha filha de bastarda porque ela tem pai e ele é o seu filho. Outra coisa: se eu tivesse condições, garanto à senhora que jamais teria pisado aqui, aliás, nem sequer teria contado a ele — apontou para Daniel — que eu estou grávida. Se estou aqui, é porque preciso do dinheiro, ou de uma ajuda qualquer.

— Você vai é gastar todo o dinheiro com seus amantes por aí, pensa que não sei? — envenenou Cirina. Ela sempre detestara mulheres que tentavam aplicar o golpe do baú para cima dos homens mais abastados. Com o filho dela, Lúcia nada conseguiria. — Saia da minha casa. Ronaldo não lhe dará nada.

— E, se continuar nos seguindo, vamos chamar a polícia — alertou Estela, colérica.

— Pode chamar, dona Estela. Não sabia que fazer filhos era crime. Na hora de fazer, seu marido gostou, mas agora, na parte difícil, ele tira o corpo fora.

— Veja como fala diante de mim, sua imunda!

Furiosa, Cirina abriu a mão e desferiu uma bofetada contra o rosto de Lúcia que, pega de surpresa, por pouco não caiu. Aquele era o segundo tapa que recebia em um único dia e jurou para si mesma que seria o último.

— Cirina — repreendeu Ronaldo, visivelmente nervoso —, venha para cá agora e não se atreva a tocar mais nessa moça. — Ele se interpôs entre as duas, empurrou Cirina para trás e abraçou Lúcia como um pai abraça a sua filha. Ela não sabia o porquê, mas tinha a sensação de que aquela não era a primeira vez que aquele homem a abraçava.

A sensação era tão boa que nem sequer sentiu a face arder. Ficaria nos braços de Ronaldo como ficaria nos braços de seu próprio pai. Ronaldo tivera a mesma sensação. Parecia que abraçava uma filha muito querida e, sem saber o motivo, sentia que precisaria ajudá-la como pudesse.

— Ronaldo, por que está abraçando essa mulher? — perguntou Estela, horrorizada.

— Primeiro você tentou seduzir o meu filho e agora está atacando meu marido diante de mim? — esbravejou Cirina, enciumada e raivosa.

Lúcia mal ouvia as ofensas. Abraçada a Ronaldo, parecia que só os dois estavam ali. De repente, Gabriel aproximou-se dos dois, abraçando-os também, com os olhos marejados.

— Perdoe-me, Lúcia — sussurrou ele, sem nem mesmo saber o motivo de ter dito aquilo.

Ronaldo ficaria ali, abraçado ao filho e a Lúcia pelo resto de sua vida, se não fosse o rugido de Cirina quebrando aquele doce momento:

— Esta mulher só pode ser bruxa, feiticeira ou algo do tipo. Ela seduz os homens como a sereia Iara. Vai acabar envolvendo Daniel de verdade! — voltando-se para a nora, Cirina acrescentou: — Você precisa me ajudar a tirá-la daqui.

Estela não ousava a se intrometer nos assuntos de Ronaldo. Sabia que, quando o sogro se zangava, tornava-se assustador. Por causa disso, ela não saiu do lugar.

— Está com medo, Estela? — incansável, Cirina encarou Daniel: — Ajude-me você, então.

Ele olhava atônito para a cena à sua frente, vendo o pai e o irmão abraçados à mulher por quem ele sentira atração um dia. Por um rápido instante, ele desejou estar casado com Lúcia, como uma família feliz, que ela estivesse abraçando o sogro, para logo em seguida, unir-se a ele.

Fez uma rápida comparação entre Lúcia e Estela. Embora sua esposa fosse muito mais elegante, Lúcia ganhava em beleza, apesar de ela mesma sempre ter se considerado uma pessoa sem atrativos. Lembrou-se do dia em que fora à pensão pela primeira vez e quase sorriu ao se recordar da cara de espanto que Lúcia fizera ao vê-lo ali. E, quando ele lhe disse que tinha alugado um apartamento para os dois, a expressão de Lúcia foi inesquecível.

Pensando nisso, Daniel olhou para Estela. Ela era bonita também, mas fria. Somente demonstravam ser um casal feliz perto dos pais e dos amigos. Ambos sabiam que entre quatro paredes não existia amor. Daniel por um momento arrependeu-se por ter posto tudo a perder quando rompera com Lúcia. Foi nesse momento que uma certeza chocante desabou sobre ele. Descobriu que a amava.

Mesmo depois de tudo o que tinha acontecido, ele sabia que amava Lúcia com todas as suas forças. Desejou de coração que Lúcia fosse sua esposa no lugar de Estela, e esta nem sequer existisse. Agora era tarde demais. Não poderia voltar no tempo e reparar tudo, não depois das palavras amargas e cruéis que ele dissera para Lúcia.

— Daniel, estou falando com você — Cirina gritava como uma psicótica. — Onde está com a cabeça?

— Cirina, que inferno! — exclamou Ronaldo voltando ao sofá. — Dê um pouco de sossego. Feche a matraca, pelo amor de Deus!

Cirina calou-se e sentou-se no sofá em silêncio. O marido estava nervoso com ela e isso não era nada bom. Mais tarde daria um jeito naquela golpista. No momento, entretanto, para evitar atritos com Ronaldo, só poderia ficar calada.

— De quanto precisa, Lúcia? — perguntou Ronaldo.

— Não sei. Para evitar mal-entendidos, como disse a dona Cirina ao afirmar que eu gastaria o dinheiro com amantes, gostaria que, se fosse possível, o senhor, em vez de me dar o cheque, comprasse o enxoval para o bebê e um carrinho também. Já ajudaria muito.

— Como quiser. Amanhã é sábado e não há expediente em minha empresa. Poderíamos ir ao shopping comprar tudo o que for necessário, o que acha?

— Posso ir com vocês? — ajuntou Gabriel, sempre olhando para Lúcia.

— O mundo enlouqueceu — resmungou Estela, em tom baixo. — Desculpe-me, Ronaldo, mas essa sua atitude me ofende. Meu sogro saindo com a mulher que se diz amante do meu marido para comprar um enxoval para o filho dela. Ora, por favor.

— Eu sei que ela não está mentindo. Posso sentir isso. Minha sensibilidade nunca me traiu — Ronaldo voltou-se para Daniel e olhou bem dentro dos olhos do filho: — Diga a verdade a seu pai. Vocês dois tiveram um caso?

Daniel olhou para Lúcia que, por sua vez, olhava para ele. E, ao encarar os olhos castanhos da mulher com quem passara momentos felizes, ele não conseguiu negar:

— Sim, pai, nós tivemos um caso — admitiu com ar cansado.

Ouviu-se um *"oh"* de espanto por parte de Estela e Cirina. Ainda há pouco Daniel negava tudo e agora confessava que Lúcia não estava mentindo. Cirina interveio:

— O que eu disse ainda há pouco? Ela deve ser alguma bruxa poderosa que vai seduzindo um a um. Agora Daniel está caindo no feitiço dela também. Que mulher perigosa!

— Não, mãe, eu estou falando a verdade e me arrependo de ter negado tudo. Mantivemos um romance por mais de seis meses. É bem provável que esse filho seja mesmo meu. Nós tivemos uma discussão hoje cedo e eu estava furioso com ela. Agora reconheço que é inútil e infantil da minha parte continuar negando.

Lúcia olhava para Daniel sem saber o que dizer. Aquele que falava ali era o verdadeiro Daniel, o homem que a defendia, o homem por quem se apaixonara.

— Perdoe-me, Lúcia, por favor — o olhar dele parecia implorar perdão.

Por um momento, ela quis esquecer-se de tudo, abraçar e beijar Daniel, porém, quando se lembrou de como ele a agredira e o que dissera sobre a criança, sentiu raiva dele e nada respondeu.

— Então estamos combinados — Ronaldo sorriu para Lúcia, como um pai sorri para a filha, e ela correspondeu ao sorriso.

— Sim, senhor, quando devo passar por aqui?

— Dê-me o seu endereço que vou buscá-la.

Lúcia não queria que soubessem onde estava morando, principalmente Daniel. No entanto, se recusasse a dar informações, poderia contrariar Ronaldo e tudo o que ela menos queria era perder a ajuda dele, tão bem-vinda naquela fase. Anotou o endereço num papel, agradeceu a Ronaldo e Gabriel, e despediu-se educadamente de Estela e Cirina.

Tudo o que Lúcia desejava era que nada faltasse a sua filha. A menina merecia o melhor. Depois de tanto desprezo, não seria justo que o mesmo ocorresse com a criança, que não tinha culpa de nada. Lúcia sabia que, se dependesse de Daniel e dos seus familiares, à exceção de Ronaldo, sua vida seria muito complicada, ainda que ela fizesse o possível para que nada faltasse ao bebê.

capítulo 8

Voltou a garoar. De volta à atualidade, Lúcia tentava se esquecer de seu passado, mas sempre era assim. Não conseguia conter as lembranças. Às vezes, ela tinha a impressão de que tudo acontecera algumas semanas antes e não cinco anos atrás. O tempo realmente passava depressa.

Consultou o relógio na parede da cozinha. Eram sete e meia. Ela estava parada ali havia mais de uma hora sem fazer nada, só recordando.

Lembrava-se perfeitamente de quando fora ao shopping com o pai e o irmão de Daniel. Compraram um belíssimo enxoval e muitas roupinhas, a maioria cor-de-rosa. Gabriel era de poucas palavras, mas confessou a ela que gostava de olhá-la, o que a deixou totalmente sem jeito. Ronaldo sorria sempre que os via juntos.

Os meses foram passando. Ronaldo, contrariando Cirina, financiara uma casa térrea para Lúcia morar. Era a mesma casa em que estava morando até hoje com a filha. Nada faltava para Lúcia, pois Ronaldo a mimava mais do que aos próprios filhos.

Em uma manhã de segunda-feira, ela sentiu as primeiras contrações. Ronaldo contratara uma enfermeira para ajudá-la no que fosse preciso, e a moça rapidamente a encaminhou a uma maternidade particular, paga por Ronaldo, avisando-o de que Lúcia estava entrando em trabalho de parto. Ronaldo e Gabriel voaram para o hospital.

Daniel foi informado da notícia, mas não se sentiu disposto a acompanhar de perto o nascimento da menina, pois sabia que Lúcia ficaria contrariada quando o visse. Fora um pai ausente durante todos os meses de gestação e achava que não tinha muitos direitos sobre a criança. Preferia que o pai e o irmão lhe contassem os detalhes mais tarde.

Lúcia nunca se esqueceu de como o seu parto fora difícil. A criança estava virada de lado e foi preciso o uso de fórceps para que ela viesse ao mundo. Lúcia chorou muito, emocionada, quando viu o corpinho da bebê ser envolvido numa manta, depois de terem cortado o cordão umbilical. A criança emitira um chorinho fraco, porém logo aumentou o volume. Lúcia desejou que Daniel estivesse ali também para ver a filha vir ao mundo, mas sabia que ele não viria, pois não estava nem um pouco interessado.

Mais tarde trouxeram a criança para que Lúcia a visse. Desta vez ela chorou ainda mais. Sentir e ver em seus braços o ser que carregara por nove meses e uma semana em seu ventre era uma emoção indescritível. A menina dormia tranquilamente.

— Já decidiu qual será o nome dela, mamãe? — perguntou-lhe o cirurgião responsável pelo parto.

— Talita — ela havia optado por esse nome semanas antes do nascimento e sempre o achara muito bonito.
— Minha filha se chamará Talita.

Na quarta-feira à tarde ela recebeu alta para deixar o hospital. Daniel não tinha aparecido. Gabriel e o pai lhe davam toda a assistência necessária. Lúcia, com a filha nos braços, pediu que Deus abençoasse Ronaldo e Gabriel. Os dois foram grandes amigos para ela nos últimos meses, estavam presentes em todos os momentos.

O verdadeiro anjo era Talita. Nas poucas vezes em que abrira os olhos, Lúcia vira que eram azuis, como os do pai. A pele era muito clarinha, bem rosada, e a cabecinha mostrava ralos fios dourados. Indiscutivelmente era filha de Daniel. Era o retrato vivo do pai em todos os aspectos. Ronaldo sorria ao ver que tinha realmente acertado. Lúcia dissera a verdade.

Ele quase chorou de emoção ao segurar a neta pela primeira vez. Sabia que Estela era estéril e jamais adotaria uma criança. Gabriel não dava mostras de querer namorar menina nenhuma, e o bondoso homem já tinha perdido as esperanças de ter um neto. Por isso não se envergonhou ao demonstrar abertamente o quanto estava feliz. Sentia por aquela criança algo especial, um amor imenso e verdadeiro.

Gabriel também se emocionou muito ao pegar a sobrinha no colo. Talita era uma joia rara. Lúcia sorria feliz ao lado dele. Quem olhasse pensaria que ele era o pai da criança, já que a menina também se parecia muito com o tio. Aparentavam ser um casal feliz e apaixonado.

Cirina se recusava terminantemente a visitar a neta. Daniel, usando como pretexto as ofensas que proferira a Lúcia, alegou falta de coragem para ver a filha, que soube chamar-se Talita. Estela estava desgostosa, sentindo raiva e inveja por aquela mulher ter conseguido o que ela jamais conseguiria.

Em seus momentos de solidão, Estela refletia sobre o motivo de ter nascido estéril. Por que não conseguia engravidar? Achava que esse fora o motivo de seu casamento com Daniel ter ido por água abaixo. Sabia que ele mantinha relacionamentos extraconjugais ocasionais, mas, quando conheceu Lúcia, Estela descobriu que o perdera. Soube o tempo todo que ele tinha uma amante; contudo, não queria escândalos envolvendo seu nome. E de que adiantou? Agora, o fato de seu marido ter tido uma filha com outra mulher tornara-se notícia pública.

Soava até irônico, pois ela se sentia a outra, a intrusa, a destruidora da felicidade de um casal. Era uma mulher rica, bonita e elegante, que só frequentava as altas-rodas sociais. No entanto, isso jamais lhe traria um filho, jamais lhe daria as armas necessárias para concorrer com Lúcia. Nunca haveria um ser crescendo em seu ventre. Diziam que se tornar mãe era uma dádiva suprema. Ela, entretanto, jamais poderia experimentar esse privilégio.

Após dez dias do nascimento de Talita, Lúcia recebeu uma visita inesperada em sua casa. Havia acabado de amamentar a filha quando bateram à porta. Pensou que certamente fosse Ronaldo ou Gabriel. Somente os dois a visitavam ultimamente.

Abriu a porta e ficou imóvel ao ver Daniel parado ali, com um buquê de rosas vermelhas em uma mão e uma bolsa para bebês na outra. Ele quase sorriu ao ver a expressão de espanto que ela exibia no semblante. Era a mesma expressão com que ela o recebera quando ele chegara de surpresa ao seu quarto, na pensão de Laura.

— Eu tenho o costume de lhe trazer flores. Lembra-se das azaleias? — ele sorriu como um adolescente tímido. — Posso entrar?

Sem conseguir reagir, ela só o observava. Ele tinha alguns fios dos cabelos cacheados caídos sobre a testa, dando-lhe a aparência de um menino arrependido. Às vezes, até parecia ser mais novo do que o irmão.

— Desculpe-me — ela se afastou da porta para lhe dar passagem. — Pode entrar.

— As flores são para você e os itens que estão dentro desta bolsa são para *sua* filha — ele frisou bem a palavra "sua".

— Obrigada — Lúcia queria que ele fosse embora e em voz alta perguntou: — O senhor deseja mais alguma coisa, doutor?

— Quero que você pare de me tratar por senhor e doutor.

— Lamento, mas não será possível. Quero tratá-lo com a mesma formalidade que temos mantido até então.

— Você deve sentir muito ódio de mim, não?

Aquela pergunta poderia deixar Lúcia refletindo durante horas alguns meses antes. Anteriormente teria hesitado em responder, mas agora tinha a resposta na ponta da língua.

— Já senti ódio, hoje garanto que não sinto mais. Nosso contato será apenas o estritamente necessário.

— Entendo — ele olhou ao redor. — A sua casa é muito bonita e bem-arrumada.

— Eu agradeço ao seu pai por ter me dado esse maravilhoso presente.

— Quisera eu poder ter dado a você algum presente também.

— O senhor me deu, e ele está dormindo agora. Seu presente foi mil vezes melhor do que esta casa.

— O nome dela é Talita, não é? Meu irmão me contou. É um lindo nome.

— Obrigada. Algo mais?

— Eu... poderia... você me deixaria vê-la?

Por que ele simplesmente não ia embora? Ela queria que ele sumisse de sua vida para sempre. Porém, havia um lado em seu íntimo que desejava perdoar todo o mal que ele fizera a ela. Este lado ansiava pela volta do homem apaixonado que ela conhecera, que a fizera acreditar em sonhos e num futuro em família.

Agora ele pedia para conhecer Talita. Não estava bem certa se ele teria algum direito quanto ao que estava pedindo. Pensando em algo adequado para responder, ela retrucou:

— É melhor não. Para quê? Se minha memória não falha, naquele dia em seu escritório, pouco antes de ter me expulsado de lá e me agredido, o senhor tinha dito que eu deveria ter abortado a menina. Se eu tivesse seguido o seu conselho, quem o senhor veria agora?

Daniel abaixou a cabeça, calado. Lúcia estava certa. Ele fora um pai ausente, desde quando fora informado da gravidez. Talvez não fosse justo aparecer agora quando ela usara da coragem e da verdade para conhecer seu pai e receber ajuda dele. A pior parte já passara e Lúcia o fizera sozinha.

Eles não notaram a presença de dois espíritos. Ambos eram seres que trabalhavam a serviço do bem, portanto suas vibrações eram leves, assim como se tornava o ambiente em seu entorno. Eles sugeriam ideias sobre perdão, para que Lúcia tentasse se livrar daquela mácula que a impedia de ser totalmente feliz.

— Não alimente o ódio, minha filha — pediu um deles. — Isso só adia o seu sucesso interior. Ninguém consegue ser totalmente feliz alimentando mágoas por outras pessoas. Todos acreditam que perdoar é se render, entregar os pontos. Pois o perdão é totalmente o oposto. Perdoar é mostrar superação, sabedoria e amor a nós mesmos. O perdão é sinônimo de libertação.

— Daniel é o pai da sua filha — interveio o segundo espírito. — Por mais que tente, você não tem meios de mudar essa situação, portanto, terá que se acostumar a ela. Qual imagem fará desse homem para Talita, quando ela estiver maior? Apresentará um pai decente, ainda que ele não tenha agido assim com você, ou incitará o ódio e a revolta na criança, para que ela compartilhe dos mesmos sentimentos que você ainda nutre e talvez ainda manterá daqui a alguns anos?

As mensagens telepáticas eram interpretadas por Lúcia como sugestões de sua consciência.

— Você não está errada, Lúcia — manifestou-se Daniel, após contemplá-la em silêncio por alguns segundos, como se estivesse avaliando algo precioso que permitira perder. — Foi por isso que eu disse "sua" filha, pois não posso me considerar o pai dela. Nunca vou ser um pai de verdade e acho que não estou preparado para isso, mesmo que minha esposa não fosse estéril. Talita só pertence a você — ele recuou alguns passos de ré, na direção da porta de saída. — Só sei que, para mim, não vai adiantar lamentar sobre o leite derramado.

Naquele momento a camada de gelo que cobria o coração de Lúcia começou a derreter. Por mais que tivesse estreitado os laços de amizade com Ronaldo e com Gabriel, nenhum deles lhe contara que Estela não podia ter filhos. Aquilo era algo que ela jamais imaginaria.

— Perdoe-me, Daniel, em uma próxima vez prometo deixá-lo conhecer Talita.

Ele sorriu em agradecimento e se retirou. Quando ouviu o ronco do motor do carro dele se afastando, ela desabou sobre o sofá, o rosto molhado de lágrimas. Era um pranto provocado pelos sentimentos que ela ainda mantinha por ele. Não podia negar que o amava. Mesmo que jamais pudesse perdoar-lhe, ela ainda era apaixonada por ele, quase como no primeiro dia.

Todavia, não podia demonstrar seus sentimentos para ele. Jamais confessaria a verdade, pois não queria voltar a se relacionar com ele nunca mais, principalmente depois de saber que ele era um homem comprometido.

Lúcia, de volta aos dias atuais, fechou os olhos. Lembrava-se desse dia como se fosse ontem. Daniel parecera muito arrependido e ela não lhe perdoara. Talvez nunca o fizesse, mesmo que o amasse em segredo.

Por vários dias tudo seguira em paz. Gabriel a visitava com frequência e eles conversavam bastante. Em uma dessas ocasiões, ele afirmou ter conhecido uma teoria que ensinava uma nova maneira de compreender o funcionamento da vida e da morte, além de orientar de forma clara e objetiva sobre a importância do perdão, do amor e da felicidade. Contou ainda que estava aprendendo mais sobre a espiritualidade, quebrando todos os misticismos e as falsas verdades que a cercam.

— Gostei muito, Lúcia. As palestras a que assisti, além de comoventes, sempre me levaram a refletir e questionar sobre muitas coisas. Elas responderam a todas as minhas perguntas com palavras diretas e precisas.

— Como se chama essa religião? — Lúcia estava interessada.

— Não é bem uma religião. Ali se trabalha pelo bem do próximo, mas ninguém tenta doutrinar ou converter ninguém. Trata-se de uma casa espírita na qual me sinto muito bem.

— Espiritismo? — curiosidade e receio se mesclaram na expressão que Lúcia exibiu. — Meus pais foram católicos fervorosos e torciam o nariz quando ouviam falar disso. Diziam que era atraso de vida.

Gabriel sorriu, o que fez Lúcia se lembrar do sorriso do irmão dele. Às vezes, eles pareciam ser irmãos gêmeos.

— Com todo o respeito, minha querida, penso que somos nós mesmos que atrasamos a nossa vida. Muitas vezes deixamos de tomar algumas atitudes que nos fariam modificar totalmente nossa maneira de agir e ser, por medo, ignorância ou receio de comentários alheios. Ninguém dá ouvido à voz do coração.

— Pode até ser verdade, mas tenho minhas dúvidas. Nunca me imaginei entrando em um centro espírita. Esse negócio de comunicação com pessoas que já morreram me causa arrepios.

Gabriel tornou a sorrir.

— Um dia todos nós morreremos. Esta é a ordem natural das coisas. Passaremos a viver como espíritos, mas ainda seremos os mesmos, com as mesmas manias, os mesmos sentimentos etc. Por que se arrepiar diante de algo tão belo como a sobrevivência após a morte do corpo?

Quando Lúcia ia responder, Talita começou a chorar. Ela foi atender a filha no quarto e instantes depois retornou com a criança no colo. A menina sugava seu seio com vontade. Aquela pareceu ser uma das cenas mais bonitas que Gabriel já presenciara em toda a sua vida.

— Falando assim, parece muito bonito, mas meus pais diziam que em centros espíritas as pessoas invocam o diabo.

— Ora, Lúcia, isso é preconceito. O espiritismo não é uma seita satânica.

— Eu não disse isso.

— Eu sei que não, só quero que fique bem claro. É um lugar maravilhoso, dirigido por uma senhora muito bondosa. Você deveria ir até lá um dia e assistir a uma palestra.

— Não sei... Quanto paga?

Ele alisou os fios dourados na cabecinha de Talita, sem deixar de sorrir.

— É claro que não paga nada. Onde já se viu cobrar para falar de coisas boas?

Lúcia notava que Gabriel estava muito animado. Sabia que o rapaz era inteligente e não se deixaria envolver por tolices ou fantasias.

— Está bem. Quando será a próxima palestra?

— Domingo à noite. Às dezenove horas. Eu passo aqui para buscá-la de carro, pode ser?

— Pode, mas vou avisar que, se algo me assustar, saio correndo e o deixo para trás.

— Não se preocupe — ele garantiu com uma risada descontraída. — Nada vai assustá-la e você vai até desejar voltar.

— Está certo. Então fica combinado para o próximo domingo.

Gabriel se despediu e Lúcia colocou Talita de volta no berço. A menina voltou a dormir. Mal havia completado cinco minutos da saída de Gabriel quando tocaram a campainha.

— Aposto que você esqueceu alguma coisa — ela comentou, abrindo a porta sem ao menos perguntar quem era.

Havia um homem imenso, obviamente o motorista ou segurança particular de Cirina, parado atrás das costas dela. A mãe de Daniel, sem pedir licença, adentrou o recinto dizendo ao acompanhante que esperasse próximo à porta caso fosse precisar dele. Atirou a bolsa no sofá, fitou Lúcia com pouco caso, olhou ao redor e tornou a observá-la.

— Onde está a minha neta? — perguntou à queima-roupa.

— Por que quer saber?

— Não tenho que lhe dar satisfações. Quero ver minha neta.

— Por quê? — insistiu Lúcia, cruzando os braços.

— Acho que você deve ser surda. Não me ouviu dizer que não lhe devo satisfações? — ela gesticulava os braços e fazia barulho com as joias que usava. — Mostre-me a minha neta. Quero saber onde ela está. Ou vai me proibir de vê-la como fez com Daniel dias atrás?

Então ele lhe contara. Eles formavam uma dupla perfeita. E pensar que um dia Lúcia desejou conhecer aquela mulher.

— Não o proibi de vê-la. É que naquele dia ela estava dormindo e eu não queria que acordasse.

— Ora, essa é boa, negar ao pai o direito de ver a própria filha!

— Se estou bem lembrada, dona Cirina, a senhora disse certa vez que minha filha era uma bastarda, não foi? — Lúcia descruzou os braços e colocou uma mão na cintura. — Por que então eu deveria mostrá-la a Daniel se ela não tem pai?

O ódio tingiu de vermelho o rosto maquiado de Cirina e ela teve que fazer um grande esforço para não enfiar a mão naquela mulherzinha metida, atrevida e ousada.

— Pois dê graças a Deus por Ronaldo ter acreditado em você. Aliás, não me lembro de você ter feito o exame de DNA para comprovar se Talita é mesmo minha neta.

— O seu Ronaldo já acreditou e para mim basta a opinião dele. Devo muito a ele e ao Gabriel. Eles me estenderam a mão quando eu mais precisei.

— Você é uma abusada que contou com a sorte. Mas essa boa-vida não vai durar a vida inteira. Ainda vou convencer Ronaldo a reverter essa situação. Agora quero que me mostre a minha neta.

Lúcia estava com a paciência a ponto de se esgotar. O que aquela mulher pensava? Primeiro a desprezara e agora aparecia cobrando direitos?

— Antes de qualquer coisa, a senhora precisa se acalmar.

— Está me chamando de histérica? — Cirina deu um grito tão alto que Talita logo começou a chorar.

Lúcia precisou ir até o quarto e trazer a pequena no colo, sacudindo-a para que ela se acalmasse.

— Viu o que a senhora fez? Assustou a minha filha.

Cirina, na verdade, não estava interessada em ver o rostinho de Talita. O que na verdade queria era tentar assustar a mãe dela e trouxera uma carta na manga para isso.

— Essa casa não está limpa para manter uma criança — ela baixou o olhar para o piso e analisou a conservação das paredes. — É que eu sempre esqueço o nível de sua origem.

Lúcia ignorou o comentário preconceituoso, pois tentava acalmar Talita, que não parava de chorar devido ao som estridente da voz da visitante.

— Acho que o melhor lugar para cuidar de um recém-nascido é em minha casa — disparou Cirina, de repente.

Arregalando os olhos, Lúcia a fitou, sabendo que estava empalidecendo. Não entendeu de imediato o que ela quisera dizer com aquela frase.

— A senhora poderia se explicar melhor?

— Você é esperta. Não perca tempo tentando colocar barreiras para que Daniel não conheça a própria filha. O nome dela é Talita, certo?

— É, sim — balbuciou Lúcia.

— Que nome horrível para uma criança! Deus me livre! — Cirina estudou o efeito de sua ameaça pela expressão de Lúcia e continuou: — Se formos aos tribunais, você perderá a guarda sobre ela. Ganha pouco e não tem condições de sustentar nem a si própria, quanto mais a uma criança. A preferência pela guarda sempre é da mãe, mas o seu caso vai ser diferente. Tenho todos os recursos para que a menina venha para a minha família — os lábios dela se repuxaram num sorriso sarcástico. — E então, minha flor? Ainda vai tentar se opor a mim ou ao meu filho?

Lúcia estava quase chorando. Daniel era advogado e, se quisesse, realmente tiraria Talita de seus braços. Ela nem queria pensar na possibilidade de uma disputa judicial pela guarda de Talita. Ficar sem sua filha seria como ficar sem respirar e tão doloroso quanto ter um membro do corpo arrancado a faca.

— Perdoe-me, dona Cirina, por favor, não tente tirar Talita de mim. Eu não sobreviveria.

Cirina sorriu satisfeita, sem responder. Até que não seria difícil manejar Lúcia. Ela era bem tola, na verdade.

Quando olhou para o rostinho da neta, viu ali a própria face de Daniel quando bebê. Sem a menor sombra de dúvida, Talita era filha dele. No entanto, ela seria mais esperta do que Lúcia. Enquanto pudesse, faria chantagem emocional com aquela ingênua criatura, o que a manteria na palma de sua mão.

Em nenhum momento Cirina segurou a neta no colo. Apenas a observava com o canto dos olhos. Não queria se envolver afetivamente com a menina, muito menos com a mãe dela. Apanhou a bolsa que jogara sobre o sofá e voltou-se para a porta de saída.

Lúcia, paralisada, não sabia como reagir. Cirina não se despediu ao sair. Só depois de alguns segundos após a partida da imponente mulher, Lúcia, com Talita no colo, sussurrou-lhe:

— Ninguém vai separá-la da mamãe, eu juro. Não vou permitir que tomem você de mim, meu amor, prometo que não vou.

As lágrimas transbordavam dos olhos dela e escorriam livremente por seu rosto. Acreditara que ninguém mais teria recursos ou meios para ofendê-la ou acuá-la, porém Cirina fora mais forte. Lúcia sabia que, perante os tribunais, suas chances de ficar com Talita eram remotas. Contar com a sorte não seria suficiente ou adequado. Ela sabia que, mais do que nunca, precisaria confiar na vida e pedir a Deus que não permitisse que outras pessoas tirassem Talita de seus braços.

capítulo 9

Um ruído no quarto de Talita tirou Lúcia de suas divagações do passado. A menina finalmente tinha despertado e ela, envolvida em suas recordações, não preparara o café da manhã. Talita adorava leite com achocolatado e torradas.

Aos cinco anos, aparentava sua idade somente pelo tamanho físico, porque mentalmente ela era muito desenvolvida para uma criança de sua faixa etária. Sempre com as melhores notas em seus trabalhos escolares, Talita era a companheira de Lúcia. Uma era a metade da outra e juntas formavam um todo. Amavam-se de uma maneira pura, um amor materno, um amor que não conhecia fronteiras.

O coração dela se apertou ao pensar no medo que passara quando Cirina ameaçara tomar a menina perante o juiz; em contrapartida, sorriu ao se lembrar da visita com Gabriel à casa espírita que ele estava frequentando. Assistiu a uma belíssima palestra que a tocou no fundo do coração e a levou às lágrimas. Tomou um passe que a fez sentir-se mais leve, como se um fardo de cem quilos fosse retirado de cima de suas costas.

Ela fizera um julgamento premeditado e errôneo sobre a espiritualidade. Até então, assuntos relacionados ao mundo espiritual, para ela, eram interpretados como eventos assustadores e perigosos, semelhantes aos exibidos pelos filmes de terror do gênero. O que descobrira lá, entretanto, nada mais era do que sugestões e indicações de diversos caminhos que levavam cada pessoa a perceber que temos um antes e um depois, e a importância de trabalhar o presente para ter uma vida mais feliz no futuro.

A partir dessa primeira visita e da boa impressão com que saiu de lá, Lúcia passou a frequentar a casa quinzenalmente, sempre acompanhada por Gabriel. Levava Talita e a deixava em uma escola, sob a responsabilidade de cuidadoras e de pedagogas, no próprio local. Ela gostava do que aprendia e se interessava pelo tema cada vez mais.

Gabriel era uma companhia extremamente agradável. Ela se sentia muito bem ao lado dele. Porém, ao contrário do que acontecera com o irmão dele, Gabriel não mexia com seus sentimentos, amorosamente falando. Ela o via como o irmão que jamais tivera. Confiando nele, contou sobre a visita de Cirina e suas ameaças.

Ele a tranquilizou, dizendo que ela não perderia Talita. Garantiu que Daniel não faria nada a esse respeito, e sua mãe, sem o consentimento dele, não teria força alguma. Gabriel ainda prometeu que, se a mãe voltasse a incomodá-la, ele contaria a Ronaldo. Lúcia ficou mais sossegada, principalmente pelo fato de não voltar a receber visitas de Cirina nem de Daniel nos dias seguintes.

Lúcia saía para passear com Talita, mas ela chorava, pois queria ficar no colo e não no carrinho. Sorrindo, ela fazia a vontade da filha. Desde bebê, Talita já demonstrava uma inteligência fora do normal. Reconhecia a voz de Gabriel a distância e chorava para que o tio a pegasse. Não ficava quieta para mamar no seio da mãe quando tinha visita em casa. Era como ela se sentisse envergonhada de fazer aquilo diante dos outros, o que divertia Lúcia.

Os grandes olhos azuis, herança do pai, pareciam querer abarcar tudo o que ocorria à sua volta. Talita era extremamente curiosa e, com apenas um mês de vida, parecia saber como agir para satisfazer seus próprios desejos. Ela puxava os cabelos de Gabriel. Apertava as mãozinhas no seio de Lúcia quando não queria mais mamar. Era realmente um anjinho vindo de algum lugar especial diretamente para ela.

Daniel reapareceu para uma nova visita um mês depois de ter passado por ali pela primeira vez. Lúcia sabia que isso aconteceria, cedo ou tarde. Ele segurava um buquê de gardênias, brancas e perfumadas. Nos lábios, um sorriso despreocupado e amável.

— Como está, Lúcia? Eu posso entrar?

— Pode entrar, sim — ela fez um gesto para o interior da casa, enquanto ele passava. Achou que valeria a pena acrescentar: — Não é do meu feitio expulsar as pessoas dos lugares.

Daniel fingiu não entender a indireta.

— Talita está dormindo?

— Não estava até o momento em que vim abrir a porta... Quer vê-la?

Lúcia demonstrava gentileza e Daniel se perguntou se sua mãe a ameaçara de alguma forma. Cirina não fizera nenhum comentário a respeito de alguma visita a Lúcia, mas Daniel estava desconfiado, pois ela parecia muito mais serena e compreensiva desta vez. De qualquer forma, poderia conhecer sua filha, a criança que ele mesmo renegara um dia.

— Sim, gostaria muito de vê-la. Trouxe isto aqui para ela — ele lhe estendeu um brinquedinho colorido, desses que são amarrados em cima do berço para distrair o bebê.

— Ela ainda é muito nova para isso, né?

Lúcia fez que não com a cabeça, avaliando o brinquedo nas mãos.

— Eu tenho certeza de que Talita vai adorá-lo. Venha, é por aqui.

Daniel a seguiu por um pequeno corredor até chegar a um quarto todo enfeitado de cor-de-rosa. A criança estava mexendo os bracinhos no berço e arrulhando palavras no idioma dos bebês.

Ele parou e a observou a distância. Parecia estar com medo de aproximar-se do berço. Lúcia quase sentiu pena dele, mas ficou calada. Reunindo coragem, ele finalmente chegou mais perto, olhou para o rostinho meigo e rosado da filha, e pegou-a no colo, sem muito jeito. Lúcia sorriu sem que ele percebesse.

Os olhos da menina fixaram-se nos do pai. Era como uma apresentação, enquanto um perscrutava o rosto do outro. Talita parecia entender que ele era um estranho, embora fosse parecidíssimo com seu tio. Daniel fazia caretas e brincava com ela. Lúcia, segurando o brinquedo que ele trouxera, acompanhava a cena enquanto se questionava sobre os motivos que os impediram de ficar juntos e formarem uma verdadeira família.

Seria tão bom se Daniel estivesse ali com elas definitivamente, se ele fosse o rapaz atencioso, gentil e amoroso que ela havia conhecido. Vendo-o segurar a filha no colo, Lúcia desejou poder abraçá-los e congelar o tempo em seguida.

Daniel virou o rosto para Lúcia, sorrindo.

— Ela é muito esperta, além de linda. É a sua cara.

— De forma alguma. Veja a cor dos cabelos e dos olhos, o formato do nariz e da boca. Não tem nada de mim aí, não — devolveu Lúcia, sendo educada e sincera.

Daniel não concordou, argumentando:

— Não é verdade. Ela pode até ter puxado a cor dos meus olhos e os cabelos, mas a expressão do olhar é toda sua. Você é que não notou — ele se aproximou de Lúcia, conversando com a filha, e estendeu os braços para que ela pudesse segurá-la. — Pegue-a! Você não sabe como fiquei feliz de poder tocá-la, de sentir sua pele macia. Ela é linda como a mãe.

Lúcia ruborizou, sem saber se aquele elogio fora espontâneo ou proposital. Colocou Talita no berço e voltou-se para ele:

— Quando quiser voltar a vê-la, fique à vontade.

— Minha mãe esteve aqui? — perguntou Daniel, de repente. — Ela fez alguma ameaça a você? Sim, porque da primeira vez que vim aqui você não me permitiu vê-la e hoje está se comportando de uma maneira totalmente diferente. Não entendo.

— Lembre-se de que prometi deixá-lo conhecer Talita quando retornasse.

— Então minha mãe não esteve aqui mesmo, não é?

Lúcia não sabia se deveria contar. Talvez Daniel acabasse gostando da ideia e decidisse brigar nos tribunais pela filha. Todavia, ele poderia se colocar contra Cirina, ficando do lado de Lúcia, embora isso não parecesse muito provável.

— Ela nunca esteve aqui — negou. — Não está interessada na neta.

— É que, se bem conheço minha mãe, ela seria capaz de ameaçar tirar a menina de você.

Ela estremeceu, ficando branca como as paredes de sua sala. Se ele já estava pensando no assunto, não adiantava nada manter segredo. Assustada, ela sentiu os olhos rasos d'água e praticamente implorou:

— Por favor, Daniel, não faça isso comigo. Sei que o senhor, como advogado e com boa situação financeira, conseguirá facilmente tirá-la de mim. Mas eu suplico, não faça isso. Se sente alguma coisa por sua filha, deixe-a comigo, pelo que lhe for mais sagrado.

Ela tremia muito, pois estava à beira de um total descontrole. Ele a olhou hesitante, por fim decidiu tocar o rosto dela de leve. Foi um toque tão suave que ela mal sentiu.

— Acalme-se, Lúcia, por favor.

— É que, se o senhor tirá-la de mim, não vou suportar. Já tive perdas demais em minha vida e não aguentaria viver sem Talita. Tenha piedade.

— Não há necessidade de fazer tanto drama. Quem disse que vou tentar tirá-la de você? Foi minha mãe? Ela esteve aqui, não foi?

Lúcia só conseguiu assentir com a cabeça. Daniel levantou-lhe o queixo e encarou-a nos olhos molhados de lágrimas. Quase não resistiu à vontade de beijá-la, de poder consolá-la. Tudo o que pôde fazer foi envolvê-la nos braços. Lúcia se deixou ficar ali, nos braços do homem que amou e ainda amava. Ela também desejava poder esquecer todo o passado e ser feliz com ele, porém ambos sabiam que seria impossível. Diversos fatores formavam um abismo largo e profundo entre eles.

— Eu nunca cometeria esse ato de maldade. Já fiz coisas terríveis com você, jamais vou me perdoar e acredito que você também não. Sei que Talita é toda sua. Eu não contribuí em nada aí, a não ser... na parte principal — ele asseverou de forma quase tímida, o que a fez rir, apesar das lágrimas.

— Promete que nunca tentará levá-la?

— Prometo. E esqueça as besteiras que minha mãe falou. Se ela voltar, pode dizer que você reatou comigo.

— O quê? — Lúcia fez a cara de espanto de que Daniel tanto gostava. — Do que está falando?

— Calma, só falei para descontrair — Daniel sorriu como um menino. — Sei que isso não vai mais acontecer.

Eles se fitavam atentamente até que uma faísca cintilou naquela troca de olhares. Por um longo tempo, esqueceram-se de Talita no berço, de Estela ou de Cirina, das ofensas de Daniel, das discussões anteriores. Naquele momento era como se o mundo tivesse deixado de existir.

Inevitavelmente seus lábios se atraíram, e um longo e apaixonado beijo foi trocado. Tudo parecia ser novo e, ao mesmo tempo, muito familiar. Cada um, em sua urgência, apenas queria experimentar outra vez o sabor dos lábios do outro.

Enquanto se beijavam, Daniel se arrependeu mais uma vez pela maneira com que tratara Lúcia. Ele tivera uma joia preciosa nas mãos e não se dera conta. Reconheceu que estava tão apaixonado quanto no primeiro dia. Algo naquela mulher o atraía com a força e o magnetismo de um ímã. E ela, envolvida por aqueles braços fortes, somente conseguia desejar que ele confessasse que a amava. Se isso acontecesse, sua vida se tornaria mágica.

O choro de Talita rompeu a emoção do momento, e Lúcia pareceu voltar de um encantamento, separando-se de Daniel.

— Não sei o que houve... Desculpe-me — balbuciou ela, completamente aturdida. — Não vai mais acontecer.

— Por que não? — Daniel tentou beijá-la de novo, mas Lúcia se afastou e pegou a filha no colo para que ela parasse de chorar. — Qual é o problema? Não foi o nosso primeiro beijo.

— Mas é como se fosse. Nosso relacionamento será baseado apenas nos cuidados com Talita. Não pode haver nada além disso. O senhor é casado, sua esposa me pareceu ser bem ciumenta, e eu quero dedicar o resto da minha vida a Talita, à sua educação, ao seu bem-estar... Tivemos nossa chance, mas sabemos que não deu certo. Podemos ser amigos, pelo menos eu acho que podemos.

— Está certo, não vou insistir — Daniel beijou a filha, sorriu para Lúcia e saiu para a rua.

Ela suspirou fundo, deu de mamar à menina e procurou esquecer-se do beijo. Ainda sentia o gosto dos lábios do homem que, além de ser o pai de sua filha, era também o homem que ela amara e ainda amava. Lúcia pediu a Deus para esquecê-lo e que aquele sentimento que revolvia toda a estrutura do seu ser fosse substituído por algo cálido e terno, como uma amizade fraternal.

Precisava se preparar, pois, logo mais à noite, Gabriel iria buscá-la para a palestra do dia na casa de estudos espirituais. Ela estava adorando frequentá-la. Gabriel ficara de apresentá-la à dirigente do local, pois Lúcia não tivera a oportunidade de vê-la ainda. A mulher era muito ocupada, sempre ajudando no atendimento a diversas pessoas que iam à procura de tratamento espiritual, ou organizando eventos, como as feiras beneficentes, que agradavam a todos.

Lúcia sabia também que o tema da palestra naquele dia, como já lhe fora dito em sua visita anterior, seria o amor. Ela não tinha uma opinião formada sobre o amor, não sabia ao certo se ele causava alegrias ou tristezas, pois sofrera uma grande decepção amorosa com Daniel; no entanto, descobrira outras maneiras de amar, principalmente após o nascimento da filha.

Gabriel a presenteara com alguns romances espiritualistas, de fácil entendimento, recheado de ensinamentos, que ela lia em poucos dias. Com aquele farto conteúdo, ela já estava reavaliando alguns conceitos, pois começava a perceber que a vida era muito mais do que aquilo que ela conhecia.

Quando o som da campainha ecoou pela casa, ela sorriu. Olhou-se no espelho e ajeitou melhor os longos cabelos castanhos. Não queria ficar bonita para Gabriel. Vinha percebendo que o simples gesto de se arrumar melhor, que estava longe de ser simples vaidade, fazia com que ela se sentisse mais disposta e feliz. Tinha que cuidar mais de si mesma, pois, se não o fizesse, quem faria?

Porém, seu sorriso esfriou quando abriu a porta e não viu o rosto do amigo. Cirina e Estela, ambas impassíveis, estudaram-na por alguns instantes. O motorista que as trouxera, tão grande quanto um cavalo de tração, aguardava próximo ao automóvel. Viria correndo se Cirina o chamasse, em caso de alguma emergência.

— Surpresa com a visita, querida? — debochou Cirina espiando o interior da casa.

— Talvez não, considerando que a minha casa é mais visitada que uma igreja — Lúcia estendeu o braço e apoiou a mão no batente na porta.

Cirina e Estela notaram que Lúcia não ia permitir que elas entrassem.

— Por que está segurando a porta, minha flor? — Irônica, Cirina prosseguiu: — Está fazendo alguma coisa ilícita? Há algo que você esteja escondendo ou não possamos saber?

— Mais ilícito do que arrumar filho com o marido de outra mulher, Cirina? — ajuntou Estela. — Creio que seja impossível.

— Não vou dar satisfações a nenhuma de vocês duas — avisou Lúcia. Não ia permitir que a humilhassem de novo, na porta de sua casa.

— Já vi que hoje você está nervosa! — Cirina soltou uma risadinha de escárnio. — Com certeza deve estar com algum homem aí dentro. Acha que é correto fazer sexo perto da minha neta?

Lúcia corou, ao mesmo tempo em que ficava furiosa. Ou Cirina era louca, o que não parecia ser o caso, ou conseguia ultrapassar todas as fronteiras da crueldade.

— A senhora não me conhece, dona Cirina, portanto, não faça um julgamento errado a meu respeito. Eu honro o meu teto e a imagem da minha filha. Mesmo que eu quisesse manter relações com alguém, não faria isso no mesmo espaço em que Talita estivesse.

— Acho que sei por que você está na defensiva — Estela estava preocupada, embora não quisesse demonstrar. Imaginou se Daniel estaria lá dentro. — Meu marido está aí? Ou seria o irmão dele? Afinal, como os dois são tão parecidos, você poderia trocar um pelo outro sem nem perceber.

Lúcia mais uma vez sentiu o rosto queimar.

— Você não se envergonha de ter tido um caso com o meu marido? — continuou Estela. — Não se envergonha de ser a outra, de ser uma reles amante? Não se envergonha de tratar essa sua filha como se ela fosse fruto de algum amor? O nascimento dessa menina foi pura questão de sorte, algo como uma experiência genética, dessas que envolvem ratos, cães e outras cobaias.

O sangue de Lúcia ficou tão quente quanto lava de vulcão. Mal se deu conta quando esticou o braço e estalou um tapa no rosto de Estela. Cirina, assustada com aquela reação agressiva, recuou. O motorista, vendo a movimentação na porta, pensou se deveria intervir. Estela, que não esperava pela possibilidade de ser esbofeteada, ficou muda.

— Nunca mais ouse criticar minha filha — Lúcia estava vermelha e irada. — Isso serve para a senhora também — olhou para Cirina. — Quanto a me envergonhar do que fiz, eu só me envergonho por ter sido enganada por Daniel, por ter sido tola e não ter percebido nada, porque, se soubesse que ele era casado com... — ela pensou em usar um nome pejorativo, mas não queria perder ainda mais os bons modos. — Se eu soubesse que ele era casado, nunca teria me envolvido.

As visitantes estavam pálidas, ouvindo Lúcia esbravejar. Ela ainda não tinha terminado:

— Eu não me considero a outra porque nós não somos amantes e nunca concordaria em ser. Seria algo muito vulgar, tão vulgar quanto vir importunar as pessoas em suas casas, como se não tivessem mais nada a fazer. Vocês duas é que deveriam se envergonhar por terem vindo aqui para falar um monte de bobagens. Agora, façam o favor de irem embora, ou telefonarei para a polícia e as denunciarei por estarem incomodando a mim e à minha filha.

Cirina e Estela estavam assustadas com aquela reação violenta de Lúcia. Na vez anterior em que Cirina estivera lá, conseguira deixá-la intimidada diante de suas ameaças. O que será que dera errado agora? Procurando defender-se com as mesmas armas, ela retrucou:

— Como você é atrevida! — Cirina falava mantendo certa distância, pois não duvidava de que Lúcia fosse capaz de agredi-la também. — Como se atreve a tocar essas mãos asquerosas na minha nora? — indicou Estela. — Você vai responder por isso, e sabe como? Vou abrir um processo sobre a guarda de Talita e você perderá a menina.

Isso era o que Lúcia mais temia, mas se lembrou das palavras de Daniel para que não se preocupasse. Lúcia pediu a Deus que, ao menos naquele momento, ele tivesse falado a verdade. Confiante, respondeu para a mulher que quis conhecer um dia:

— Quando eu for à polícia acusá-las de estarem me incomodando, também as denunciarei por chantagem.

— Coitada! Você acha mesmo que pode com a gente? Olhe a sua condição, minha filha, você não tem nem onde cair morta — ofendeu Cirina.

Lúcia ia responder quando viu um automóvel encostando, e as três reconheceram ser o carro de Gabriel. Ele viera buscá-la para irem assistir à palestra, embora Lúcia tivesse perdido todo o ânimo de ir. Com uma visita daquelas, quem não desanimaria? As duas mulheres eram extremamente cansativas.

Gabriel aproximou-se com um casal que trouxera. Lúcia não conhecia o homem, mas a mulher era uma das recepcionistas que trabalhava com ela.

Cirina, fitando Gabriel com olhar reprovador, perguntou:

— O que você está fazendo aqui a uma hora dessas? Não sabia que tinha o costume de visitar esta mulher.

— Em primeiro lugar, não entendo o espanto com o horário. Ainda não são seis horas da tarde. E depois, não sabia que era proibido visitar minha sobrinha.

— Se a sua intenção realmente for visitar a criança... — Cirina deixou a frase inacabada.

— E se não fosse? — desafiou Gabriel. — Qual seria o problema?

Cirina mudou de assunto:

— Não apresenta seus amigos?

Gabriel apresentou-os como Suzete e seu marido Roberto. Suzete cumprimentou Lúcia com um beijo no rosto e sorriu:

— Desde que saí da empresa — ela deixara o serviço ao se casar com Roberto e estava vivendo uma vida de plena alegria —, sinto saudades de você. Vim conhecer a sua filha. Não sabia que você conhecia Gabriel. Que coincidência, né?

— Gabi, você nunca me contou que Suzete era sua amiga — Lúcia sorriu e Cirina olhou furiosamente para ela devido ao modo carinhoso como ela tinha chamado seu filho. — Esse mundo é pequeno mesmo.

— Como é que eu ia saber que vocês se conheciam? Eu ia apresentá-las hoje.

Lúcia cumprimentou Roberto, pois ela não o conhecia. O rapaz parecia ser muito simpático e era bastante sorridente.

— O tema da preleção de hoje, lá na casa, será bastante interessante — interveio Suzete. — Acho que o Gabriel já tinha falado com você, Lúcia, mas não sabia que também era espírita.

— Será que eu ouvi direito? — Cirina colocou a mão em concha atrás da orelha. — Do que vocês estão falando? Gabriel, eu quero que me explique as palavras dessa moça.

Gabriel não pretendia, por enquanto, revelar à mãe que estava frequentando um local voltado para o estudo e o desenvolvimento espiritual, pois tinha certeza de que ela iria se manifestar contra e armar um escândalo. Ronaldo já sabia e até dera a palavra de que acompanharia o filho para assistir a alguma palestra.

Sabia que Cirina criticava qualquer crença, religião, ou formas de pensamento que não se ajustassem aos ideais do catolicismo, embora nem de longe ela fosse uma católica convicta, já que havia mais de dois anos que não colocava os pés em uma igreja. Ele precisaria de um momento oportuno para lhe explicar alguns conceitos básicos sobre o espiritismo e certamente não seria ali, no meio da rua, diante da casa de Lúcia. Resignado, ele confessou:

— Nós estamos frequentando uma casa espírita, sim.

— Meu Jesus, esse mundo está perdido! — num gesto teatral, Cirina levou a mão à testa como se a cabeça doesse muito. — Não posso acreditar no que estou ouvindo. Um filho meu envolvido com esses assuntos.

Gabriel olhou para o casal, que estava assustado diante da cena que Cirina fazia. Por fim, ele olhou para Lúcia. Ela mantinha um leve sorriso nos lábios, morrendo de vontade de rir do dramalhão que Cirina estava fazendo. Já Estela permanecia parada, olhando fixamente os rostos das pessoas. O tapa que levou de Lúcia pareceu ter tido o efeito de tirar-lhe o dom da fala.

— A senhora está fazendo uma interpretação errada, mãe — redarguiu Gabriel, pedindo paciência aos céus. — Muitas pessoas mudaram e continuam mudando a maneira de pensar e de agir sobre a vida, seja física ou espiritual. Já se foi o tempo em que os centros espíritas eram vistos como locais para a prática de sacrifícios ou trabalhos doentios. Embora isso ainda exista, os centros que trabalham com seriedade, sejam kardecistas, umbandistas, ou simplesmente espiritualistas, jamais realizam essas práticas. Tudo está voltado para o amor, para coisas boas que possam...

— Coisas boas? — interrompeu Cirina. — Se ensinassem coisas boas, não seria tudo tão escondido.

— Quem disse que é escondido? É aberto ao público como qualquer templo religioso. Não há nada a esconder. Tudo é feito às claras, diante de quem quiser ver e aprender.

— Você também lida com isso? — ela se voltou para Lúcia.

A moça sorriu sem responder. Até poucos minutos atrás, sentia raiva de Cirina e perdera o controle, agredindo Estela, mas agora já estava mais calma. Olhou para Cirina e, pela primeira vez, sentiu pena em vez de cólera ou indignação. E achava que Estela era ainda mais digna de compaixão, pois simplesmente permanecia parada ali, muda e sem reação, como um figurante em uma novela.

A discussão seguiu por mais alguns minutos e foi concluída quando Estela finalmente soltou a voz, alegando que se sentia indisposta e gostaria de ir embora. Cirina, apesar de contrariada, obedeceu e avisou a Gabriel que aquela conversa não se encerrara ali.

Gabriel insistiu em saber qual era a razão de Cirina e Estela terem ido à casa de Lúcia. Esta, por sua vez, preferiu não revelar a verdade. Não achava justo colocar mãe e filho um contra o outro. Também se manteria calada quanto à bofetada que dera em Estela. Tinha certeza de que a esposa de Daniel não faria menção ao assunto, nem mesmo ao marido.

O centro de estudos espirituais estava mais lotado do que nunca. A palestra foi belíssima e mais uma vez Lúcia se emocionou. O expositor da noite teceu alguns comentários sobre a importância de não confundir amor com apego. Foi uma noite inesquecível.

O tempo seguiu tranquilamente. Daniel visitava a filha de vez em quando. Nunca mais tentou outro contato mais íntimo com Lúcia, embora ambos ainda guardassem, em suas memórias, cenas frescas do último beijo que haviam trocado. Agora, eles só conversavam sobre Talita e outras amenidades. As visitas de Gabriel também se tornaram mais frequentes. Ronaldo já não vinha visitar a neta com assiduidade, pois não se sentia muito bem de saúde.

Conforme Lúcia previra, Cirina e Estela nada comentaram sobre o ocorrido naquela tarde. Sabiam que seria pior para ambas. Cirina também não voltara a fazer qualquer tipo de ameaça a respeito da guarda da criança.

Todas as noites, antes de dormir, Lúcia agradecia a Deus por ter permitido que Talita nascesse. Se necessário, daria a própria vida pela da filha e faria o que estivesse em seu alcance para que a menina tivesse um futuro digno. Ela pedia a Deus que lhe permitisse viver ao menos até que Talita já estivesse adulta o suficiente para cuidar da própria vida. Achava que seu papel dali para a frente seria fazer o melhor como mãe, trabalhando pela felicidade da filha e de si mesma.

capítulo 10

*P*assaram-se quase dois anos desde o ocorrido. Nesse período algumas coisas importantes aconteceram. Gabriel, depois de tanta insistência da mãe, mesmo gostando de frequentar a casa espírita, decidiu suspender suas visitas para agradar Cirina.

Sua decisão causou espanto nos companheiros e amigos, entre eles, Lúcia. Até então ela tivera a impressão de que Gabriel era um homem de opinião, incapaz de dar ouvidos às sugestões alheias negativas, principalmente por estar sempre repetindo que os primeiros desejos a serem conquistados são aqueles que partem do interior da alma.

Como Ronaldo adoecia cada vez mais, sua palavra já não causava tanto temor a Cirina, que muitas vezes chegou até mesmo a passar por cima de suas decisões para fazer suas próprias vontades. Por isso, quando ela proibiu terminantemente Gabriel de voltar ao centro espírita, o pai nada pôde fazer, pois ele já se sentia cansado após falar algumas poucas palavras. Não estava tão velho, mas seu corpo físico já não colaborava como antes.

Com a ausência do acompanhante e amigo, Lúcia, aos poucos, foi perdendo a vontade de ir com a filha assistir às palestras. Dedicava toda sua atenção a Talita e não se importava se estava exagerando nos mimos. Sentia-se aliviada já que, afinal, a mulher que um dia imaginara que seria sua sogra não voltara a insistir no tema que mais a atormentava: a possível disputa pela guarda da criança. Provavelmente Cirina havia desistido ou se esquecido.

Daniel, com certa frequência, vinha visitá-la e à filha. Colaborava financeiramente e jamais negava qualquer ajuda que ela lhe pedisse. O amor que um sentia pelo outro ainda existia, como o brilho do sol oculto por detrás das nuvens. Porém, eles não poderiam viver aquele amor enquanto as coisas continuassem como estavam. Ela não se tornaria a amante dele, assim como Daniel não tinha coragem de se divorciar da esposa.

Estela, desde o dia da última visita com Cirina à casa de Lúcia, tornara-se estranha. Falava pouco, quase nunca sorria, jamais ria e raramente visitava as amigas. Com o tempo, pareceu que não se importava mais com a própria aparência. Era como se algo poderoso e inexplicável tivesse partido de Lúcia para envolvê-la completamente. Aquela bofetada despertara algumas coisas em seu íntimo, ao mesmo tempo em que adormecera outras, embora ela mesma não soubesse dizer ao certo o que havia se transformado e se essa mudança era positiva ou não.

Daniel sentiu essa diferença, mas não se preocupou. Eles não conversavam dentro de casa. Ele nunca a informava sobre os locais aonde ia ou o que fazia neles. Estela aparentava indiferença, como se não tivesse nenhum interesse em saber. Quando se via sozinha, entretanto, lágrimas mornas e amargas desciam por sua face. Seu pranto era causado por muitos motivos. Chorava por não poder ter filhos, por seu marido não amá-la, por ele ter tido uma filha com outra mulher. E todas essas razões pareciam ser irreversíveis.

Ela se sentia como um objeto jogado no fundo de uma gaveta, esquecido por todos. Cirina sempre a convidava para sair, porém a companhia da sogra a deixava mais cansada ultimamente. Usava pretextos e desculpas amáveis para se esquivar da sogra e, com o passar do tempo, Cirina desistiu de procurá-la. Também notara que a nora estava mudada, mais quieta e apática. Se continuasse agindo daquela forma, logo Daniel arranjaria outra mulher para se divertir.

Talita crescia rapidamente. Em sua festa de aniversário de dois anos, ela se parecia, mais do que nunca, com um verdadeiro anjinho. Os cachinhos loiros estavam presos em um coque que Lúcia modelara. Usava um vestido amarelo de seda com brincos na mesma cor e aparentava ser mais velha. Apenas Daniel, Gabriel, Suzete e o marido Roberto compareceram à festa. Ronaldo não se sentia bem o suficiente para ir e mandou, através do filho caçula, uma boneca encantadora, quase tão grande quanto Talita. Cirina não mandou nenhum presente para a neta, assim como não o fizera no ano anterior, quando ela completara seu primeiro aniversário.

Talita não parecia sentir a falta dos avós e, às vezes, parecia que também não se importava muito com o pai. Ela conhecia um vasto repertório de palavras e conseguia manter um pequeno diálogo com um adulto. Sem dúvida nenhuma era muito inteligente. Era a criança que qualquer um desejaria ter para si.

O aniversário de três anos da menina foi comemorado com tristeza. Dois dias antes Ronaldo havia falecido. Seu coração não resistiu a um infarto fulminante. Lúcia chorou, realmente sentida. Jamais se esqueceria de que fora Ronaldo quem a ajudara em seus momentos de maior dificuldade. Tinha sido um homem bom e Lúcia acreditava que ele deveria estar num lugar que fizesse jus às suas ações enquanto encarnado.

À noite, quando deu a notícia à filha, ela quis saber:

— Mamãe, o que acontece quando a gente morre?

Lúcia, que havia mais de dois anos não frequentava a casa espírita nem lia um livro do gênero, respondeu:

— No céu, sempre haverá uma pessoa que nos ama esperando por nossa chegada.

Talita começou a chorar.

— O que foi, meu amor? — Lúcia acariciou os cabelos dela. — Eu também estou triste porque o vovô foi para o céu.

— Não é isso — à beira do desespero, ela fungou. — É que você disse que, quando morrermos, alguém que nos ama estará nos esperando. E sei que só você me ama, mamãe, mas não quero que morra.

Lúcia sorriu, mesmo sentindo lágrimas em seus olhos.

— Papai e titio Gabriel também a amam muito. E depois, quando você morrer, já estará bem velhinha, já terá se casado, tido seus filhos...

— Não quero nada disso! Quero você, mamãe, só você! — eram palavras bem decididas para serem ditas por uma menina de três anos, mas Lúcia já não se surpreendia.

Tentando amenizar o clima triste devido à morte recente de Ronaldo, Lúcia procurou fazer uma festa diferente para a filha desta vez. Com a ajuda de Daniel e de Gabriel, ela contratou um palhaço para alegrar a criançada toda, que eram os amiguinhos da escola de Talita. A menina, claro, não se lembrava mais da conversa melancólica de dois dias antes.

Os anos continuaram correndo. Talita estaria pronta para ingressar no primeiro ano assim que completasse seis anos. Estava com cinco agora. Era a alegria da mãe. Lúcia orgulhava-se da filha e exibia a menina como sendo seu tesouro mais precioso. E era recompensada. No Dia das Mães, Talita fizera um desenho bem caprichado de uma mulher e uma menina voando. Quando Lúcia quis saber o significado, ela explicou que eram as duas seguindo juntas para o céu, porque assim não sofreriam a falta uma da outra. Lúcia não gostava de pensar nessa possibilidade. Se alguma coisa acontecesse com Talita, ela não sobreviveria, tinha certeza.

Embora tivesse sido registrada como filha de Daniel, Lúcia sentia-se no papel de mãe e de pai de Talita. Perdera as contas da quantidade de vezes em que se levantara às pressas durante a noite em direção ao quarto da filha, porque, devido aos estrondos provocados pelos trovões, ela chorava muito, tapava os ouvidos ou corria para se esconder dentro do guarda-roupa. Só tornava a pegar no sono com a mãe por perto.

Depois da última visita, Cirina nunca mais aparecera. Já Estela, a cada dia, parecia estar mais murcha, mais distante, como se vivesse com a mente perdida em um mundo paralelo. Para Daniel, era inevitável compará-la a Lúcia quase todos os dias. Enquanto a beleza e os atrativos de Estela pareciam ir se desvanecendo, Lúcia aparentava ganhar mais luz e energia.

Também era inevitável para Gabriel esconder seus sentimentos por Lúcia. O que no início parecia ser apenas uma amizade carinhosa, ganhou os contornos do amor em seu coração. Ele estava apaixonado por ela e não podia mais enganar a si mesmo. Desde a época em que iam assistir às palestras na casa espírita, ele já sentia algo diferente pela amiga, mas achava que tudo não passava de simples afeto.

Porém, com o passar do tempo, notou que a ausência de Lúcia lhe desagradava e sentia a falta dela. Gostava de estar com ela, de conversarem e de rirem juntos, de poder olhar para aqueles lindos olhos castanhos. E, apesar de ela nunca ter confessado, ele sabia que ela ainda gostava de Daniel. Todavia, considerava sua paciência uma aliada e acreditava que um dia Lúcia perceberia o que ele sentia e retribuiria aquele amor. Não pretendia se declarar, nem nada parecido, somente queria aguardar os acontecimentos.

E, sentada em sua cozinha, naquela fria e cinzenta manhã de domingo, Lúcia recordou todo seu passado. Era triste e doloroso; no entanto, Talita recompensava tudo o que tinha passado, todas as mágoas e também as alegrias. Talita fazia com que sua vida valesse a pena.

O café da manhã estava pronto. Talita saiu do quarto. Usava um conjunto de moletom, presente do tio Gabriel.

— Bom dia, dorminhoca — brincou Lúcia. — Como você dormiu, não? Nem os trovões conseguiram acordá-la.

— É que eu estava tendo um sonho tão bom, mamãe — antes que Lúcia perguntasse do que se tratava, a menina continuou: — Sonhei com umas pessoas que usavam roupas brancas. Eram muito bonitas e me diziam coisas legais, mas não lembro o que era. Eram coisas boas, só sei isso.

— É melhor tomar seu café, querida, e por enquanto esquecer as pessoas de branco.

— Eu achei as pessoas tão bonitinhas! — Talita pareceu se recordar de algo mais, porém de repente mudou de assunto: — Nossa, estão uma delícia essas torradas! Hum...

Lúcia sorriu observando a filha. Sem dúvida alguma ela era o retrato vivo do pai. Olhos, boca, cabelos, feições, tudo nela lembrava Daniel, o que deixava Lúcia satisfeita.

Tomaram o café da manhã e a chuva recomeçou. Era um típico domingo úmido e gelado, pois uma frente fria estava estacionada sobre a cidade de São Paulo. Não dava vontade de sair da cama, embora Lúcia não pretendesse tornar a se deitar.

Como se adivinhasse os pensamentos da mãe, Talita perguntou:

— Não vai se deitar, mamãe? Está tão frio!

— Não, meu amor, mas, se você quiser, pode voltar para a cama. Não vamos sair agora.

— Ah, por que não? Vamos sim, vamos até o *shop*?

Na semana anterior Lúcia a levara a um shopping recém-inaugurado e Talita se apaixonara.

— Iremos ao cinema também, mamãe? E depois à sorveteria?

— Céus, como alguém pode pensar em sorvete num frio desses? — Lúcia se divertia.

— A gente veste mais blusas para não sentir frio.

Lúcia caiu na gargalhada. Às vezes Talita tinha umas tiradas engraçadas, que a divertiam muito. Beijou a filha na testa e avisou:

— A senhorita venceu! Vou colocar uma roupa mais quente e em seguida troco você.

— Vou assim mesmo — Talita não queria perder tempo.

— Não vai, não, senhora. Está frio para esse moletom. Além disso, essa roupa é um pijama. Vamos colocar algo mais grosso.

Talita discutiu, mas Lúcia venceu. Mudou a roupa da menina, colocando nela uma que a aqueceria melhor. A menina sorria e não parava de apressar a mãe. Logo as duas saíram e rumaram para o shopping. Talita, ao ver a área de recreação onde havia jogos eletrônicos e brinquedos, decidiu que ficaria por ali.

— Então era para isso que a mocinha queria vir aqui, não? — Lúcia tentou fazer uma expressão brava, contudo, não conseguiu. — Agora sou obrigada a ficar em um canto assistindo a você brincar.

— Vem brincar também, mamãe. Diga a eles que sou medrosa e não posso brincar sozinha.

— Eles não acreditariam — Lúcia acariciou os cachinhos cor de ouro da filha. — Bem, de toda forma, brinque à vontade que estarei por aqui.

Ela deu dinheiro a Talita, para que a menina pudesse comprar os ingressos que davam acesso aos brinquedos. Talita tirou os sapatos, respeitando as regras de segurança do brinquedo, e desapareceu por um túnel que levava ao andar de cima da atração, onde terminava a aventura em uma descida de tobogã.

Lúcia sentou-se num banco de madeira e começou a folhear uma revista que trouxera. Não se distraía nem por um minuto e não deixava de olhar para Talita. Quando a menina a via, ela acenava ou sorria.

Lúcia ainda estava sorrindo e gesticulando com uma das mãos quando, ao se virar, deparou com Cirina, acompanhada de Estela e de uma mulher desconhecida. Era impressionante como aquelas mulheres pareciam estar em todos os lugares onde ela também estava. As três caminhavam devagar, conversando, e aparentemente nenhuma a notou ali.

Lúcia reparou que Estela estava bem mais magra em relação à última vez em que a vira, quando ela e a sogra foram discutir em sua casa. A mulher desconhecida era uma senhora elegante e bonita. Quando elas se afastaram, sem notá-la, Lúcia deixou um suspiro de alívio escapar.

Um novo olhar para a filha mostrou que Talita conversava algo com outra menina de sua idade. As duas sorriram e subiram mais uma vez no brinquedo. Lúcia olhou para o caminho por onde as mulheres tinham ido e se espantou ao ver que outra pessoa vinha em sua direção.

Fazia seis anos que não a via, mas não tinha como se enganar. Ali estava ela, Laura. Lúcia não a via desde o dia em que tinha abandonado sua pensão para morar no apartamento alugado por Daniel. Várias vezes pensou em voltar e se desculpar com a senhora, mas imaginou que não seria bem-vinda depois da maneira como a tinha tratado. Na época, Laura tinha lhe dito palavras sábias, Lúcia percebia agora, quase como se tivesse profetizado o seu futuro.

Encolheu o corpo para não ser notada pela dona da pensão. Laura, como se usasse um tipo de sexto sentido, virou o rosto diretamente na direção em que Lúcia estava sentada.

"Será que todo mundo resolveu vir ao mesmo shopping no mesmo dia?", pensou Lúcia, intrigada.

— Lúcia, é você mesma? — aproximando-se, Laura quis confirmar.

— Sim, sou eu. Como vai a senhora? — Lúcia levantou-se, visivelmente sem graça.

Laura a beijou no rosto e abraçou-a com força. Lúcia sentiu vontade de chorar, mas conseguiu conter o pranto.

— Minha filha, como você está? — num gesto suave, Laura fez Lúcia sentar-se novamente e acomodou-se ao lado dela. — Você sumiu, nunca mais deu notícias. Espero que esteja tudo bem.

— Sim, dona Laura, vou muito bem, obrigada — Lúcia abaixou a cabeça. — Eu me sinto envergonhada de estar aqui falando com a senhora depois do que eu disse.

— Ora, tantos anos já se passaram. Além disso, aquilo foi uma bobagem de moça apaixonada — Laura baixou o olhar para os dedos de Lúcia, à procura de algum sinal de aliança. Como não viu nada, perguntou: — Você ainda está com aquele rapaz?

— Eu... não, não estamos juntos. Terminamos há muito tempo. Foi um romance passageiro.

— Não é que eu queira me intrometer...

— Sim, já sei o que a senhora vai falar. Antes de deixar a pensão, poderia ter dado mais atenção aos seus conselhos, mas eu, cega em minha ignorância, em minha ilusão, me deixei levar pela beleza e sedução de Daniel. Fui estúpida e grossa com as pessoas, acreditando que todos me invejavam... Como fui tola! Como me arrependo da maneira como agi.

Laura sorriu com seu ar bondoso e argumentou:

— Não a estou repreendendo, pelo contrário, cada um tem o direito de fazer o que acha melhor para si. Isso é chamado de livre-arbítrio. Deus deu a todos o direito de escolha. Se elas estão certas ou erradas, se são boas ou não, só compete a Deus julgar. Jesus afirmou que aquele que não tivesse pecado que atirasse a primeira pedra. Alguém atirou? Não. Alguém contestou sua explanação? Não. — Mostrando seu sorriso generoso, ela concluiu: — Por isso não devemos acusar ninguém, mesmo sabendo que aquela pessoa não está agindo como gostaríamos que agisse. Não cabe a nós julgar as pessoas, já que todos nós temos os nossos defeitos.

— Como sempre, a senhora fala tão bonito — Lúcia parecia fascinada com o que ouvia.

— Não falo bonito, só digo o que acho correto — Laura olhou-a nos olhos e mudou de assunto. — Então me diga: onde está morando agora?

— Na casa que o pai de Daniel me deu. Quer dizer, deu para eu morar com a neta dele.

Laura pareceu não entender de pronto e arriscou:

— Neta dele? Se esse senhor é o pai daquele rapaz e você diz ser neta dele, então significa que vocês tiveram um filho?

— Sim — devolveu Lúcia, orgulhosa. — Foi a única coisa que valeu a pena naquele relacionamento. Tivemos uma filha maravilhosa que, por sinal, está brincando à beça nesse brinquedo aí — indicou a atração.

— Ah, esse nosso encontro foi mesmo providencial — Laura e Lúcia olharam na direção do brinquedo, mas não viram a pequena Talita. Com certeza, a menina estaria em seu interior se divertindo a valer. — Como ela se chama?

— Talita. Tem cinco anos. É um amor de criança, dessas que não dão trabalho nenhum aos pais. Quer dizer, em parte, né? — Lúcia sorriu ao se lembrar de um fato e contou à dona da pensão: — No ano passado, ela comeu tantos ovos de Páscoa que resultou numa tremenda dor de barriga. Sem contar quando ela pegou uma barata enorme e nojenta apenas para contar quantas pernas ela tinha — rindo, ela finalizou: — Passei maus bocados, mas Talita foi a minha maior recompensa.

— Percebo que vocês duas mantêm uma relação muito próxima, que vai além do amor entre mãe e filha.

— É verdade. Eu amo aquela menina — sorrindo, Lúcia continuou: — O tio dela e eu frequentávamos um centro de desenvolvimento espiritual. Foi lá que eu tive a oportunidade de aprender um pouco mais sobre as leis que nos regem, a começar pela reencarnação. Muitas vezes já imaginei se Talita e eu estivemos juntas em outras vidas.

— Quando há muita afinidade entre duas pessoas, sejam pais e filhos, amigos ou cônjuges, quase sempre esses espíritos já caminharam juntos em outras experiências aqui na Terra, onde criaram esses laços de companheirismo, pois todos nós já reencarnamos outras vezes — após uma rápida pausa, Laura perguntou: — Por que você diz que frequentavam esse centro? Deixaram de ir?

— Quando a mãe dele descobriu, proibiu-o de voltar lá. Evitando contrariá-la, ele concordou em suspender as visitas. Como Talita ainda era muito pequena, eu tinha dificuldade para ir com ela. Conheço um casal de amigos que também ia e me incentivou a continuar frequentando, mas perdi a vontade e o interesse. Não gosto de fazer nada contra a vontade.

— Você está certa. Qual é o nome do local aonde vocês iam?

As duas conversaram por muito tempo, distraídas naquele diálogo tão produtivo. Descobriram que a casa espírita que ela frequentou era a mesma que Laura administrava. Ela era aquela mulher que estava sempre ocupada e nunca fora apresentada a Lúcia. Ela sorriu ao pensar em como estivera perto da velha amiga, mesmo sem vê-la.

O reencontro com Laura trouxe-lhe uma sensação de paz. Lúcia tinha certeza de que agora faria de tudo para manter aquela amizade por um longo tempo, procurando fortalecê-la cada vez mais.

capítulo 11

Lúcia também falou sobre os motivos pelos quais rompera com Daniel. Explicou que agora eles eram apenas amigos e não mantinham relações íntimas. Laura garantiu que ela tinha agido muito bem ao perdoar o ex--namorado, pois guardar ódio no coração é a causa de muitos males. Lúcia falou também sobre as ameaças de Cirina, as ofensas de Estela e que elas também estavam no shopping naquele momento. Contou como Ronaldo a ajudara quando mais precisou e lamentou a morte dele.

— Por que as pessoas boas morrem primeiro que as más, dona Laura? Nunca entendi isso. Se Deus quer nossa evolução, por que leva os bons e deixa os maus, que só atrapalham a vida dos outros?

— Por que a Terra é uma escola. Aqueles que já aprenderam o suficiente podem partir para novas fases, já que o conhecimento nunca cessa. As chamadas pessoas boas, como foi o caso desse senhor Ronaldo, são aquelas que compreenderam e trabalharam para propagar coisas boas, iluminaram os caminhos de outras pessoas, conquistando a felicidade e a paz interior. Quem já atingiu esse estágio, volta para o astral, onde continuará aprendendo de outras maneiras, mesmo que seja reencarnando outra vez ou prestando auxílio do plano espiritual.

Laura observou um casal passar de mãos dadas. Ambos se olhavam com tanta adoração que certamente nem se davam conta das outras pessoas que havia à sua volta.

— De fato, Deus quer a nossa evolução sim, e a vida trabalha incansavelmente para que possamos progredir. Às vezes parece injusto observar a morte de uma pessoa caridosa, como a do senhor Ronaldo, enquanto outras pessoas, preconceituosas e perversas, permanecem aqui. No entanto, você não acha que seria um pouco egoísta de nossa parte desejar que essas pessoas que precisam aprender simplesmente morram e retornem ao astral? Se todos nós temos o direito de crescer e de ser feliz, por que eles não teriam?

— Porque matam, roubam, mentem e prejudicam os outros.

— E o crime, o roubo e a mentira também não são maneiras de aprender? Se Deus permite que isso aconteça, é porque essas pessoas também estão desenvolvendo seus conhecimentos, aprendendo a enxergar que as ilusões não levam a lugar algum e somente através do bem e do amor podemos ser felizes. Enquanto encarnados aqui na Terra, estamos utilizando uma nova chance para agir melhor do que poderíamos ter feito em outras vidas, mesmo que não nos lembremos delas — Laura segurou a mão de Lúcia, afagou-a por uns segundos e soltou-a em seguida. — Por isso, minha querida, saiba que não devemos culpar nem desprezar essas pessoas que ainda estão perdidas nas sombras do orgulho, da mentira, da maldade ou do ódio. É mais nobre e honrado perdoar-lhes, orando e enviando luz para suas vidas.

Lúcia permaneceu em silêncio, refletindo sobre aquelas palavras. Por fim, comentou:

— Depois que deixei a pensão, eu me arrependi muitas vezes pela maneira como tratei a senhora. Nos meus momentos mais difíceis, eu tive vontade de voltar e procurá-la para pedir conselhos e orientações, mas tive receio. Achei que não seria bem recebida depois de tudo o que eu lhe disse.

— Que tolinha! — tornou Laura, rindo. — Você sabe que eu a tive sempre como uma filha. Jamais me recusaria a recebê-la. Em minha casa, você será sempre bem-vinda. Mas vamos mudar de assunto. Vamos esquecer o passado, que já passou e não volta mais, e nos concentrar no presente. Gostaria muito de conhecer a pequena Talita. É possível?

— Ora, é claro. Desculpe-me, dona Laura, é que fiquei tão distraída em nosso papo que nem me lembrei de apresentá-las. Além disso, já faz tempo que ela entrou nesse brinquedo. Espere aqui enquanto vou chamá-la.

Em vez de aguardar, Laura acompanhou Lúcia até a entrada do brinquedo, onde viu os sapatos de Talita num canto, ao lado de outros tênis e botas. Ela pegou os sapatos e pediu ao monitor do brinquedo que chamasse sua filha. Lúcia deu as descrições físicas da menina, mas o rapaz fez uma expressão de espanto.

— Uma menina loirinha, de olhos azuis, usando um casaco marrom? Que estranho!

— O que é estranho, moço? — uma sensação de alerta e perigo surgiu dentro do peito de Lúcia. — O que há de errado?

— É que agora há pouco o pai dela a levou. Eu ainda achei esquisito, porque não é permitido deixar os sapatos aqui, mas o pai dela disse que só iriam tomar um sorvete ali e retornariam em seguida — ele indicou a sorveteria no andar superior.

— Como é esse homem que a levou? Moço, pelo amor de Deus, fale como ele é — Lúcia já estava gritando e as pessoas se voltavam para ver o que estava acontecendo enquanto Laura olhava para os lados na tentativa de ver Talita, embora ela mesma não soubesse direito como a menina era.

— Ele é alto, magro, bem-vestido. Pareceu muito à vontade com a menina, e ela o acompanhou sem protestar...

Será que Daniel a pegara? Como ele sabia que Talita estava naquele brinquedo? Será que ele estava acompanhando a mãe e a amiga no passeio pelo shopping? Seu desespero estava crescendo de tal maneira, que mal conseguia concatenar os pensamentos.

— Você viu se ele a chamou? Como é o rosto desse homem? — foi Laura quem perguntou.

— Sim, ele a chamou e ela o acompanhou. O homem é moreno, olhos escuros e...

Lúcia deu um grito que ecoou por todo o shopping. Aquela descrição não era a de Daniel nem de alguém que ela conhecesse. Não esperou o homem terminar de explicar, pois já estava correndo na direção das escadas rolantes. O controlador do brinquedo, igualmente apavorado, acionou a segurança do local.

Em menos de um minuto, Lúcia se encontrava na sorveteria indicada, mas não havia nem sinal de Talita. Sufocada pelo medo e pelas lágrimas, ela começou a interrogar os clientes da sorveteria, perguntando se eles não tinham visto uma criança loira acompanhada de um homem magro, alto e moreno, de acordo com as informações dadas pelo monitor do brinquedo. Todos sacudiram a cabeça negativamente.

Sem saber o que fazer, ela começou a correr de um lado a outro, olhando dentro de todas as lojas que pudessem chamar a atenção da filha. Talita tinha desaparecido por um descuido seu, já que se distraíra totalmente durante sua conversa com Laura.

Assaltada por pensamentos terríveis, ela sentiu as pernas começarem a amolecer. Quem seria aquele homem que pegara Talita? Para onde ele a teria levado? E se fosse um sequestrador, ou um traficante de órgãos infantis? Talvez fosse um pedófilo com as piores intenções possíveis.

Instantes depois os seguranças se aproximaram correndo e as notícias não foram agradáveis. Tinham procurado nos três andares do shopping, mas não havia nem sinal de Talita, tampouco do homem. Lúcia chorava e gritava.

— Como vocês deixaram uma criança sair descalça por aí? — ela balançava os sapatinhos nas mãos. — Que responsabilidade tem a segurança desse shopping?

— Desculpe-me, senhora, mas a falha não foi só nossa — contrapôs um homem que deveria ser gerente ou supervisor do shopping. — Milton, o monitor do brinquedo, disse que a senhora não estava por perto quando o sujeito levou sua filha e a menina não o acompanhou à força.

— Não, eu... — Lúcia recomeçou a chorar, com as forças praticamente esgotadas. Nem estava conseguindo falar direito.

Laura interveio:

— Ela estava conversando comigo e não vimos o que aconteceu. Realmente a falha foi nossa.

— Vamos assistir às imagens gravadas pelas câmeras de segurança — continuou o responsável pelo shopping.

Os curiosos já estavam rodeando Lúcia e faziam muitas perguntas.

— Levaram a filhinha dela?

— O sequestrador ainda está no shopping?

— Já pediram resgate?

— Como era o homem?

— Oh, meu Deus! Josué, segure bem na mão do Bruninho.

Aquele alvoroço logo atraiu a atenção de Estela, de Cirina e da mulher que as acompanhava. As três estavam saindo de uma loja de roupas de grife quando viram aquele reboliço, com pessoas falando, gesticulando, e uma voz feminina que gritava e chorava no meio da multidão.

— O que está havendo ali? — Cirina perguntou.

— Que gritaria! — exclamou a mulher que estava com elas. — Como tem gente que adora chamar a atenção.

— Vamos ver o que está acontecendo — Cirina já se dirigia para perto da confusão.

Ao se aproximar, divisou o rosto choroso de Lúcia cercada pelas pessoas. Ela estava branca como uma folha de papel e tremia como se estivesse em convulsão. Cirina olhou para Estela.

— Por acaso é quem eu estou pensando?

— Sim, o que será que aconteceu?

— Vocês a conhecem? — quis saber a amiga. — Desde quando vocês mantêm amizades com pessoas desse nível social? — passando a mão pelos cabelos curtos e escuros, ela concluiu: — Mesmo observando daqui, dá para notar que ela não é grande coisa.

— Não temos amizade nenhuma com ela, Glória — rosnou Cirina. — Ela é a mãe da minha neta.

— Ela está com Gabriel? Ele não podia arrumar coisa melhor?

— Não, Glória, a filha dela é de Daniel — foi a própria Estela quem respondeu, aproximando-se de Lúcia.

— Do que ela está falando? — Glória apoiou a mão sobre o ombro da amiga. — Aquela mulher é amante do Daniel?

— Quase isso — retrucou Cirina, partindo atrás de Estela.

Fracas e trêmulas, as pernas de Lúcia ameaçavam derrubá-la no chão a qualquer momento. Alguém lhe trouxe um copo com água. Avisaram que a polícia fora chamada e já se encontrava no local. O estacionamento do shopping fora cercado por viaturas, assim como as duas entradas e saídas. Ninguém saía sem a observação policial. Há mais de uma hora Talita estava desaparecida.

Laura, de olhos fechados, fez sentida prece, pedindo proteção para a pequena Talita a quem nem chegara a conhecer. Foi nesse momento que o trio composto por Cirina, Estela e Glória se aproximou. Os policiais não queriam que Lúcia fosse incomodada, mas elas alegaram ser da família.

— O que aconteceu? — perguntou Cirina, segurando Lúcia pelo braço.

Lúcia, nervosa e desolada, pediu paciência aos céus, o que estava longe de sentir. Não tinha o menor estado de espírito para aguentar aquelas mulheres naquele momento.

— Parece que estão falando que uma criança sumiu — continuou Cirina. — Espero que não seja minha neta. Ela está bem, não está?

— Imagino que a senhora seja a mãe do doutor Daniel — interveio Laura, notando o abalo emocional de Lúcia. — Meu nome é Laura e estou acompanhando Lúcia.

Cirina mal lhe dirigiu o olhar.

— Como podem ser tão irresponsáveis a ponto de não vigiar a menina? — ela finalmente soltou o braço de Lúcia e colocou as mãos na cintura. — Como foram deixá-la sumir?

— De fato a falha foi nossa — respondeu Laura, tentando acalmar os ânimos. — Talita estava em um brinquedo cercado e não poderíamos esperar que ela fosse acompanhar um estranho.

— Eu quero a minha filha — era tudo o que Lúcia conseguia repetir. Nem percebeu que estava sendo observada atentamente por Estela.

— Isso é um absurdo, uma falta de responsabilidade muito grande! — Cirina falava alto com a intenção de chamar a atenção dos curiosos que estavam em volta. — Vou contratar alguns detetives para que encontrem a minha querida netinha o quanto antes.

— Parece que localizaram um homem com as características do suspeito — comunicou um policial ao seu superior. — No estacionamento.

— Ele está com ela? — a voz de Lúcia era apenas um sussurro.

— Não, ele está sozinho.

Lúcia sentiu algo apertar seu coração com mãos de aço. Embora não fosse uma pessoa pessimista, já estava pensando no pior. Para Cirina, que não estava realmente preocupada com o sumiço da neta, aquela situação era no mínimo divertida. Ver a expressão chorosa de Lúcia a fazia sentir-se bem, como se estivesse experimentando o sabor de uma vingança. No entanto, ao encontrar o olhar firme de Laura, ela estremeceu e virou o rosto para o outro lado. Estela, calada, apenas acompanhava os acontecimentos.

— Será que a menina ainda está viva? — a indagação infeliz e cruel de Glória, a amiga de Cirina, causou burburinho na multidão. Lúcia teve vontade de esganá-la, mas não tinha sequer forças para falar.

— Vamos pedir ao funcionário do brinquedo que faça o reconhecimento do suspeito que detivemos — comunicou o delegado.

Instantes depois, dois soldados apareceram ladeando um homem de aparência comum. O controlador do brinquedo, ao avistar o suspeito, assentiu com a cabeça.

— Sim, é ele mesmo. Foi com ele que a menininha saiu.

Ao vê-lo, Lúcia avançou sobre ele como um trem desgovernado.

— Onde está a minha filha? — ela tentou agredi-lo, mas uma policial a segurou com força. — O que fez com ela, seu monstro? Onde ela está?

— Dona, eu não fiz nada. Só a levei para tomar um sorvete, mas no meio do caminho ela desistiu e resolveu que tinha que avisar a mãe dela, ou seja, a senhora. Não a vi mais desde então.

— É mentira! — aflita, Lúcia voltou-se para os policiais à procura de auxílio. — Façam-no confessar onde está minha Talita. Ninguém chama uma criança desconhecida para tomar sorvete. Ele ia sequestrá-la, ou talvez a tenha deixado com algum comparsa.

— Revistamos o carro dele. Não há nada de errado — informou outro policial.

— Vamos ampliar a nossa busca para outros veículos que estejam na região — tentando confortar Lúcia, o delegado acrescentou: — A senhora está certa. Pode haver cúmplices.

— Tenha misericórdia, meu Deus! — sentindo que estava de mãos atadas, Lúcia abraçou Laura com força, rendendo-se às lágrimas outra vez. Sabia que, se aquele homem tivesse ajudante, as chances de rever sua filha diminuiriam. Não queria nem pensar nessa possibilidade.

O homem não parava de dizer que era inocente, que não era um sequestrador e não levara Talita a lugar algum, além da sorveteria. De repente, Estela, com apenas uma frase, atraiu a atenção de todos:

— A menina não é aquela ali? — apontou uma criança loira parada num canto.

Lúcia olhou para onde ela mostrava e sentiu um baque no coração. Lá estava Talita. Reconheceria aquele rostinho entre milhões. A menina estava chorando. Lúcia saiu em disparada na direção da filha, abraçou-a, beijou-a e pegou-a no colo. Os curiosos, barrados pelos policiais, tentavam se aproximar.

— Talita, onde você estava? — Lúcia queria gritar, agora de alegria por ver que a filha estava bem.

— Eu quis voltar para cá, mamãe, mas não achei você e me escondi num banheiro. Aí uma moça me viu e me mandou sair porque estavam procurando por uma menina parecida comigo. Aí eu vim para cá...

— Querida, nunca mais faça isso, ouviu? Nunca mais! — Lúcia tentava recuperar o fôlego. — Quase matou a mamãe de susto. O que deu em sua cabeça, Talita? Quantas vezes já lhe disse que não deve falar com estranhos quando eu não estiver por perto? Por que seguiu aquele homem?

— Desculpe, mamãe, mas ele me prometeu um sorvete, então eu fui.

— E eu não poderia comprar quantos sorvetes você quisesse? Por que ao menos não me avisou que estava saindo com um estranho se sabia que eu estava sentada ali?

— É que você estava conversando com uma velhinha. — Laura sorriu ao ouvir isso. — E em casa você tinha falado que ninguém pode tomar sorvete no frio. Achei que você não fosse comprar e eu estava com vontade.

Lúcia estava surpresa e perplexa diante daquela justificativa.

— Talita, meu amor, é claro que eu disse aquilo pensando no melhor para sua saúde. Quando foi que eu neguei alguma coisa para você?

— Quando eu queria ver quantas pernas tinha a barata e você me disse que não podia pegar naquele bicho.

As pessoas, ao ouvirem aquilo, começaram a rir, quebrando o clima de tensão. Lúcia beijou-a mais uma vez e sorriu, mas seu sorriso esfriou ao ouvir o comentário inoportuno de Cirina.

— Meu Deus, Lúcia! Como você pôde se negar a comprar um sorvete para uma criança? Será que você vai ficar mais pobre do que já é se gastar alguns trocados? Se não tivesse regulado um sorvete a ela, não nos teria feito passar tamanho susto com esse tumulto que você causou.

— Você está enganada, Cirina — Lúcia decidiu que não a trataria mais com formalidade, como "senhora" ou "dona". — Nunca neguei nada a ela, pelo contrário, enquanto eu puder, não vou deixar que ela passe fome — baixando o tom de voz para que apenas Cirina escutasse, ela continuou: — Se não fosse a ajuda do seu marido, talvez ela realmente estivesse passando necessidades. Graças a Deus, isso não aconteceu porque, se nós dependêssemos da senhora, ela não estaria aqui. Portanto, guarde para si mesma os seus comentários maldosos. Não estou interessada em ouvi-los.

Pega de surpresa com aquele ato de rebeldia de Lúcia, Cirina não soube como retrucar. Não acreditava que aquela mulherzinha tivera a audácia de lhe fazer tamanha afronta. Aquilo ia ter troco. Lúcia que a aguardasse.

O delegado informou que levaria o suspeito para prestar depoimento na delegacia e liberou Lúcia, logo após passar um sermão em Talita. Quando elas chegaram à rua, Lúcia sorriu ao ver a empolgação com que Talita conversava com Laura.

— Nós duas fomos apresentadas de uma maneira meio estranha — comentou Laura, de mãos dadas com ela. — Eu queria tanto conhecê-la.

— E não quer mais? — Talita pareceu decepcionada.

— Claro que quero — riu Laura. — Quero que nós duas sejamos amigas.

— Mas você está velha demais para brincar de boneca comigo.

Lúcia e Laura soltaram uma gargalhada, sentindo alívio depois da tensão de momentos atrás. Elas fizeram o trajeto até a casa de Lúcia a pé. Quando pararam na porta, Lúcia fez um gesto com o dedo polegar.

— É aqui que moro atualmente, dona Laura. Eu e essa pequena que aprontou tanto hoje.

— Que casinha linda, Lúcia! — exclamou Laura quando viu a residência por dentro. Talita saiu correndo na direção do próprio quarto. — Agradeça a Deus por ter permitido que o senhor Ronaldo cruzasse o seu caminho.

— Eu sou muito grata a ele. Desejo todos os dias que ele tenha ido para um bom lugar. Ele merece estar bem.

— Todos nós temos e conquistamos aquilo que merecemos, seja no astral ou aqui, no plano físico. Mas me diga uma coisa — sussurrando, ela completou: — Talita não conhece a avó? Tive a impressão de que uma mal olhou para a outra.

— Bem... — mantendo os cochichos para que Talita não escutasse a conversa, Lúcia explicou: — Acontece que a mãe de Daniel nunca se interessou pela neta. Houve uma vez em que ela me ameaçou de tentar conseguir a guarda de Talita, mas, graças a Deus e a Daniel também, ela desistiu. Ela nunca procurou a menina para se apresentar como sua avó. Sendo assim, julguei-me no direito de não comentar com a Talita sobre a existência de uma avó. Não creio que ela precise saber.

Soltando um suspiro de cansaço, Lúcia emendou:

— Por isso nem lhe dei confiança quando ela veio me cobrar responsabilidades. Ela nunca se preocupou de verdade com a menina, por isso não aceito que venha dar palpites agora. Na realidade, essa Cirina é uma cobra. Também, com um nome desses...

Laura assentiu em silêncio. Elas continuaram conversando por mais alguns minutos, e a senhora afirmou que não poderia se demorar, já que precisava estar na casa espírita no início da noite. Pouco depois elas se despediam com um abraço forte e carinhoso. Laura convidou Lúcia para voltar aos estudos sobre a espiritualidade. Lúcia garantiu que retornaria em breve.

Depois que Laura se retirou, ela foi procurar a filha no quarto, que estava sentada no chão diante de uma fileira de bonecas.

— Ela já foi embora? — indagou Talita referindo-se à visitante. — Quando eu disse que ela era velha para brincar de bonecas, estava brincando. Ela acreditou?

— Acho que não. Quanto a você — Lúcia abraçou a filha —, o que acha de irmos até a sorveteria lá da esquina e mergulharmos no sorvete? Eu preciso matar a sua vontade.

— Oba! — Talita riu feliz e aplaudiu. — Vou querer de chocolate, viu?

capítulo 12

Cirina seguiu direto para o apartamento do filho. Depois da morte de Ronaldo, ela não via mais graça em ficar dentro de casa, sozinha. Gabriel sempre saía com alguns amigos, mas ela havia contratado um detetive particular para segui-lo, pois não queria que ele tornasse a lidar com assuntos relacionados ao espiritismo, menos ainda que mantivesse contato com Lúcia. Não queria que aquela mulher o seduzisse da mesma maneira que fizera com seu filho mais velho.

Estela, embora gostasse da companhia da sogra, não apreciava suas visitas, cada vez mais frequentes e demoradas. Algumas vezes, Cirina até mesmo dormia lá. Implicava com tudo e reclamava que Estela não saía mais como antigamente.

A amiga delas, Glória, também estava presente. Daniel tinha saído sem informar seu destino.

— Não entendo como você consegue manter essa serenidade sabendo que seu marido está fora de casa, sem fazer a menor ideia de onde ele possa estar — comentou Glória, com ironia. — E se ele estiver com alguma mulher, na gandaia? E se ele estiver com a antiga amante, aquela do shopping?

— Estela não liga para mais nada — respondeu Cirina no lugar da nora. — Parece que perdeu o gosto pela vida. Está ficando apática e desligada de tudo.

— Como assim? — Glória arregalou os olhos, fingindo estar horrorizada. — Desse jeito você perde o homem de vez. Telefone para o celular dele e faça-o confessar onde está.

Elas não sabiam que a mente de Estela estava longe. Mal escutava o que as outras diziam. Cirina e Glória teriam ficado realmente espantadas se soubessem que ela não estava pensando em Daniel nem na possibilidade de estar sendo traída outra vez. Seus pensamentos estavam voltados para Lúcia e Talita.

Ela sentia raiva de si mesma. Talvez fosse tola demais ou tivesse um coração muito mole. A verdade era que ficara condoída pelo desespero de Lúcia diante do sumiço de Talita. Sem que ninguém soubesse, Estela chegara a orar para que a criança fosse localizada o mais depressa possível. Não conhecia muitas esposas que sentiam pena das amantes dos maridos e sabia que, se compartilhasse aquilo com Cirina ou Glória, iria se tornar motivo de chacota.

— Acho que você nem está prestando atenção no que estamos falando — tornou Glória dirigindo-se a Estela. — A propósito, eu não sabia que o seu marido tinha uma filha com aquela mulher — virou o rosto para Cirina. — Conte-me mais sobre isso.

— Com certeza, embora esse assunto me envergonhe — Cirina balançou a cabeça negativamente. — Nunca quis que as minhas amigas soubessem, pois acabaria manchando a minha imagem em nosso meio social.

Estela se irritou com a sogra, que se preocupava com sua própria imagem diante dos outros, sem se importar com os sentimentos da nora, expondo-a para Glória. Ela sempre soube que Cirina era falsa como um dente implantado e notou que ambas estavam no mesmo time. Porém, Cirina só enxergava o próprio umbigo e agia em favor de seus próprios interesses. Era miserável e egoísta demais para se importar com outras pessoas que não fosse ela mesma.

Cirina fez um rápido resumo para Glória sobre o relacionamento passageiro entre Daniel e Lúcia, e o nascimento da criança, fruto dessa breve união. Com certo rancor, falou sobre o apoio que Ronaldo dera a Lúcia e o quanto detestava aquela mulher.

— Para mim ela sempre será um brinquedo que Daniel usou e descartou quando bem quis — finalizou Cirina. — Infelizmente eles tiveram uma filha, que vai uni-la ao meu filho para o resto da vida.

— Já que você terminou a narração sobre a minha vida pessoal, eu gostaria de me deitar — comentou Estela, nervosa.

— Claro, querida, vá se deitar — Cirina se fez de desentendida. — Glória e eu ficaremos por aqui.

— Eu gostaria de ficar sozinha aqui em casa, por favor.

— Você está nos expulsando, minha querida?

— Não. Só estou pedindo que me deixem sozinha.

— Não sei o que acontece com você, Estela. Desde o dia em que discutimos com a tal de Lúcia, você ficou diferente. Quase não sai de casa e recusa os convites para os eventos sociais a que costumávamos comparecer. Está se tornando uma sombra e isso não me agrada. Não é essa a imagem da esposa que sempre idealizei para Daniel — criticou Cirina, tentando ofender Estela.

— E quem seria a esposa perfeita? Lúcia? É ela que você deseja ter como nora?

— Deus me livre! Quero distância daquela criatura — Cirina fez um gesto com as mãos, como se afastasse algo assustador de perto dela. — Se eu soubesse que um dia você ficaria assim, não teria aprovado seu casamento com o meu filho. Talvez você sempre tenha sido uma mulher sem graça e eu não tenha percebido antes. Agora entendo por que Daniel foi procurar conforto fora de casa. Somando tudo isso à sua infertilidade, as coisas só se tornaram piores.

Estela olhou para a sogra como se a estivesse vendo pela primeira vez. Bem se dizia que, mais cedo ou mais tarde, as pessoas acabam falando a verdade do que pensam sobre as outras. Mesmo pálida, Estela não se deu por vencida.

— E, se eu soubesse que minha sogra seria uma peste, nunca teria me aproximado de Daniel.

Sentindo-se insultada, Cirina se levantou e, aos gritos, perguntou:

— Então por que você não se divorcia do meu filho e o deixa em paz?

— Enquanto você estiver viva, ele não terá paz — retrucou Estela. Ela também ficou em pé e apontou para a porta de saída. — Saiam do meu apartamento, as duas. Deem o fora imediatamente!

— Você não manda em nada aqui — o rosto de Cirina estava vermelho, devido à alteração do humor. — Este apartamento foi comprado pelo meu marido, que o deu de presente ao meu filho, assim como comprou aquela casa para a imbecil da Lúcia. Você não é dona de nada. É a única que está sobrando aqui. Amanhã mesmo irei procurar um advogado e ver o que será necessário para dar entrada no pedido de divórcio.

— Do jeito que fala, parece que é você quem está casada comigo — provocou Estela, começando a se cansar daquela discussão que não levaria nenhuma delas a lugar algum.

Glória riu baixinho ao ouvir o comentário de Estela. O que nem Estela nem Cirina sabiam era que Glória mantinha os pensamentos voltados para fofocas, discussões, intrigas, maledicências e inveja. Isso atraía a presença de espíritos sem instrução, que sintonizavam com o mesmo teor de ideias.

Esses espíritos faziam de tudo para provocar discórdia em qualquer ambiente em que estivessem e, como naquele lar não havia a prática da oração, suas energias ganharam forças. Eles incentivavam a discussão entre a nora e a sogra, da mesma maneira que outros haviam colaborado para provocar o rompimento definitivo entre Daniel e Lúcia, na época em que ela ainda morava no apartamento alugado por ele.

— Você é quem deveria ser expulsa daqui. Vou falar com Daniel. Você não perde por esperar.

Estela se lembrou de quando Lúcia viera até ali durante a gravidez comentando sobre como Daniel a expulsara do seu apartamento e depois de seu escritório. E agora sua mãe fazia o mesmo. Deveria ser algo genético. Contudo, seu repertório de palavras ainda não tinha se esgotado.

— Você e Daniel têm essa mania de expulsar as pessoas, porque se consideram superiores aos outros. Não banque a ridícula, Cirina. Nunca imaginei que fosse conhecer esse seu lado sombrio, que, aliás, é a sua verdadeira face.

Foi nesse momento que Daniel irrompeu no apartamento. As três mulheres logo notaram que ele estivera bebendo, apesar de estar totalmente lúcido.

— Eu estava ouvindo a gritaria do lado de fora. O que está acontecendo? — ele se jogou sobre o sofá e ficou estudando os rostos delas, esperando uma resposta.

— Sua mãe quer que eu saia de casa — resumiu Estela. — Da nossa própria casa.

— Não é bem assim, Dani — interveio Cirina, saindo em sua própria defesa. — Acontece que sua esposa não anda bem da cabeça... Nos últimos anos ela tem estado muito estranha. Não é possível que você não tenha percebido nada — antes que Daniel dissesse qualquer coisa, ela continuou: — Estela está apagada, sem brilho, perdeu todo o pique que tinha quando se casou com você.

— Sinceramente não estou entendendo — Daniel não parecia estar disposto a ouvir as discussões. — Vocês brigaram, é? Estão achando que eu vou esquentar minha cabeça por causa de tolices entre mulheres? Ora, francamente...

Os espíritos que acompanhavam Glória continuavam gritando e incentivando para que a briga se tornasse ainda mais acalorada. Entretanto, Daniel queria simplesmente dormir. Não estava com vontade nem de tomar banho. Aturar as fofocas da mãe era o que menos lhe convinha no momento. Afirmou estar cansado e se retirou para um dos quartos.

Vendo que não teria apoio de Daniel, Cirina colocou a alça da bolsa sobre o ombro, fez um sinal para Glória e deixou o apartamento sem dizer mais nenhuma palavra a Estela.

Depois que elas se foram, Estela deu uma espiada no quarto onde Daniel estava. Havia anos já não compartilhavam a mesma cama. Viviam como dois estranhos que mal se cumprimentavam, mesmo que não admitissem a ninguém. Para os outros, eles formavam um casal extremamente feliz. Somente os mais íntimos notavam que havia algo por detrás daquela aparente felicidade, principalmente os colegas de Daniel, que sabiam do seu caso com Lúcia, uma vez que ele a apresentara como namorada oficial tempos atrás.

Ela o viu dormir tranquilamente e sentiu os olhos marejarem. Daria tudo para estar ali com ele, deitar-se ao seu lado, sentir o calor emanado do seu corpo e simplesmente poder dizer que o amava. Faria o possível para resgatar a paixão que existia no início do casamento.

Por motivos que ela desconhecia, nascera estéril. Sempre se perguntou qual seria a razão de Deus não ter permitido que ela pudesse gerar uma criança dentro de si. Achava que nunca seria uma mulher totalmente realizada, já que não poderia ter filhos.

Mesmo casada com Daniel havia alguns anos, ela ainda se sentia derreter por dentro quando o via se aproximar. Amava-o com toda a força de seu coração, mas sabia que o tinha perdido havia muito tempo. Perdera-o para o mundo, perdera-o para Lúcia.

Estela já odiara Lúcia do fundo de sua alma, porém isso já não acontecia mais. Agora sentia apenas inveja daquela mulher que, embora não fosse rica como ela, tampouco elegante, tinha uma coisa que ela jamais poderia ter. Sabia que o marido nunca ia querer adotar uma criança. Isso já fora motivo de muitas brigas entre eles no passado, brigas que terminaram levando-os a dormir em camas separadas.

Cada um tinha agora sua própria vida. Ele pouco se importava com o que acontecia com ela, mas Estela sonhava com o dia em que Daniel chegaria com um presente nas mãos, como um homem romântico, pedindo que ela se esquecesse de tudo para que, juntos, pudessem recomeçar do zero. Mesmo sabendo que eram apenas ilusões, ela gostava de alimentar essas fantasias.

Caminhou lentamente até seu quarto, sentou-se na beirada da cama e fechou os olhos, as lágrimas escorrendo sem parar por seu rosto. Como se seu sofrimento fosse pouco, ainda descobrira uma coisa da qual sempre desconfiara: a sogra nunca gostara dela. Cirina era movida pelas aparências, tentando dançar conforme a música exigida pelo meio social. De fato, aquele apartamento estava no nome de Daniel e eles não haviam se casado em comunhão de bens.

Quase tudo o que havia ali dentro tinha sido comprado por ele ou pela família dele. A Estela pertenciam alguns enfeites e objetos adquiridos durante as viagens que eles haviam feito juntos ao exterior. Viagens, ela imaginava, que nunca mais tornariam a acontecer.

De repente, a imagem de Talita lhe veio à mente. Pegou-se pensando na garotinha de cabelos claros que, naquele mesmo dia, pela manhã, havia desaparecido no shopping, a filha do seu marido, o fruto de sua traição. Por incrível que pudesse parecer, ela torcera para que a garota fosse encontrada bem e nada de mais grave houvesse acontecido. O sofrimento de Lúcia tocou fundo sua alma e era como se ela própria estivesse ali sofrendo.

Como desejava que Talita fosse sua filha. Ela seria a mulher mais feliz do mundo se tivesse dado à luz aquela menina. Sabia que, se isso tivesse acontecido, Daniel passaria mais tempo ao seu lado e, mesmo que eles não se reconciliassem, o simples fato de tê-lo ali, constantemente junto a si, já seria motivo de extrema felicidade. Porém, em sua vida, havia muitas coisas impossíveis e ela só podia sonhar de olhos abertos.

Sem saber o motivo, ela sentiu um grande desejo de ouvir a voz de alguém. Não tinha muitas amigas e não conversaria com nenhuma delas sobre aquilo que lhe sufocava a alma. Poderia parecer loucura, mas sabia que só havia uma única pessoa no mundo com quem gostaria de conversar naquele instante.

Saltou da cama, correu ao escritório de Daniel e vasculhou suas coisas até encontrar uma agenda de telefone. Folheou algumas páginas até encontrar o nome que procurava. Enchendo-se de coragem, ela apanhou o telefone sem fio e retornou ao quarto, acomodando-se sobre a cama.

E começou a discar.

— Você está tão grudenta quanto um pedaço de chiclete — brincou Lúcia olhando para a filha. — Lambuzou-se inteirinha de sorvete, derramou tudo na roupa e agora está impossível. Vá já tomar um banho.

— Ah, mamãe, banho nesse frio? — queixou-se Talita.

— Ah, mas para tomar sorvete a senhorita estava com calor! Aliás, foi justamente por isso que você desapareceu no shopping hoje — Lúcia estremeceu só de lembrar o medo que passara ao imaginar que talvez nunca mais fosse ver a filha.

— Está bem, mamãe, eu vou tomar banho — Talita pareceu resignada. — Mas tem que ser em menos de dez segundos.

— Nossa! Em dez segundos você não limpa nem o sorvete que grudou na orelha. E eu pensando que as pessoas tomavam sorvete pela boca.

Rindo, Lúcia foi pegar a toalha para Talita, quando ouviu o telefone tocar. Imaginou que pudesse ser Gabriel, pois já fazia mais de duas semanas que ele não ligava e mais de um mês que não vinha visitá-las. Sabia que Cirina tentava impedi-lo, mas, sempre que dava uma brecha, Gabriel aparecia.

E se fosse Daniel? Ela não se sentia motivada a falar com ele agora. Ou talvez ainda pudesse ser Cirina querendo repreendê-la pelo ocorrido no shopping. Se fosse ela, Lúcia desligaria imediatamente.

Atendeu ao telefone, fazendo sinal para Talita voltar ao banheiro, pois a menina tentava escapar do banho devido à distração da mãe.

— Pronto! — atendeu.

Por um momento, ninguém respondeu nada do outro lado e Lúcia insistiu:

— Alô? Pronto!

— É... Quem está falando? — a voz feminina pareceu indecisa.

— Eu é que lhe pergunto. Quem é? Deseja falar com quem?

— Lúcia, é você? É Estela quem está falando.

Estela era outra pessoa com quem ela não sentia a menor vontade de conversar. No mínimo iria querer falar do sumiço de Talita.

— Sim, Estela, boa noite. Em que posso lhe ajudar?

— Eu... posso... queria falar com... — ela continuava hesitante, pois sabia que Lúcia não ia autorizar que ela falasse com Talita. — Queria falar com a sua filha.

— Com Talita? E sobre o que você quer falar com ela?

— Posso ir até aí vê-las? — a própria Estela se surpreendeu com a pergunta. — Ainda hoje?

— Mas... — Lúcia consultou o relógio. Eram quase dez da noite. O que Estela poderia querer com a menina naquele horário?

— Por favor, Lúcia, é muito urgente e importante para mim — insistiu.

— Está bem — ela concordou sem saber bem a razão. — Mas não traga sua sogra, ou não vou deixar que entrem.

— Certo, estou indo até aí agora. Não demoro. Ah... obrigada.

Lúcia desligou o telefone lentamente. Não fazia a menor ideia do motivo que levava Estela até lá.

— Talita, tome um banho bem depressa que vamos ter visitas — ela ordenou à filha.

— Quem é? O tio Gabi?

— Não, não é o tio Gabi, nem o seu pai. É outra pessoa.

— A dona Laura? — Talita estava curiosa.

— A pessoa já vai chegar e você vai saber. Vá tomar seu banho, meu amor.

Meia hora depois a campainha tocou. Lúcia torcia para que Talita fosse se deitar para não presenciar uma possível discussão, mas a menina estava mais desperta do que nunca. Aliás, Estela dissera que gostaria de falar com a própria Talita.

Ela espiou pelo olho mágico da porta e viu a silhueta disforme de Estela. Quando abriu a porta, levou um susto. Jamais estaria preparada para aquilo que viu.

capítulo 13

A razão da surpresa de Lúcia foi ver, à sua frente, uma mulher magra e abatida, ainda pior do que aquela que vira no shopping ao lado da sogra e da amiga naquela manhã. Parecia que dez anos haviam se passado e não apenas algumas horas. Em nada lembrava a elegante mulher que vira pela primeira vez na recepção da empresa, quando fora informada de que se tratava da esposa de Daniel.

— Boa noite, Lúcia — Estela cumprimentou de modo tão humilde que Lúcia cogitou a possibilidade de algum plano ardiloso elaborado com a sogra.

— Boa noite, entre, por favor.

Estela entrou e sentou-se no sofá. Olhou fixamente para Talita, que a fitava com a mesma curiosidade e interesse. Ali estava ela, a criança que desejava ardentemente que fosse sua.

— Aconteceu alguma coisa? — Lúcia queria adiantar o assunto. — É que já são quase onze da noite e não tenho o costume de receber visitas nesse horário.

— Eu sei disso. Peço desculpas, mas na verdade vim até aqui porque precisava ver Talita.

— Por quê? — por instinto maternal, Lúcia já pensava em proteger a filha.

— É que... — Estela estava se sentindo uma ridícula por estar ali. — É que eu queria muito poder abraçá-la, só isso. Sei que parece idiotice, uma explicação sem sentido, mas nem eu mesma sei explicar o porquê de estar aqui.

Após uma breve pausa, ela perguntou:

— Você tem todo o direito de se recusar, é claro, mas eu queria saber se me permite abraçá-la.

Lúcia assentiu com a cabeça. Havia alguma coisa melancolicamente estranha naquilo tudo. Poucas vezes vira a esposa de Daniel e, quando isso ocorrera, não foram encontros agradáveis. Ela ainda se recordava da bofetada que dera em Estela. Aquela mulher jamais tinha feito uma visita para Talita ou muito menos telefonado para saber sobre sua filha. Agora, de repente, no fim da noite de um domingo frio, ela aparecia pedindo um abraço de Talita. Poderia haver algo mais disparatado do que aquela conversa?

Entretanto, achou que não havia motivos para negar o pedido de Estela. Ela parecia sincera no que estava falando e Lúcia acreditou que nem Cirina nem Daniel imaginavam que ela estivesse ali.

Quando Lúcia aprovou com a cabeça, Estela sorriu em agradecimento, aproximou-se de Talita e agachou-se para ficar no mesmo nível da criança. A menina, porém, recuou um passo.

— Mamãe, tenho mesmo que abraçá-la? Ela é estranha e não posso falar com estranhos.

— Mas a ela você pode abraçar, confie em mim — garantiu Lúcia, embora nem ela mesma estivesse confiando em si própria ou em Estela.

Com relutância, Talita estendeu os braços para Estela, que começou a chorar. Em seguida, desprendeu-se de Talita, esticou as pernas e voltou ao sofá.

Cada vez mais assustada, Lúcia pediu que Talita fosse se deitar, pois queria conversar com Estela.

— É uma conversa entre adultos, Talita — explicou.

— Está bem, mamãe, mas se precisar de ajuda é só me chamar.

Estela foi obrigada a sorrir. Logo após Talita ter se retirado, Estela iniciou o assunto:

— Como é bom abraçar uma criança. Não sabe como fiquei feliz em fazer isso.

— O que você pretende exatamente com esta visita?

— Nada. Eu só queria sentir uma criança em meus braços, imaginando que, apenas por alguns segundos, ela seria minha filha — Estela recomeçou a chorar e Lúcia se preocupou. — Não sabe como me sinto ao pensar que nunca vou engravidar, que nunca vou saber qual é o prazer de ser mãe. Não sabe como eu gostaria que tudo fosse diferente, que muitas coisas mudassem na minha vida.

— Sei como se sente.

— Não, você não sabe. Somente uma mulher estéril sabe como é difícil superar tudo isso, como é duro sentir-se incapaz. É como se alguma coisa em você nascesse morta. E no meu caso em particular é ainda pior. Abraçar a filha do meu marido quase chega a ser irônico. Não sabe como eu seria feliz se essa menina fosse minha filha, se eu tivesse a quem levar e buscar na escola, a quem me acompanhar nos lugares a que eu fosse, uma pessoa que me fizesse companhia.

Ela secou as lágrimas, mas foi inútil. Outras surgiram imediatamente.

— Eu daria tudo para poder contar uma historinha infantil antes de a minha criança dormir, vê-la dar os seus primeiros passos, ver os seus primeiros dentinhos nascerem, poder dar de mamar no peito. No entanto, Deus me privou de tudo isso — ela deu de ombros. — Acho que nunca vou saber o motivo.

Lúcia olhava com tristeza para Estela. Sentiu tanta pena dela que quase a abraçou, mas, ao se recordar de como fora tratada por Estela anteriormente, permaneceu no mesmo lugar. Nunca fora boa em consolar outras pessoas, porém tentou ser útil, dizendo:

— Deus deve ter seus motivos. Uma vez aprendi que entre o céu e a terra tudo está sempre certo e...

— Certo? Você acha mesmo que ser estéril é certo, que nos dê orgulho? Que mulher se orgulha de não poder ter filhos, me diga? Por pior que seja a mulher, o instinto materno sempre vai estar ali.

— Por que você e o... — Lúcia hesitou — seu marido nunca quiseram adotar uma criança? Muitos casais encontram essa solução.

— Já tentei convencê-lo, mas ele não quer. Ele diz que não aceitaria uma criança que não tivesse seu sangue. Ele quase chegou a desprezar a própria filha, não foi? — Lúcia fez que sim com a cabeça. — Acho que foi a minha esterilidade que acabou com o nosso casamento, se é que existiu um casamento algum dia.

Lúcia ruborizou. Aquilo poderia ser uma indireta para ela, porém, olhando bem nos olhos de Estela, viu que não se tratava de nada disso.

— E, como se fosse pouco, ainda perdi meu marido.

— Eu posso compreender toda a sua dor. Vou repetir o que já disse antes. Se soubesse que Daniel era casado, nunca teria me envolvido com ele. Pode ter absoluta certeza. Sei que agi de maneira errada, ao não investigá-lo melhor, mas estava apaixonada e não enxergava um palmo na frente do nariz. Entreguei-me sem pensar nas consequências.

— Talvez a culpa não tenha sido sua — Estela baixou o olhar para o chão e em seguida fixou-o num quadro pendurado em uma parede. — Talvez eu o tivesse perdido há muito tempo. Só não quis reconhecer.

— Eu tive a minha participação no desmoronamento do casamento de vocês, admito.

— Acho que o mais sensato agora é tentarmos esquecer o passado — sugeriu Estela —, embora eu mesma tenha tocado nesse assunto. É que você não faz ideia do quanto amo o meu marido.

Lúcia apenas a olhou em silêncio. Daniel era um homem estranho no campo sentimental. Assim como brincara com as emoções dela no passado, agora parecia não se dar conta do valor da própria esposa. Estela era muito bonita, embora estivesse com a aparência bastante debilitada. A questão da esterilidade não podia ser motivo para que ele perdesse o interesse por ela.

— Acho que já está muito tarde para você ficar ouvindo minhas lamentações. Já fez muito em ter me recebido e me permitido dar um abraço na sua filha — Estela levantou-se e de repente pareceu estar com pressa de ir embora. — Dê um beijo em Talita por mim.

— Você nunca tentou fazer um tratamento para conseguir engravidar? — perguntou Lúcia, alcançando a outra quando Estela já estava próximo à porta. — Muitas mulheres conseguem ter seus bebês dessa forma.

— Acha mesmo que eu não fui atrás disso? — ela abriu um sorriso sem vida. — Perdi a conta de quantas consultas eu marquei nos melhores especialistas, sendo alguns no exterior. Mas nada deu certo. Para piorar, Daniel e eu não mantemos relações sexuais há muito tempo. Somos dois estranhos dentro de casa.

Se Lúcia ficaria feliz ou esperançosa diante daquela afirmação, Estela não estava preocupada. Não havia por que continuar escondendo certas coisas, principalmente o fato de que o casamento dela estava praticamente extinto.

— Daniel não me ama — ela continuou: — Sei que ele vem insistindo em reatar com você nos últimos anos, apesar das suas recusas — vendo que Lúcia ia abrir a boca para argumentar, Estela foi mais rápida e se adiantou: — Acho que esse é o motivo de ele estar se embebedando ultimamente. Na verdade, suas crises de bebedeira não começaram recentemente, mas têm se tornado piores. Ele fica agressivo e irritadiço, mesmo assim não quero que ele vá embora. Ainda tenho esperança de tê-lo novamente, exatamente como foi um dia.

Lúcia continuava estudando o rosto da mulher à sua frente em completo silêncio.

— Não estou comentando essas coisas com você para que sinta remorso ou pena de mim. Mesmo sabendo que ele ainda gosta de você, não a vejo como uma grande ameaça. Se o destino conspirar para que vocês fiquem juntos, eu não vou tentar impedi-los. Pode ficar tranquila quanto a isso — Estela segurou na maçaneta da porta. — Tenham uma ótima noite. Obrigada por me ouvir.

Instantes depois, Estela desapareceu na escuridão da noite dirigindo seu carro. Lúcia respirou fundo, ainda tentando absorver as últimas palavras da visitante. Estela sabia do interesse de Daniel por Lúcia. Ela imaginou qual seria o motivo de Estela ter revelado tudo isso quando ela era a maior interessada em reaver o amor do marido.

Estela se via como vítima de todo aquele processo. Isso estava bem claro. Usava sua dificuldade de engravidar como um pretexto para afundar cada vez mais no vitimismo e no sofrimento. Pelo pouco que Lúcia pudera perceber, ela não estava fazendo muita coisa para tentar reconquistar o marido. Era mais fácil entregar os pontos e fechar-se em copas dentro de si mesma do que tomar atitudes ativas e buscar melhorias naquela situação.

Mesmo tentando esquecer-se das palavras de Estela, elas voltavam com força à sua mente.

— Mamãe, o que aquela mulher queria? — indagou Talita, entrando na sala ao perceber que a visitante já havia partido. — Ela é chata!

Lúcia sorriu e estalou um beijo na face da filha. Depois do que ouvira de Estela, só poderia agradecer a Deus mais uma vez por ter aquela criança esperta e feliz ao seu lado.

— Ela é uma mulher triste, querida. Antigamente ela era realmente muito chata, mas agora parece que está melhorando. As pessoas mudam, sabia?

— Não quero que ela volte aqui porque não vou abraçá-la de novo. Eu só abraço a minha mamãezinha — Talita devolveu um beijo na mãe. — Até porque, se eu continuar abraçando aquela mulher, você vai ficar com ciúmes.

— É verdade. Vou me tornar muito ciumenta — brincou Lúcia. — Agora vamos esquecê-la e dormir. Amanhã você tem aula e eu tenho que trabalhar. — Ela providenciara uma escolinha em tempo integral para Talita ficar enquanto ela trabalhava. — E nenhuma de nós duas pode se atrasar.

— Boa noite, mãezinha — despediu-se Talita, deitando-se em sua cama, no quarto. — Se chover forte e eu escutar um trovão, vou me deitar com você.

— Eu sei. Mas na noite passada você dormiu como um anjinho e não escutou nem um único barulhinho.

— É que eu estava sonhando com as pessoas de roupas brancas. Lembra-se do que eu falei?

Lúcia não queria tornar a discutir aquele assunto com a filha, por isso mudou o rumo da conversa.

— Lembro sim, mas agora chega de papo porque a dona Matilde quer dormir — era o nome da boneca predileta de Talita. — Dê boa noite a ela e durma também.

— Está bem. Boa noite. — Mãe e filha trocaram um beijo. — Boa noite, dona Matilde. E não se esqueça de orar antes de dormir, mamãe. — Lúcia ensinara isso à filha e agora ela ensinava à mãe. — Vamos dormir com os anjos — completou, fechando os olhos logo a seguir.

No dia seguinte, de manhã, Lúcia despertou Talita e deixou-a na escola.

— Venho buscá-la no fim da tarde, querida. Comporte-se, hein? — Lúcia sabia que não era necessário esse tipo de recomendação, pois Talita era uma das crianças mais bem comportadas do colégio.

— Está certo! Beijinho — Talita beijou a mãe no rosto e entrou na escolinha, logo encontrando outras coleguinhas.

Lúcia ainda a olhou por algum tempo, pensando no quanto amava aquela criança. Pouco depois seguiu até o seu trabalho. O dia não estava tão frio quanto o anterior, mas ela deixara Talita bem agasalhada. Ela mesma vestia um sobretudo preto, muito bonito, presente de Gabriel. Cumprimentou amavelmente Mara, Simone e Ana, a moça que substituíra Suzete logo após sua saída devido ao seu casamento com Roberto.

Ana era bonita e jovem, mas Lúcia já tinha percebido que ela era falsa, mandona e quase não falava com as colegas de trabalho. Além disso, na primeira oportunidade, corria para contar ao supervisor alguma coisa de errado que alguma delas tivesse feito. E demonstrara um interesse todo especial por Gabriel quando ele viera convidar Lúcia para almoçar, cerca de um mês atrás.

Durante o expediente, Lúcia costumava ver Daniel entrando ou saindo do escritório, às vezes sozinho ou acompanhado por clientes e outros advogados. Eles mal se cumprimentavam e, quando isso acontecia, tudo era estritamente formal. Naquela manhã, ela achou que ele viria comentar algo sobre a visita de Estela, caso ela tivesse compartilhado a informação com o marido.

No entanto, quando ele chegou, por volta das onze da manhã, não disse nem uma palavra, pois estava acompanhado de um rapaz que deveria ser algum cliente dele. Os dois subiram sem olhar para o balcão da recepção.

Lúcia almoçou tranquilamente. Quando voltou, recebeu a informação de que Daniel saíra com aquele rapaz, que souberam ser realmente seu cliente. Provavelmente ela não o veria mais naquele dia.

Surpreendeu-se ao ver que Gabriel a esperava do lado de fora do prédio no fim de seu expediente. Ele estava dentro do carro, e parecia estar com frio. Lúcia sorriu ao vê--lo, aproximou-se e entrou no veículo sem notar que Ana, a nova recepcionista, observava-a atentamente. Os olhos da mulher estavam ainda mais frios do que o clima na rua.

Após os cumprimentos básicos, já que eles não se falavam havia mais de quinze dias, Lúcia perguntou:

— Por que você veio me buscar? Aconteceu alguma coisa? — ela logo pensou em Talita.

— Não aconteceu nada. É que eu sei que, quando você deixa o serviço, vai diretamente para a escola de Talita. Eu estava indo para aqueles lados e resolvi passar por aqui para lhe dar uma carona — piscando um olho, ele completou: — Não precisa me pagar a gasolina.

Ela riu e replicou:

— Achei que estivesse aguardando seu irmão.

— Ele e eu não temos muito que conversar — Gabriel ficou um instante em silêncio, como se prestasse atenção ao tráfego. Por fim, continuou: — Você soube que minha mãe queria que Estela saísse de casa? — vendo o espanto no rosto da amiga, ele sorriu: — Isso mesmo. Da casa em que ela mora com meu irmão. Ela mesma me contou.

— Quando foi isso?

— Ontem, logo que elas voltaram do shopping. Aliás, eu soube que ontem quase sequestraram a Talita. Minha mãe contou o assunto à maneira dela. O que aconteceu exatamente?

Embora fosse assustador relembrar o medo que passara no dia anterior, Lúcia detalhou a Gabriel todos os fatos ocorridos no shopping. Não omitiu nada.

— Sei que tive minha parcela de culpa em tudo aquilo — concluiu ela. — Se não fosse minha distração conversando com dona Laura, não teria havido aquele rebuliço.

— E quem poderia imaginar que você é amiga da dirigente da casa espírita que frequentávamos? Nunca me disse nada.

— Eu também não sabia, Gabi. Às vezes parece que a vida dá um jeito de aproximar as pessoas, mesmo quando elas estão longe. Você nunca mais voltou lá, não é?

Gabriel sentia um pouco de vergonha ao confessar que cessara seus estudos espirituais somente porque sentia medo da mãe, ou talvez não quisesse contrariá-la. Mas faria tudo o que pudesse para voltar a frequentar o local. Sabia que Lúcia também não retornara ao centro.

— Não, nunca mais voltei e você também não — ele respondeu.

Lúcia deu um sorriso como resposta.

— Você ainda não me falou por que sua mãe e sua cunhada se desentenderam.

Gabriel repetiu as palavras que ouvira de Cirina naquela tarde. Ela havia contado que Estela a tratara mal e a ofendera diante de Glória. Vendo-se acuada, Cirina usou, como último recurso, a expulsão da nora do apartamento em que residia com o marido, já que o imóvel fora um presente de Ronaldo ao filho e estava registrado no nome de Daniel.

Lúcia não estava acreditando muito naquela história. A figura que a visitara na noite anterior não parecia estar em condições de comprar brigas, principalmente sendo tão amiga da sogra. Entretanto, Cirina era tão irritante que conseguia, sem dificuldades, deixar um monge zen entrar em colapso nervoso.

Já estavam perto da escolinha de Talita. Gabriel torcia para que enfrentassem um congestionamento, pois queria passar o maior tempo possível ao lado de Lúcia. Ele se odiava por não ter coragem de declarar seu amor à mulher que amava. Pensava que Lúcia jamais abriria espaço em seu coração para ele, pois tinha certeza de que ela ainda era apaixonada por seu irmão. Acreditava que, por enquanto, o melhor seria continuar mantendo seu amor em segredo.

capítulo 14

le finalmente estacionou em frente à escola e ambos desceram, embora Gabriel soubesse que se atrasaria para o seu compromisso. Porém, faria tudo para permanecer mais alguns instantes com Lúcia. Entraram na escola e logo ela viu Talita, com duas meninas, falando e gesticulando. Quando ouviu o chamado da mãe, ela se despediu das amiguinhas com beijos no rosto, o que fez Gabriel sorrir.

— Ela é quase uma adulta, não?

Lúcia sorriu e segurou a mão da menina. Talita beijou a mãe e ganhou um beijo do tio Gabi. Enquanto voltavam para o carro de Gabriel, Lúcia perguntou:

— Posso saber o que a senhorita tanto falava às suas amigas?

— Eu estava dizendo a elas que nunca devem aceitar tomar sorvete com estranhos no shopping. Outras coisas até pode ser, mas sorvete dá problema.

Gabriel deu uma gargalhada. Talita era realmente muito esperta para sua idade. Às vezes dizia coisas incríveis para uma menina de cinco anos. Quando viu o carro do tio, ela bateu palmas, contente.

— Que legal, mamãe! Hoje vamos embora de carro?

— Não, vamos a pé. O tio Gabi tem um compromisso. Ele precisa se encontrar com umas pessoas e falar de assuntos importantes. Outro dia ele nos leva aonde quisermos, tá?

Para espanto de Gabriel e de Lúcia, Talita virou as costas e fez uma cara emburrada.

— Eu quero ir de carro — furiosa, ela se voltou para a mãe. — Quem manda você ser pobre e não ter dinheiro para comprar um carro?

Lúcia empalideceu. Ficou chocada com aquelas palavras. Gabriel, porém, apenas se divertia.

— Ela está ficando malcriada, Lúcia — ele olhou para Talita. — Desse jeito você não vai ganhar mais sorvete, viu?

— Não quero sorvete, quero andar de carro — sem dizer mais nada, ela saiu caminhando, deixando a mãe e o tio para trás.

— Ei, você não vai nem me dar um beijo de despedida? — perguntou Gabriel. — Nem um abraço?

— Não sei o que deu nela hoje. Talita não costuma agir assim. Olha lá onde ela já está — Lúcia beijou o amigo rapidamente na bochecha e agradeceu pela carona. — Até mais, Gabi — correndo atrás da filha, Lúcia ordenava que ela parasse e esperasse.

Talita seguiu o trajeto até a sua casa em completo silêncio. Estava mal-humorada e caminhava de braços cruzados, sem olhar para a mãe. Quando chegaram, Lúcia indagou:

— Talita, por que você está agindo assim?

— Eu não gosto mais de você, mamãe, porque você é pobre. Preferia morar com meu pai ou com meu tio, que têm carro. E andar de carro é legal — ela reclamou e correu para seu quarto, batendo a porta em seguida.

Lúcia não foi atrás dela. Deitou-se em sua cama e começou a chorar. Para as pessoas poderia parecer exagero; no entanto, ela estava profundamente ferida pelas palavras duras da filha. Não sabia por que a menina dissera aquilo, nunca fizera menção à riqueza, a luxos ou a bens materiais antes, mas de repente parecia estar com outra cabeça. As lágrimas quentes escorriam sem parar por seu rosto.

Vinte minutos depois, Lúcia ouviu um ruído na porta de seu quarto, mas não se virou para olhar. Escutou som de passos leves e curtos aproximar-se, parando ao lado de sua cama. Ela não se virou. Sabia que a filha estava ali. De repente, sentiu uma mãozinha fria deslizando por seu rosto, como que a lhe enxugar as lágrimas.

— Mamãe, está com raiva de mim?

Lúcia não conseguiu conter as lágrimas por mais que tentasse. Finalmente encarou o rostinho de Talita, que também estava molhado de tanto chorar.

— Não, Talita, pelo contrário, quem parecia estar com raiva de mim era você.

Talita sentou-se na cama perto da mãe e chorou mais alto.

— Perdoe-me, mãezinha, eu não queria deixar você triste. Juro que não! Por favor, esqueça o que eu disse.

Lúcia não respondeu. Apenas olhava diretamente nos grandes olhos azuis da filha, que estavam avermelhados devido ao choro.

— Por favor, eu nunca mais digo que você é pobre — Talita parecia prestes a implorar. — Eu juro.

Lúcia ergueu o corpo e ajeitou-se melhor na cama. Olhando fixamente para a filha, ela comentou:

— Deixe-me explicar uma coisa. Enquanto eu estiver viva, não vou deixar que nada falte a você. Vou lhe dar tudo o que puder. Porém, você não pode querer que de uma hora para outra a mamãe arrume dinheiro para comprar um carro. Sabe que temos muitos gastos aqui, com a casa, com a comida, com...

— Eu sei, mamãe, desculpe — Talita chorava como uma prisioneira condenada à morte. — Você não é pobre, eu fui muito boba em dizer aquilo.

Lúcia sorriu ao ver que a pequena tinha aprendido a lição. Não queria acostumá-la no luxo, pois nem mesmo tinha condições para isso. No entanto, não queria que a menina associasse o seu modo de vida à pobreza, como ela mesma havia dito.

— Você está perdoada, meu anjo. Eu a amo!
— Mas eu a amo mais. Muito, muito, muito.

As duas adormeceram abraçadas naquela noite. Lúcia estava em paz consigo mesma, tendo ao seu lado a pessoa que lhe era mais querida no mundo.

A semana decorreu tranquila, sem qualquer contratempo. Como sempre, Lúcia e Daniel mal se falavam no serviço. Ele fazia mensalmente o depósito bancário da pensão para as despesas com Talita, o que era a conta exata da mensalidade da escola. Lúcia não achava necessário lhe pedir mais.

Na noite de sexta-feira, enquanto Talita assistia à televisão em seu quarto e Lúcia esquentava o jantar no micro-ondas, a campainha tocou. Talita correu para a porta, como sempre fazia quando ouvia o som estridente, e a mãe seguiu atrás. A menina pediu que se identificassem, escutou por alguns instantes e confirmou:

— É você mesmo, papai?

Lúcia estremeceu. O que menos queria era uma visita noturna de Daniel. Depois da visita de Estela, tudo o que mais queria era evitá-lo. Realmente não desejava vê-lo.

Aproximou-se da porta e, espiando pelo olho mágico, descobriu que era mesmo Daniel quem estava ali. Abriu a porta com visível desagrado e ficou ainda mais aborrecida quando sentiu um desagradável cheiro de álcool. Ele andara bebendo.

— Boa noite, Lúcia — ele se virou para Talita: — Olá, querida.

— O que deseja, Daniel? — Lúcia se manteve na porta para bloquear a passagem caso ele tivesse a intenção de entrar.

— Não posso cumprimentar minha filha e a mãe dela?

— Deixe-o entrar, mamãe — pediu Talita.

— Querida, vá para o seu quarto. Preciso ter uma conversa de adultos com o seu pai. Por favor!

Lúcia estava séria e Talita não desejava irritá-la. Já era suficiente o que lhe aprontara quando chamara a mãe de pobre. Adoraria poder participar da conversa, mas era obediente e entrou silenciosamente em seu quarto.

Com raiva, Lúcia encarou Daniel.

— Não tem vergonha de aparecer bêbado aqui, na frente da menina? O que você quer?

— Aqui não tem nenhum bêbado, você está enganada. Além do mais, eu já disse que só passei para cumprimentar vocês. Não sabia que era proibido.

— Já viu que estamos bem, agora queira se retirar, por favor. Não fica bem você aparecer aqui, à noite, sozinho. Até logo — ela tentou fechar a porta, mas ele usou a mão aberta para detê-la.

— Você sabia que, se a minha mãe resolver mover uma ação judicial contra você, é bem provável que ela ganhe? Além de nossa situação financeira ser bem favorável em relação à sua, minha mãe sempre esteve disposta a isso. Eu impedi que acontecesse naquela vez, mas posso mudar de ideia agora.

Lúcia sentiu o coração descer para os pés enquanto o estômago embrulhava. Realmente ele não estava tão bêbado. Estava até lúcido demais. Tanto que viera lhe fazer ameaças, talvez instruído por Cirina. A antiga ameaça, que tanto apavorara Lúcia, estava de volta.

— Você não pode estar falando sério.

— Estou sim, pode ter certeza. E então? Vai me deixar entrar ou não? — ao perguntar, ele abriu aquele sorriso cínico que Lúcia tanto repudiava.

— Já disse que você não vai entrar — ela não pretendia mostrar-se intimidada, embora estivesse. — Peço que se retire porque está tarde. Procure outra para infernizar a vida.

Lúcia tentou fechar a porta outra vez, mas Daniel a segurou pelo braço, apertando com força. Ela se lembrou de quando ele a agredira no escritório. Sabia que ele podia se tornar violento quando ficava irritado.

— O que você quer? Vai me bater como naquela vez? — ela sacudiu o braço para se ver livre da pressão, mas ele a apertava como a um torno. — Se não me soltar, vou fazer um escândalo. Meus vizinhos virão correndo me ajudar.

— Você não faria isso. Não ia querer assustar a sua filha.

— Tem certeza? — ela o provocou.

Daniel fixou seu olhar nos olhos da mulher que amara um dia. Naquele momento, entretanto, ele estava com muita raiva dela. Seria mesmo capaz de dar-lhe uns tapas, mas sabia que, se o fizesse, as coisas poderiam se complicar. Sem opção, ele soltou o braço dela e recuou alguns passos. Ela o viu seguir na direção do carro, que deixara estacionado do outro lado da rua, e só entrou em casa quando o viu ir embora. Um homem bêbado daquele jeito por trás de um volante. Que perigo!

Ela se amontoou sobre o sofá. Massageou o braço dolorido onde ele a tinha segurado. Daniel parecia ser um homem bipolar. Às vezes mostrava-se calmo, amável e dócil e, de repente, seu humor virava e só faltava agredi-la. Talvez Talita houvesse herdado parte daquele temperamento do pai. Ela não agira de modo semelhante no início da semana, ao acusá-la de ser pobre e ficar bronqueada?

Antes de pensar naquilo, havia uma emergência agora: a possibilidade de perder a filha para a família de Daniel. Sempre temera que isso pudesse acontecer. E se agora ele resolvesse trabalhar em parceria com a mãe, ela estaria perdida. Era bem provável que, como bom advogado que era, ele conseguisse ganhar a causa, pois tinha muitos pontos a seu favor, a começar pela situação financeira.

Talita espreitou da porta do quarto e pôde ver que a mãe estava chorosa. Imaginou que seu pai a ofendera ou a deixara triste. Lentamente, aproximou-se de Lúcia e, como fizera anteriormente, passou sua mãozinha pelo rosto dela, na tentativa de consolá-la. Lúcia apertou a mão da filha entre as suas, esmerando-se num sorriso.

— Minha pequena, eu a amo demais, sabia?

— Só que eu a amo mais ainda. Muito, muito, muito.

Lúcia olhou para o tesouro que a natureza lhe concedera. Talita era a única alegria em sua vida, a sua única razão de viver. Não alimentava esperança de ter uma vida feliz com Daniel. Depois do que ouvira de Estela, ela até torcia para que eles se entendessem e reconstruíssem o casamento lado a lado. Assim como Estela, ela também o amava, porém tinha dúvidas se ele era merecedor do seu amor. As pontadas latejantes que estava sentindo no braço faziam com que ela pensasse o contrário.

O sábado passou depressa. Lúcia sentia vontade de voltar ao centro de estudos espirituais de dona Laura, mas, sem a companhia de Gabriel, perdia a motivação. E, como se ele adivinhasse seus pensamentos, telefonou para ela na manhã seguinte. Ele estava muito animado e falava depressa.

— Bom dia, Lúcia. Estou ligando para avisar que fiquei sabendo que haverá uma linda palestra no centro. Será domingo que vem. Não gostaria de ir?

— Bom dia, Gabi. Que coisa impressionante! Você acreditaria se eu contasse que estava pensando exatamente nisso? Já tem uns dias que eu desejo voltar lá, mas estou desencorajada de ir só com Talita.

Lúcia ouviu a risada de Gabriel.

— Eu sei, mas estou disposto a ir também. O tema da palestra será O Apego sob a Visão da Espiritualidade, e a própria dona Laura será a oradora. Essa eu não quero perder por nada.

— E a sua mãe, Gabi? Se ela descobrir, vai tentar impedi-lo outra vez. Você a conhece e sabe que ela não aprova, ainda mais se souber que você vai comigo.

— Não se preocupe. Sei como despistá-la. Durante a semana eu passo lá na empresa e a gente conversa melhor.

Lúcia concordou e eles se despediram. Sentindo uma gostosa animação preencher sua alma, ela descobriu que estava bastante ansiosa para que o próximo domingo chegasse logo.

Na segunda-feira, Daniel não foi ao escritório. Lúcia se perguntou se teria algo a ver com a discussão entre eles na sexta à noite. Ana, a recepcionista que substituíra Suzete, soltou um comentário sarcástico assim que a viu chegar para trabalhar.

— Boa tarde, senhorita. — Lúcia tinha chegado apenas cinco minutos atrasada. — Se continuar desse jeito, haverá um dia em que você chegará para o fim do expediente.

— Não sabia que tínhamos uma nova supervisora — retrucou Lúcia, igualmente debochada.

— Ana, fique de boca fechada — ordenou Mara.

Nenhuma das colegas gostava de Ana. E ela, no entanto, não sabia explicar por que sentia tanta antipatia por Lúcia. Ignorava as demais, porém não conseguia gostar de Lúcia. Não sabia se era devido ao fato de que se sentira atraída por Gabriel, embora mal o conhecesse e ele nem se dera conta da existência dela.

Ana achou que o melhor seria ficar quieta. Contudo, quando Gabriel apareceu no meio do expediente, convidando Lúcia para almoçar, ela sentiu seu sangue entrar em ebulição. Escutou partes da conversa dos dois e em um momento ouviu a palavra "espiritismo". Ela se questionou se os pais de Gabriel aprovavam ou sabiam daqueles encontros entre os dois, já que soubera, através de comentários, que Lúcia tivera um caso com o irmão dele.

"Ela se faz de santa, mas não passa de uma sem-vergonha", pensou Ana, alfinetada pela inveja. Decidiu que teria que reverter a situação.

Gabriel combinou com Lúcia que iria buscá-la às dezenove horas, no domingo. Lúcia sorriu, notando que não era a única a estar ansiosa. Faltava praticamente uma semana ainda e Gabriel já estava contando as horas. Mal podia esperar a chegada do domingo.

Cirina estava acomodada em uma poltrona como uma gata de luxo quando ouviu o telefone tocar. Ela dispensava a empregada às segundas-feiras, portanto ela mesma atendeu. Não reconheceu a voz feminina que a procurava.

— A senhora é a mãe do Gabriel? — perguntou a mulher.

— Sim, quem está falando?

— Meu nome não interessa. Estou ligando apenas para saber se a senhora tem conhecimento de que seu filho está envolvido com uma moça chamada Lúcia, que trabalha na recepção da mesma empresa onde seu outro filho tem um escritório.

A ligação anônima deixou Cirina subitamente interessada.

— Não, não estou sabendo. O que você sabe sobre eles?

— Sei que eles estão marcando para breve um encontro com alguma coisa relacionada ao espiritismo. Eles almoçam quase todos os dias juntos, sabia? — mentiu a voz misteriosa.

Cirina ficou horrorizada. Tinha certeza de que aquilo não era mentira. Não podia acreditar que Gabriel voltara a se encontrar com Lúcia para lidarem com aquelas atividades sombrias e perigosas. Aquilo não seria permitido. Tinha que tomar alguma providência.

— O recado está dado, senhora — concluiu a mulher. — Faça o que achar melhor — e desligou.

Ela permaneceu olhando para o telefone quase um minuto, totalmente incrédula. Lúcia e Gabriel estavam se encontrando às escondidas? Só o que faltava era Lúcia engravidar de seu filho caçula. Então Cirina teria dois netos, de pais diferentes, mas da mesma mãe. Sabia que, se não agisse rapidamente, seria bem provável que isso realmente acontecesse.

As ideias ainda estavam sendo maquinadas em sua cabeça quando o telefone tornou a tocar. Ela atendeu rapidamente, certa de que era a mesma mulher que voltava a ligar, porém se surpreendeu ao ouvir a voz de Daniel. Ele lhe contou que se sentia indisposto, então não fora trabalhar. E contou também sobre a visita malsucedida à casa de Lúcia, finalizando:

— Nem sob ameaça foi possível entrar. Ela não é mais aquela moça tolinha de antes, mãe. Já não se assusta facilmente.

— Ah, é? Basta ela receber uma intimação judicial para rever sua maneira de agir. Pode deixar essa parte comigo, querido — Cirina então lhe perguntou sobre Estela, mas nada comentou sobre a ligação misteriosa.

— Estela está como sempre. Parece um fantasma dentro de casa. Mal nos falamos, embora ela sempre esteja tentando puxar algum assunto. Não dá, mãe, entre mim e ela não tem mais aquela química, aquela paixão que me levou a casar com ela. Nada disso existe mais.

— Eu sei. Se soubesse que um dia minha nora se transformaria numa morta-viva, jamais teria incentivado esse casamento — Cirina fez uma pausa e acrescentou: — Você não tem sorte com as mulheres. Bonito e bem de vida, deveria arrumar ótimas pessoas, porém só se envolve com trastes. Estela está mais apagada do que um pergaminho. Aquela outra nojenta é uma golpista interesseira, que só engravidou para ver se tentava descolar um dinheiro nosso.

— Discordo, mãe — defendeu Daniel. — Nunca desconfiei que Lúcia só estivesse atrás do meu dinheiro. Quem a procurou fui eu, e não ela a mim.

— Nunca entendi isso realmente, meu filho. Você gostou dela de verdade?

— Gostei sim. E ainda agora ela me desperta algo dentro do peito. Na verdade acho que ainda gosto dela.

Cirina fez um careta ao ouvir aquilo, sentindo-se praticamente enojada.

— Nunca mais repita isso, Daniel. É quase uma blasfêmia. Como pode dizer que ainda gosta dela? — Cirina sentiu vontade de falar sobre os encontros entre Gabriel e Lúcia; contudo, decidiu que ainda não seria o momento para contar. — Uma mãe sabe o que é melhor para seus filhos. Sei que aquela mulher só quer o nosso dinheiro. Não se lembra de que, quando estava grávida, ela foi até seu apartamento tentando armar um escândalo? Ela teve muita sorte de seu pai tê-la ajudado porque, se naquela época ele já tivesse falecido, ela voltaria ainda mais pobre do que tinha chegado.

Daniel resolveu dar o diálogo por encerrado. Quando sua mãe começava a falar mal de alguém, não havia santo que a fizesse parar. Ele murmurou mais algumas palavras e despediu-se em seguida.

Ela pegou novamente a revista, entretanto não conseguiu se concentrar no que estava lendo. Pousou-a no colo, aberta, e fixou o olhar na linda parede de sua casa. Havia planos em sua mente. Planos que mudariam a vida de muitas pessoas e abalariam a de outras.

E a maior mudança atingiria Lúcia.

capítulo 15

Quando Ana desligou o telefone, mantinha um sorriso de vitória nos lábios. Parecia que tudo ia dar certo. Pôde perceber que a mãe de Gabriel não via com bons olhos o relacionamento do filho com Lúcia. Certamente faria alguma coisa para colocar fim àqueles encontros entre os dois.

Conseguir o telefone de Cirina também não foi uma tarefa difícil. Encontrara-o na agenda de Lúcia quando ela saiu para almoçar com Gabriel. As colegas Mara e Simone estavam distraídas cadastrando o acesso dos visitantes ao edifício e Lúcia tinha deixado sua agenda de telefones do lado de fora da bolsa.

Esperta, Ana logo deduziu que o número de telefone de Gabriel provavelmente seria também o dos pais dele, a não ser que ele residisse sozinho, o que não parecia ser o caso. Agora, depois de sua ligação anônima, só teria que aguardar os resultados. Sabia que corria o risco de não voltar a ver Gabriel, mas valeria a pena, pois Lúcia também não ficaria com ele. Ana, satisfeita, retornou ao serviço. Não notou os vultos escuros que se abraçavam a ela, em completa harmonia com seus pensamentos.

A semana passou rapidamente. Lúcia estava bastante tensa com a possibilidade de perder a filha judicialmente. Gabriel a tranquilizara, dizendo que tudo não passava de pressão do irmão. Mesmo assim, ela temia que a qualquer momento chegasse para ela uma intimação para que comparecesse ao fórum.

Eram sete horas da manhã de domingo quando o som estridente da campainha despertou Lúcia. Sonolenta, ela se levantou da cama tentando imaginar quem poderia ser. Deu uma leve espiada no quarto de Talita e sorriu ao vê-la abraçada com a boneca dona Matilde.

O visitante devia estar muito ansioso, pois tocava insistentemente a campainha. Ela passou os dedos por entre os longos cabelos castanhos e foi até a porta. Espiou pelo olho mágico e ficou incrivelmente aborrecida ao reconhecer Cirina parada ali. Pensou em ignorá-la e voltar para a cama, mas sabia que aquela mulher não daria sossego enquanto a porta não fosse aberta.

Quando Lúcia abriu, Cirina quase a atropelou, entrando na casa em disparada.

— Por que demorou tanto para abrir a porta?

— Porque são sete horas da manhã de um domingo. As pessoas que trabalham geralmente estão descansando nesse horário.

Cirina fez ar de mofa e respondeu:

— Quer dizer que você tentou impedir Daniel de ver a própria filha outra vez? — Lúcia entendeu que Daniel lhe contara. — E espero que não me mande sair daqui até que eu fale tudo o que vim dizer — ela fez uma pausa a fim de conter o fôlego. Falava alto e depressa. — Esta casa me parece imunda. Você não limpa, não? — perguntou olhando ao redor.

— Você pode convocar uma equipe da perícia policial que eles não encontrarão nem uma partícula de poeira aqui dentro — devolveu Lúcia, sentindo a paciência se dissolver. — Diga logo o que quer e saia da minha casa, por favor.

— Sua casa? Ora, não me faça rir. Aqui você não tem nada, minha filha — sorriu Cirina com maldade. Era a mesma tática que usara para humilhar Estela. — Se não fosse Ronaldo, você estaria na rua da amargura. Dê graças a Deus por ele ter dado essa casa de presente a você e sua bastardinha.

— Não ofenda a minha filha. E, se ela é uma bastardinha, como você mesma diz, saiba que é graças ao mau caráter do seu filho, que deu trabalho até para registrá-la como filha dele.

— Ele nem devia ter feito isso. Vai ver que essa menina não é dele, embora seja parecida com Daniel, devo admitir. Será que ela não é filha de Gabriel?

Lúcia exibiu um sorriso zombeteiro.

— O que não mudaria a sua situação, não acha? Fique tranquila que entre mim e o Gabi só existe amizade, nada mais. E peço-lhe que fale mais baixo porque minha filha está dormindo.

— Você é muito pouca coisa para qualquer um dos meus filhos. Você não passa de uma golpista insensível — Cirina falava mantendo uma distância segura de Lúcia, pois não poderia prever qual seria a reação da moça perante aquelas ofensas. — Quanto à segurança de Gabriel, eu estou sossegada. Ele não corre mais o risco de ter você por perto, lidando com assuntos relacionados a espíritos.

— Onde ele está? — Lúcia se preocupou.

— Fiquei sabendo que vocês estavam indo novamente àquele lugar, por isso, tomei minhas providências — Cirina fez ar de suspense. — Eu comprei uma passagem para o exterior para que ele vá estudar na Inglaterra. Ele já está com vinte e quatro anos, precisa estudar para arrumar um emprego digno de sua inteligência. Ele adorou a ideia.

Cirina não ia contar que Gabriel, ao receber a notícia, ameaçara inclusive sair de casa, mas não tivera força suficiente para enfrentar a mãe. Saíra às pressas e nem sequer pudera se despedir de Lúcia, mas esperava que ela pudesse entender um dia.

— O voo dele partiu hoje, às três e meia da manhã. Ele deve estar longe a essa hora.

Lúcia não podia acreditar. Como podia haver uma pessoa tão cruel que sentia prazer em destruir uma amizade inocente e pura? Subitamente sentiu muita raiva da visitante.

— Você deve estar se divertindo, não? Preocupa-se tanto com a minha vida, mas não enxerga quanto mal faz aos outros.

— Mal? Mal seria se você e Gabriel continuassem juntos. Fiz o que qualquer mãe faria por um filho: eu o protegi.

Nesse instante Talita apareceu, trazendo dona Matilde nos braços. A menina olhava assustada para a avó. Acordara com os gritos altos de Cirina e viera ver o que estava acontecendo.

— Mamãe, essa não é aquela mulher do shopping?

— Ué, você não sabe que sou sua avó? — questionou Cirina tranquilamente. Ela se virou para Lúcia: — Você não contou a ela, querida?

— Minha avó? É verdade, mamãe? — Talita arregalou seus lindos olhos azuis. — Se for, eu não quero que ela seja minha avó. Ela é má.

— Então você andou envenenando minha neta, Lúcia?

— Não, pelo contrário, não queria que ela soubesse o tipo de gente que ela tem como avó — respondeu Lúcia segurando a filha no colo.

— Vá embora daqui, velha má — gritou Talita, apontando um dedinho na direção da porta. — Você está brigando com a minha mamãe. Não gosto de você.

Cirina lançou um olhar de desprezo para a menina. Foi quando resolveu dar o recado principal pelo qual fora até ali.

— Quando você vier morar na minha casa, menina, vou colocá-la nos trilhos. E isso não vai demorar a acontecer, porque ainda nesta semana um colega do seu pai e eu vamos dar entrada na ação judicial para conseguir sua guarda. Morando comigo, você vai aprender a ter mais educação. Aliás, não acha que já está muito grande para ficar no colo de sua mãe?

Sendo segura por Lúcia, Talita percebeu quando a mãe estremeceu. Não entendeu bem sobre o que Cirina estava falando, mas sabia que não era coisa boa. Por isso, desceu ao chão e tornou a indicar a porta.

— Mamãe e eu não gostamos de você. Vá embora, velha feia!

Cirina ignorou o comentário de Talita porque estava mais interessada na expressão de medo que Lúcia exibia. Sorriu ao ver que seu aviso causara o efeito esperado. Quando ela se virou para sair da casa, sentiu um leve golpe nas costas. Voltou-se e deparou com a boneca caída aos seus pés.

— Dona Matilde pediu para que eu a jogasse em você — explicou Talita que havia atirado a boneca nas costas da avó. — Sua bruxa!

Cirina lentamente se abaixou e pegou a boneca. Sentiu vontade de quebrar o brinquedo contra uma parede, mas se conteve. Jogou o brinquedo sobre o sofá com violência e lançou um olhar fulminante para as duas.

— Vocês não perdem por esperar.

Talita tentou avançar sobre a avó, e Cirina ergueu a mão aberta como se fosse agredir a menina. Lúcia, no entanto, reagiu:

— Toque em minha filha e eu mato você! — rosnou de uma maneira que fez Cirina empalidecer.

Pela primeira vez acovardada, Cirina empreendeu o caminho da fuga. Depois que ela se foi, Lúcia, tentando conter as lágrimas, segurou com força a mão de Talita, e as duas sentaram-se no sofá.

— Calma, mamãe, não chora, não. Ela já foi. Não fique triste assim.

— Você está certa, meu anjo. Eu a amo e ninguém vai conseguir nos separar.

— Se ela tentar, eu jogo a dona Matilde nela outra vez — Talita deixou bem claro e Lúcia sorriu por entre as lágrimas.

— Não vamos ficar preocupadas. Deus é bom e vai nos proteger. Confie Nele.

Talita deslizou as mãozinhas pela face da mãe, enxugando suas lágrimas e garantiu:

— Eu confio no Papai do Céu.

Lúcia achou que Talita fosse fazer mais perguntas em relação ao que ouvira da avó, mas a menina permaneceu calada. Foi um alívio a filha tê-la poupado de explicações dolorosas.

Tentando encontrar um meio de afastar os pensamentos tristes e angustiantes, Lúcia resolveu aproveitar a beleza e o clima ameno daquele dia para levar Talita a conhecer alguns lugares que ela nunca havia visitado antes. A garota, sempre pronta para passear, trocou de roupa em questão de segundos e ficou aguardando a mãe.

O primeiro ponto de parada foi o Planetário. Talita aprendeu coisas sobre astronomia, fenômenos do mês da visita, termos astronômicos e muitas outras novidades. Até Lúcia ouvia as instruções do guia com atenção. O universo é rico e interessante. Ela pôde notar que havia uma imensidão de galáxias, planetas e luas, além do planeta Terra.

Quando saíram de lá, tomaram um lanche delicioso seguido de uma enorme banana split. Talita, eterna fã de sorvetes, degustou até se fartar.

Como ainda sobrava tempo, Lúcia e Talita embarcaram em um ônibus que as deixou diante de uma estação de metrô. Dali, elas partiram para a estação Jabaquara, de onde tomaram outra condução em direção ao zoológico.

Talita olhava boquiaberta para os enormes animais e fazia perguntas curiosas sobre eles. A maioria ela só conhecia pela televisão ou através de fotos que a professora da escola lhe mostrava. Ela se aproximou das jaulas dos macacos e esforçou-se para tocá-los. Lúcia sorria observando a diversão da filha e das demais crianças.

Mais tarde, Lúcia lhe contou a história do Zoológico de São Paulo e precisou de algumas informações disponíveis num pequeno guia, que era retirado na portaria do local, para concretizar sua aula. Nem ela mesma sabia que o zoológico havia sido construído em junho de 1957 e que os primeiros animais exóticos a chegar foram trazidos de um pequeno circo particular.

Saíram do parque no momento em que ele fechava e a tarde começava a despedir-se. Comeram cachorros-quentes e beberam refrigerantes no carrinho de um vendedor ambulante. O cansaço após o longo passeio tinha deixado Lúcia com as costas doloridas, mas Talita exibia tanta energia que seria capaz de refazer o percurso todo mais uma vez.

Talvez fosse um desleixo da sua parte nunca ter levado à filha ao zoológico, quando possuía dinheiro para isso. Foi então que notou que mal saía com Talita. A menina nem sequer conhecia o mar. Desde que ela nascera, Lúcia vendia as férias para a empresa a fim de conseguir um dinheiro extra para as despesas. Assim garantia que Talita sempre tivesse tudo o que quisesse, ou o que ela pudesse lhe dar.

Trabalhar demais também não era muito favorável. Ganhava mais dinheiro, porém o gastava com coisas supérfluas para agradar Talita. Mesmo assim, nunca saíam para fazer passeios diferentes. Não tinham compromissos nem ninguém que pudesse impedi-las. Para sair com a filha, ela não tinha que dar satisfações a Daniel nem à mãe dele.

Chegou à conclusão de que já era tempo de tirar umas férias e aproveitar o mês para viajar e se divertir muito com sua princesinha. Suas férias venciam em junho e resolveu pedir à direção da empresa que pudesse descansar no mês de julho, conciliando com as férias escolares de Talita.

A pequena excursão pelos dois pontos turísticos da cidade serviu para fazê-las se esquecer, temporariamente, dos desaforos ouvidos de Cirina. Essa era a intenção inicial de Lúcia e acabou dando certo. Quando chegaram em casa, já estava anoitecendo e, embora estivesse cansada e um pouco dolorida, Lúcia recordou-se de que ainda iria à casa espírita de dona Laura. Com ou sem Gabriel, ela não perderia aquela palestra por nada.

Deu um banho em Talita e tomou uma ducha rápida. Como nenhuma das duas sentia fome, ela decidiu que já era hora de saírem. Forçou-se a lembrar de que Gabriel não chegaria para acompanhá-las, como tantas vezes fizera no passado. Cirina não mentira ao dizer que conseguira despachar o filho mais novo para estudar no exterior.

Mesmo achando que Gabriel agira de forma covarde, ao partir sem nem sequer despedir-se dela e de Talita, Lúcia desejou o melhor para ele em sua nova empreitada na Inglaterra.

— Enquanto eu estiver assistindo à palestra — explicou Lúcia à filha ao trancar a porta de casa —, você terá que ficar na área recreativa com as outras crianças, pode ser?

Talita fez um muxoxo de contrariedade, mas, quando chegaram ao local, ela logo se enturmou com várias crianças de idades próximas e até dispensou a mãe.

— Comporte-se, mamãe. Não quero reclamações suas — avisou, imitando a maneira como Lúcia sempre falava com ela. — Vá com Deus.

— Amém e comporte-se você também.

Lúcia não teve dificuldade em localizar Laura. A amiga cumprimentou-a e apresentou-a a algumas pessoas. Lúcia sorria com timidez e, logo que puderam ficar a sós, Laura perguntou:

— Seu amigo Gabriel não virá?

— Não. Surgiu um imprevisto que eu lhe conto depois da palestra.

Laura concordou e pediu licença para se preparar. O salão estava lotado, com pessoas de diferentes níveis sociais, afinal, perante o plano astral, não há distinção entre classe social, raça ou credo. A Inteligência Divina busca fazer com que cada criatura se desenvolva interiormente para conquistar melhores resultados e harmonizar-se com a própria vida.

No espaço que servia como palco, uma moça bonita, com voz leve e macia, fez uma prece inicial, pedindo a Deus e aos bons espíritos ali presentes que mantivessem o ambiente em serenidade, amor e paz. Lúcia, em silêncio e com os olhos cerrados, sentia suas energias sendo restauradas.

Em seguida, a moça cedeu o lugar a Laura, que cumprimentou a todos com seu sorriso contagiante e apresentou o tema da noite: O Apego sob a Visão da Espiritualidade.

— Eu gostaria de convidá-los a fazer uma reflexão sobre a palavra "apego" — ela iniciou. — Trata-se de algo que muitos confundem com amor em excesso, superproteção, ou até egoísmo. É uma maneira que as pessoas encontram para demonstrar o quanto amam algo ou alguém. Não existem erros no amor, pois o próprio Jesus foi quem nos ensinou que devemos amar ao próximo como a nós mesmos.

O salão estava cheio e as pessoas fitavam-na atentamente. Laura prosseguiu:

— Nada que é exagerado rende resultados positivos. Se não comermos, sentiremos fome, mas, se nos alimentarmos em excesso, certamente teremos problemas digestivos. Se não regarmos uma planta, ela secará, porém, se a molharmos demais, ela também poderá morrer. Assim acontece com o amor. Se exagerarmos na dose de amor, ele poderá se transformar em apego, seja a uma pessoa, a um animal, ou a um objeto. O amor é livre, não impõe cobranças, por isso ele não é a mesma coisa que o apego. Ninguém prende uma pessoa junto de si porque a ama demais e não quer perdê-la. Pode ser ciúme, medo, insegurança, egoísmo, supervalorização do outro, mas não é amor.

Ela fez uma pausa, momento em que aproveitou para umedecer a garganta com um gole de água. Quando aproximou o microfone da boca novamente, explicou:

— O amor verdadeiro tem a ver com liberdade, confiança, harmonia e bem-estar. Se você sufoca o outro, tortura, oprime ou pressiona, não está agindo por amor. Desejar o melhor para alguém não é querer impor as suas vontades, sem saber se é isso que o deixará realizado. Nossas vontades, por melhores que sejam nossas intenções, nem sempre são as vontades das outras pessoas. Precisamos aprender a respeitar cada um. Onde há respeito e compreensão, então há amor.

Ouvindo aquelas palavras, Lúcia pensou em Daniel e em Estela. Embora a palestra pudesse ser útil para todos que a ouviam, ela achou que o tema vinha a calhar exatamente com sua vida sentimental. Mesmo sem querer, continuava fazendo parte daquele triângulo amoroso. Desejou que Daniel também estivesse ali para aprender mais sobre aquele assunto.

— Você que se apega demais aos filhos, aos pais, aos amigos, ao namorado ou à namorada, julgando-se possuidor do coração alheio, não se sinta culpado. Se agiu assim, fez o que achava ser o certo. Aliás, qual de nós está em condições de apontar erros ou acertos, não é mesmo? No entanto, para que você saiba distinguir o amor puro e legítimo das ilusões causadas pelo "gostar", comece mudando sua cabeça para que suas atitudes também possam mudar. A mudança começa a acontecer de dentro para fora. Conte com a espiritualidade, que sempre nos apoia, tanto nos melhores momentos, como naquelas fases de angústia e confusão.

Após uma nova pausa, ela acrescentou:

— Continue amando, mas sem cobranças. Deseje o melhor àqueles que o cercam, sem querer colocar grilhões sentimentais no outro. Ninguém gosta de sentir-se preso a nada. Reparem que essa é uma das principais razões para que os namoros e casamentos não tenham um futuro muito longo. O apego em excesso pode até se tornar mais grave, como uma obsessão desmedida por quem se acredita amar. E então eu faço uma pergunta: isso é amor?

Lúcia percebeu quando algumas pessoas sacudiram a cabeça negativamente, como se a pergunta de Laura tivesse sido pessoal e não coletiva.

— Nós reencarnamos com o objetivo de conquistar a felicidade — Laura sorriu mais uma vez. — É um desejo da alma buscar a alegria. Todos nós queremos ser felizes. Quando superamos os desafios que a vida nos traz para a nossa própria evolução, percebemos que somos maiores e mais fortes do que imaginávamos. Nós somos fontes de luz. Em nosso coração habita toda a energia que Deus nos concedeu. Quem acha que nasceu para sofrer e fica se lamentando está jogando fora, dia a dia, a chance de sorrir para o mundo, de sorrir para si mesmo.

Ela caminhou alguns passos pelo palco, voltou-se para a plateia novamente e continuou:

— Por isso, ao encarar os nossos problemas com fé e otimismo, confiando na sabedoria de todo um mundo invisível que nos cerca, perceberemos o quanto somos ricos e vencedores. A Vida é generosa e nos dará todo o material necessário para superarmos cada estágio em que estivermos. Portanto, vamos buscar a liberdade, libertando as outras pessoas também. Você não amará menos por dar mais espaço ao ser amado. Simplesmente, você amará com mais inteligência, sem se apegar, sem causar sofrimento e vivendo uma vida mais feliz.

Laura seguiu com sua palestra por mais vinte minutos. Ao término, quase todas as pessoas tinham lágrimas nos olhos. Ela tinha dito palavras sábias e emocionantes. Em seguida, uma médium trouxe a palavra do mentor espiritual da noite, que também reforçava o assunto exposto sobre o apego. No fim, a mesma moça do início fez uma prece de agradecimento pela presença dos benfeitores espirituais que estiveram presentes. Tudo havia sido muito lindo, calmo e repleto de paz.

Lúcia, depois de sair do salão, tomou um passe em outra sala e buscou Talita, que se divertia com as outras crianças. Ela até protestou para ir embora e Lúcia lhe prometeu que voltariam com maior frequência.

De volta a casa, Talita, exausta pelos passeios do dia e pela visita ao centro espírita, recusou-se a tomar outro banho e, assim que encostou a cabeça no travesseiro, já estava dormindo. Lúcia sorriu, beijou a filha na testa, ajeitou seu edredom e saiu do quarto.

Ela mesma estava muito cansada, embora sentisse as energias mais leves, e deixou o banho para a manhã seguinte, antes de sair para trabalhar. Preparou ainda o uniforme da escola da filha e finalmente deitou em sua própria cama. Agradeceu a Deus pela maravilhosa lição aprendida com a palestra da amiga.

Por um instante se questionou se o que sentia por Talita seria apego. Amava a menina mais do que a si mesma; contudo, não achava que era exagero. Ou era? Não queria que Talita fosse morar com o pai, muito menos com a avó, não por egoísmo, mas por saber que Talita não seria feliz lá. Quem sabe até fosse ameaçada ou agredida pela avó maluca ou pelo pai bêbado. Não, definitivamente, ela precisava dar um jeito de manter a criança bem longe daquela gente esquisita.

Virou de lado na cama tentando conciliar o sono. Ao olhar pela janela aberta, viu um pedaço do céu, pontilhado de estrelas prateadas, fenômeno raro na capital paulista devido ao excesso de poluição. Lúcia sorriu por um instante, contemplando a grandiosa obra do Criador e toda a sua magnitude. Então pediu a Deus que não permitisse que Cirina continuasse com os propósitos de tentar conseguir a tutela de sua filha. Para ter paz, ela precisava que aquele assunto fosse definitivamente esquecido.

A madrugada já ia alta quando ela finalmente adormeceu.

capítulo 16

Na segunda-feira, por volta do horário de almoço de Lúcia, ela foi até o vestiário feminino, tirou o uniforme, vestiu uma roupa comum e guardou no bolso o vale-refeição com que a empresa beneficiava os funcionários. Comia quase todos os dias num modesto restaurante perto da empresa.

Quando voltou à recepção para pegar sua bolsa, surpreendeu-se ao ver Estela e Cirina paradas ali. Com discrição, Mara disse a Lúcia que as duas mulheres alegaram estar aguardando Daniel descer para almoçar com elas.

Lúcia preferiu fingir não tê-las visto. Não queria discussões no local de trabalho. Ana, ao saber que Cirina era a mãe de Gabriel, evitou falar num tom mais alto para que a outra não reconhecesse sua voz na ligação anônima.

Com a alça da bolsa nos ombros, Lúcia passou ao lado das mulheres ainda ignorando a presença delas. No entanto, pôde notar que Estela estava ainda mais magra do que no dia em que fora visitá-la em sua casa. Possivelmente ela estava doente e ninguém fazia nada para ajudá-la.

Quando Lúcia estava chegando à saída do edifício, soltando um suspiro de alívio por não ter sido vista, ouviu:

— Faz parte da educação cumprimentar as pessoas. Pelo menos diga boa tarde — como sempre, Cirina elevou a voz para ser ouvida por todos os funcionários do piso térreo.

Lúcia poderia ter ido embora sem responder, mas achou desaforo ficar quieta. Olhou por cima do ombro e devolveu:

— Quando as pessoas merecem ser cumprimentadas, sim.

Disfarçando a raiva, Cirina sorriu.

— Não fique nervosa, querida. Pelo menos mostre às suas colegas que sabe se comportar de maneira civilizada — chegando mais perto de Lúcia, ela acrescentou: — Gostaríamos de convidá-la para almoçar conosco. Espero que aceite.

Lúcia pensou ter entendido mal. Cirina agia como se nada tivesse acontecido entre as duas no dia anterior. Certamente julgava Lúcia extremamente ingênua.

— Sinto muito. Tenho um compromisso — mentiu.

Assim que ela terminou de falar, as portas cromadas do elevador se abriram e dele saíram Daniel e um senhor. Ele explicava algo animadamente ao homem, que assentia com a cabeça. Talvez fosse algum cliente dele.

Parou diante da mãe e da esposa e concluiu:

— Pode ficar tranquilo, senhor Vieira. Assim que eu tiver novidades, entro em contato com o senhor.

O cliente concordou e os homens trocaram um aperto de mão. Assim que o senhor se foi, Daniel se virou e só então pareceu se dar conta da presença de Lúcia, que estava parada ao lado de Cirina e de Estela.

— Vamos ter companhia durante o almoço? — ele perguntou, curioso.

— Adoraria, mas ela não quer — explicou Cirina.

— É que eu pretendia comunicá-la a respeito da ação a que daremos entrada no fórum. Ela já foi avisada ontem, não é mesmo, querida?

— Se vocês já conversaram, não vejo o porquê de ela ter que nos acompanhar — resmungou Estela. Não lhe convinha almoçar com a ex-amante de seu marido, muito menos com ele presente. — Além do mais, ela já disse que tem compromissos.

— A filha dela é mais importante do que qualquer compromisso, não é, benzinho? — A fala macia e sarcástica de Cirina era pura provocação. — Quando estive na casa dela ontem, não foi possível explicar exatamente como funcionará todo o processo, embora eu creia que essa seja uma tarefa para Daniel, que é advogado.

— Você vem conosco? — ele quis saber fitando Lúcia.

Pálida e aturdida, Lúcia não sabia como proceder. Ao mesmo tempo em que queria saber de tudo sobre a ação judicial, pois lhe interessava compreender o que eles realmente tinham em mente, ela queria sair correndo. Queria agir como um avestruz, enfiando a cabeça no chão e se esquecendo do mundo. Sabia que cedo ou tarde teria que lidar com aqueles problemas. E acreditava que havia chegado a hora.

Assim, ela ergueu a cabeça de modo altivo e desafiador.

— Tudo bem, eu vou almoçar com vocês — ela olhou as horas no relógio de pulso. — Mas o assunto terá que ser rápido, pois só me restam mais cinquenta minutos de horário de almoço.

Embora não admitisse, nem sob tortura, Daniel ficou satisfeito. Fez uma rápida comparação entre Lúcia e Estela. Não havia dúvida alguma de que Lúcia estava em ótima forma, parecendo mais linda do que nunca. Enquanto sua esposa tinha olheiras profundas e estava sem maquiagem, com os cabelos presos num coque, os de Lúcia estavam soltos e uma maquiagem leve ressaltava os traços do seu rosto.

Estela também a observava e detestou ver que a outra estava melhor do que ela. Segurou a mão de Daniel com força, como se estivesse com medo de perdê-lo.

Cirina olhava para Lúcia com pouco caso, mas também teve que reconhecer que ela estava belíssima.

Foram a pé até o restaurante. O estabelecimento escolhido por Cirina era elegante, a dois quarteirões do edifício. Durante o curto trajeto, Lúcia caminhava um pouco afastada do trio, em silêncio. Daniel a observava com o canto do olho discretamente, pois Estela o vigiava com olhos de águia. Não estava nem um pouco satisfeita com a ideia da sogra em convidar Lúcia para almoçar com eles.

Quando chegaram ao restaurante e se acomodaram, Lúcia fingiu telefonar e desmarcar o "compromisso", alegando um contratempo imprevisto. Quando fechou o telefone celular, presente secreto que havia ganhado de Gabriel pouco antes de ele partir para o exterior, havia três pares de olhos fixos nela. Cirina não segurou um comentário maldoso:

— Sua situação deve ter melhorado bastante, não? Até pôde comprar um celular.

Lúcia ignorou o comentário. Pediu o cardápio e escolheu um prato rápido e leve. Não gostava de comer muito, pois sempre sentia moleza e sono quando retornava ao serviço. Os demais pediram saladas e pratos leves também. Para beber, Lúcia optou por um suco de laranja. Logo que o garçom os serviu, ela foi direto ao assunto:

— Se puderem começar logo esta conversa, eu agradeço. Já disse que o meu tempo é curto.

— Está certo, não vou demorar a expor a situação — Cirina tomou um gole do vinho que pedira e continuou: — Um colega de Daniel que irá nos defender já redigiu uma petição inicial para que comecemos o mais rápido possível o processo.

As mãos de Lúcia tremeram levemente e Daniel foi o único a perceber sua alteração. Ela permaneceu em silêncio.

— Não acha mesmo que o melhor seria se você colaborasse conosco, querida? — Estela inclinou a cabeça de lado, estudando a expressão de Lúcia. — Para isso, deveria liberar a menina para vir a nossa casa periodicamente, algo assim como três vezes na semana. E é claro que você não poderia impedir nossa entrada em sua casa.

— Não se esqueça de que Talita também é minha filha e, como pai, tenho todos os direitos — ajuntou Daniel.

Lúcia soltou os talheres sobre o prato. Diante daquele comentário, viu-se obrigada a rir.

— Direitos de pai? Você deve estar brincando, só pode. Como pode ter o descaramento de dizer essa tolice? Nós dois sabemos que você foi um dos primeiros a me recomendar que eu deveria fazer o aborto, que eu não deveria ter deixado Talita nascer. Será que estou errada, ou minha memória está falhando?

Daniel quis sentir raiva de Lúcia, mas tudo o que conseguiu fazer foi admirar sua audácia e ousadia. Estava comprovado que a Lúcia bobinha de antes havia muito deixara de existir. Cirina, no entanto, não ficou calada.

— E como você queria que nós agíssemos, se nem tínhamos certeza se a criança era mesmo de Daniel? Não sabemos com quem você transou durante seu relacionamento com meu filho.

Lúcia enrubesceu. Subitamente tinha perdido todo o apetite. Saturada, ela se levantou. Não ia ficar aturando humilhações.

— Não vim aqui para discutir esse tipo de assunto — ela abriu a bolsa e atirou na mesa duas cédulas de dez reais. — Não consumi tudo isso, mas não quero ficar devendo nada a ninguém. Se vocês realmente insistirem com o processo contra mim, saibam que também tomarei minhas providências.

Para surpresa de todos, Lúcia deu as costas e se retirou do restaurante. Estela pegou as cédulas deixadas por Lúcia e comentou:

— Ela perdeu a ingenuidade e a inocência. Nem parece a mesma mulher que foi ao nosso apartamento pedir ajuda.

Cirina então combinou com Daniel todos os detalhes para a ação, e ele lhe garantiu que o advogado que pretendia contratar faria uma boa defesa a favor deles.

Assim que saiu do restaurante, Lúcia fez o possível para impedir que as lágrimas escorressem por seu rosto. Tentara se fazer de forte na frente deles, mas por dentro sentia-se derrotada. Tinha uma estranha sensação de que perderia o direito à guarda de Talita.

Sentiu vontade de telefonar para Laura e escutar uma palavra amiga. Faltavam ainda vinte minutos para que retornasse ao serviço, tempo suficiente para conversarem. Parou em um telefone público e, quando completou a ligação, ela sorriu aliviada.

— Boa tarde, dona Laura, não sabe como fico feliz em poder ouvi-la.

Laura notou algo estranho no tom de voz da amiga e quis saber:

— Está tudo bem, minha filha? — para ela, Lúcia era como se fosse sua filha. — Noto que você não está bem.

— E não estou realmente — ela começou a chorar. — Dona Laura, eles vão levá-la. Vou perdê-la, sei que vou.

— De quem você está falando? Quem vai levar quem? — Laura estava confusa, mas desconfiava que tivesse algo a ver com Talita.

— Minha filha... Ela disse que vai entrar com uma ação para obter a tutela de Talita... E tenho certeza de que a Justiça ficará a favor dela.

— Ela quem?

— Cirina, a mãe de Daniel... Aquela mulher loira que estava no shopping... Eles me disseram agora há pouco que vão brigar na Justiça pela guarda dela e sei que vão ganhar — ela fez uma pausa para enxugar as lágrimas. — Eles têm uma situação financeira estável, têm uma casa grande... Meu Deus, eu vou morrer se perder minha filha.

Laura achou que tentar consolá-la por telefone não resolveria muita coisa e decidiu que passaria em sua casa à noite para conversarem melhor. Lúcia concordou e desligou o telefone ainda soluçando.

Secou o rosto e, quando entrou no edifício comercial em que trabalhava, seguiu direto para o vestiário feminino. Retocou a maquiagem, vestiu o uniforme, ajeitou os cabelos e estava saindo quando cruzou com Ana. Ela sorriu com frieza, mas nada disse.

Lúcia não prestou atenção quando Daniel retornou do almoço, se é que havia voltado. Tudo o que fazia era pedir a Deus que não deixasse o pior acontecer.

No fim da tarde, quando terminou seu expediente, ela buscou Talita na escola e, quando chegou em casa, Laura já a estava aguardando do lado de fora. A senhora havia comprado um jogo de montar para Talita e a menina gritou de alegria quando recebeu o presente.

— Viu, mamãe, não disse que ela também gostava de brincar? Não faz mal que ela seja tão velha. O importante é que ela ainda brinca.

Lúcia sorriu e Laura não evitou uma gargalhada. Deu um beijo na testa de Talita, que se sentou no chão da sala, próximo às duas, e começou a montar as pecinhas do jogo novo. A mãe pediu que ela fosse brincar no quarto, pois teriam uma conversa entre adultos. Talita protestou:

— Eu fico quietinha. Além disso, eu também sou quase adulta, porque logo vou fazer seis anos.

— Uma grande adulta — falou Lúcia olhando para Laura, que não parava de sorrir. — Mesmo assim, eu preferia que você fosse para o quarto, por favor.

Talita olhou desconfiada para Laura e avisou:

— Se vocês forem brincar escondidas de mim, vou ficar de mal das duas — ela recolheu todas as pecinhas do jogo, colocou dentro da caixa e se levantou. — Vou indo, mas vou ficar ouvindo.

Laura riu e garantiu que não iam brincar e teriam uma conversa séria que ela não entenderia. Prometeu ainda que, ao término, antes de ir embora, ia querer conhecer todas as suas bonecas. Convencida pela proposta, Talita se retirou.

— Ela é terrível, não? — sorriu Lúcia, orgulhosa.

— Encantadora. Ela deve ser um daqueles espíritos mais instruídos que reencarnam na Terra com o propósito de semear o bem entre a humanidade. Logo se vê que ela é uma criança muito inteligente, esperta e carismática.

— Deve ser isso mesmo — Lúcia fez uma pausa e foi direto ao assunto, falando baixo para que Talita não ouvisse a conversa. — Estou muito preocupada com o que pode acontecer.

— Querida, não se lembra do tema da palestra de ontem? Foi exatamente sobre o amor em excesso que pode acabar virando apego. E, quando nos apegamos a alguém, sufocamos a pessoa. É como se a prendêssemos e não lhe déssemos a liberdade devida — Laura suspirou.

— Além do mais, não creio que você deva se preocupar tanto. Geralmente, em casos de disputa pela custódia de um filho, a lei fica a favor da mãe.

— Isso quando a mãe tem uma situação financeira muito boa.

— Nesse caso, o que aconteceria quando ambos os pais são pobres? Quando ambos têm o mesmo nível social? Ou você acha que essas disputas ocorrem apenas quando a mãe é mais pobre do que o pai da criança? Além disso, você não bebe, não fuma e não leva uma vida desregrada. A menina mal conhece a outra família. Nenhum juiz será conivente em separar vocês duas.

Lúcia teve que admitir que a amiga tinha razão. Afinal, ela também não era nenhuma mendiga. Sabia que, mesmo que o juiz desse a guarda permanente para ela, teria que permitir que Talita fosse levada pelo pai e pela avó para passeios. E, quando confessou esse receio a Laura, ela sorriu.

— Você está se precipitando à toa. Não adianta ficar cogitando possibilidades. Se acontecer isso, se acontecer aquilo... Sofrer por antecipação nunca trouxe benefícios a ninguém.

— Isso é verdade — Lúcia teve que concordar.

— Então, minha filha, esqueça isso, deixe tudo nas mãos de Deus. Aprenda a confiar mais na inteligência da vida. Não entre em pânico antes que as coisas aconteçam.

Lúcia sabia que Laura estava certa. Embora não parecesse ser o caso, ainda havia a possibilidade de que tudo não passasse de ameaças da parte de Daniel e de Cirina.

As duas conversaram por mais uns vinte minutos até que Talita não pôde mais se conter e reapareceu com suas bonecas. Laura e Lúcia interromperam o diálogo e foram obrigadas a brincar com a menina. Cada uma das mulheres pegou uma boneca e dublaram falas para os brinquedos.

Ao final, exausta, Laura disse que precisava se retirar, pois no dia seguinte teriam início algumas reformas na pensão e queria estar presente. Despediu-se de ambas e foi embora. Lúcia estava mais tranquila agora, sentindo-se confortada pelas palavras otimistas da amiga.

Tudo o que lhe restava era aguardar os acontecimentos. De fato, ela precisava agir com mais confiança nas forças do bem, mantendo pensamentos mais positivos e menos deprimentes.

Foi com tranquilidade que ela se deitou naquela noite, acreditando no poder do invisível.

Duas semanas depois ela recebeu a temida intimação judicial para que comparecesse ao fórum. A audiência estava marcada para a semana seguinte. Ao mesmo tempo em que estava assustada, sentia uma poderosa autoconfiança. Era como se soubesse que iria ganhar, ao contrário de antes, quando tinha certeza de que perderia a guarda de Talita.

Não contara nada à filha com medo de que a menina fosse se assustar e se preocupar. Para ser seu advogado, contratara Roberto, marido de Suzete, a ex-recepcionista. Ele trabalhava com causas cíveis e fora a própria Suzete que o indicara, depois de um encontro entre elas, em que Lúcia lhe contara o que estava para acontecer. Roberto, então, combinou que só cobraria seus honorários no fim do processo. Lúcia concordou.

No decorrer dos dias, eles combinavam exatamente o que falar na audiência. Roberto garantiu já ter preparada uma boa defesa para ela.

Durante esses dias, ela não voltou a receber nenhuma visita ou telefonema de Daniel nem de sua mãe. Estavam estranhamente calados. Não foi nenhuma surpresa para ela quando recebeu o documento do fórum solicitando seu comparecimento. Já imaginava que Cirina iria até o fim com aquela história. Porém, estava pronta para encarar o desafio de cabeça erguida.

capítulo 17

O dia da audiência finalmente chegou. Lúcia acordou com uma terrível dor de barriga. Estava trêmula dos pés à cabeça. Vestiu calças jeans e uma blusa branca. Não achava que necessitaria de uma roupa mais formal para comparecer ao fórum.

Talita tinha percebido que a mãe estava mais agitada do que o normal, mas não fez nenhum comentário. Lúcia evitou tocar no assunto da disputa judicial com a filha. Achava que ainda não era o momento de dizer nada.

Ela pedira dispensa no serviço para aquele dia. Era 14 de junho, uma quinta-feira ensolarada, porém fria. A audiência seria às onze da manhã. Às nove e meia, Roberto passou para buscá-la. Chegaram ao fórum às dez e quinze. A outra parte ainda não havia chegado. Lúcia sentia o corpo todo tremer e, quando olhava para a sala do juiz, empalidecia. Toda sua preparação para esse momento parecia estar indo por água abaixo.

Dez minutos depois de sua chegada, apareceram Cirina, Daniel, Estela, um homem desconhecido e Glória. Só a visão desta última causava tremor em qualquer um. Como sempre, ela estava acompanhada de espíritos com pensamentos inferiores. Qualquer pessoa com um pouco mais de sensibilidade ficaria arrepiada simplesmente por passar ao lado de Glória.

Lúcia imaginou que o homem que os acompanhava fosse algum advogado conhecido de Daniel, contratado para defender Cirina. Tinha cerca de quarenta anos, aparência sóbria e distinta. Sussurrava algumas palavras no ouvido de Cirina, que se limitava a assentir com a cabeça.

Nenhum dos componentes do grupo veio falar com Lúcia, como se, de repente, todos tivessem se transformado em inimigos mortais. Ela viu que Estela estava um pouco melhor do que da última vez em que se viram no restaurante, mas ainda longe da imagem elegante que ela ostentara no passado.

Lúcia detestou admitir que Daniel estava lindo em um terno negro, com uma gravata da mesma cor. Cirina também usava roupas escuras, assim como Estela. Lúcia imaginou se elas iriam ao enterro de alguém e desejou que não fosse o dela. Entretanto, Roberto lhe garantira que tinham a faca e o queijo na mão, e não perderiam aquela causa.

Quando foram chamados para entrar na sala do juiz, Lúcia sentiu que precisava ir ao banheiro, mas Roberto, com o olhar, deu a entender que não seria possível. Ele pareceu adivinhar a expressão dela. Tremendo como se estivesse levando choques elétricos, ela teve que concordar com a cabeça. Além da dor de barriga, sentia ânsia de vômito e atribuiu esses sintomas ao medo, afinal nunca tinha participado de uma audiência antes e não sabia o que iria acontecer.

Da outra parte, apenas Cirina e seu advogado entraram. O escrevente fechou a porta, todos tomaram seus assentos e permaneceram em silêncio. O juiz era um homem de quarenta e poucos anos, cabelos grisalhos e olhar penetrante. Quando olhava para Lúcia, ela gelava. Tinha medo de que ele visse algo de ruim nela e desse a menina para Cirina criar.

O juiz falava em tom grave e firme. Pediu que o advogado de Cirina, que Lúcia descobriu chamar-se Leandro, expusesse suas alegações. Como era de se esperar, ele alegou que a criança não tinha uma boa educação ao lado da mãe e esta não permitia que a menina fosse visitada pela família paterna. Não deixava que ninguém entrasse em sua casa, como se temesse alguma coisa, ou estivesse escondendo algo dos outros.

O rosto de Lúcia ardeu ao ouvir aquelas acusações. Era a verdade, mas uma versão exagerada e negativa da verdade. Leandro falava rapidamente enquanto Cirina permanecia o tempo todo de cabeça baixa, como se estivesse sofrendo horrores. Ela agia assim para tentar comover o juiz com sua expressão.

Roberto acompanhava atentamente todas as palavras de Leandro, enquanto Lúcia permanecia com a cabeça apoiada em ambas as mãos. Ela não imaginava que o advogado de Cirina viesse com argumentos tão fortes. A pior parte, contudo, foi quando ele citou o episódio do shopping, deixando claro até que ponto iam o descuido e o desleixo de Lúcia como mãe. Acrescentou que por sorte nada de errado acontecera com a menina, mas isso poderia voltar a ocorrer.

Naquele momento, Lúcia odiou aquele homem que nunca vira antes com todas as suas forças, mesmo sabendo que ele só estava desempenhando seu trabalho. Pensou que, se havia um culpado, ele se chamava Daniel. Mais uma vez questionou a si mesma sobre o que realmente vira naquele homem para apaixonar-se perdidamente por ele. Não podia ter se entregado apenas pela beleza dele. Daniel deveria ter algo de bom, que a cativara no passado, porém agora permanecia escondido.

Quando o juiz solicitou a Cirina que expusesse seus motivos para desejar a guarda da neta, ela resmungava por entre as lágrimas. Relatou que era comum, nas poucas vezes em que tentara ver a filha, que Lúcia mandasse Talita atirar objetos e brinquedos nela, o que quase a machucou certa vez. Mentiu ainda ao dizer que tentara fazer uma proposta para Lúcia num restaurante, mas a moça se recusara com grosseria, além de jogar sobre a mesa duas notas de dez reais com desprezo.

O juiz apenas assentia. Pediu que ela continuasse. Cirina, secando as lágrimas, revelou que o seu maior sonho seria ter a neta ao seu lado apenas por uma noite. Ela interpretava como uma atriz concorrendo ao Oscar pelo melhor desempenho. Quem observasse Cirina falando, pensaria que Lúcia era a pior mulher do mundo.

Depois foi a vez de Roberto expor a situação sobre o ponto de vista de Lúcia. Ele garantiu que sua cliente tinha uma boa situação financeira, tanto que estava em condições de pagar um advogado particular. Claro que não entraram nos detalhes de que ele era marido de sua ex-colega. Deixou claro também que a quantia mensal depositada por Daniel, como auxílio financeiro, era tão pequena, que era a conta exata da mensalidade do colégio de Talita.

Ele trouxera um dos recibos pagos da mensalidade como prova do que dizia, embora já tivesse anexado uma cópia dos pagamentos ao processo. Roberto acrescentou ainda que não seria bom para o desenvolvimento psicológico de Talita se, de uma hora para outra, ela fosse morar com a avó, já que jamais saíra de perto da mãe, nunca dormira com a avó e não estava acostumada com isso. Avisou que a criança, inocente em tudo aquilo, só sairia perdendo e sofreria muito no fim das contas.

Cirina sentiu vontade de estrangular o advogado de Lúcia. Ele estava desmontando com profissionalismo invejável tudo o que ela e Leandro tinham ensaiado vários dias para dizer. Quando o juiz pediu que a própria Lúcia falasse, Cirina se preparou para contradizê-la no que fosse preciso.

Lúcia reforçou tudo o que Roberto tinha dito, acrescentando ainda que a menina só soubera da existência da avó em sua última visita à sua casa. Ela mesma confessou que nunca contara à filha que ela tinha uma avó por medo de que a criança não aceitasse e temesse de alguma forma ser levada para lá, o que era verdade. Lúcia e Talita eram muito unidas.

Lúcia também esclareceu o fato do "sequestro" de Talita no shopping. Ela confessou ter realmente se distraído conversando com uma velha amiga, enquanto Talita seguia um homem para tomar sorvete. Ela acrescentou que o pânico que sobreveio a esse episódio lhe serviu de lição pela maneira como agira e prometeu que jamais se distrairia novamente, pela própria segurança da filha.

O juiz quis saber se ela mantinha relacionamentos amorosos com alguém atualmente e ela balançou a cabeça negativamente. Foi perguntado a ela se tinha alguma espécie de vício, e mais uma vez ela negou. Jamais fumara e raramente bebia, quando o fazia, as doses eram mínimas. Na verdade, ela não se lembrava da última vez em que ingerira uma gota de álcool.

Foram feitas mais algumas perguntas sem muita importância e Lúcia respondia a todas sem hesitação ou balbucios. Não estava sendo tão ruim quanto ela pensava e o próprio Daniel a teria elogiado naquele momento se a visse respondendo ao juiz. Roberto estava satisfeito com a maneira com que sua cliente se expressava. Considerava que ela tinha passado uma imagem positiva de si mesma, diferentemente de Cirina, que se comportara de uma forma forçada e pouco natural. Ela sentia vontade de assassinar Lúcia cada vez que seus olhares se cruzavam.

A audiência durou cerca de uma hora. Ao final, o juiz já tinha tomado a tão esperada decisão. Enquanto o escrevente tomava nota rapidamente, ele comunicou que Talita permaneceria sob os cuidados da mãe.

Quando Lúcia estava se preparando para comemorar, o juiz continuou dizendo que dentro de um mês seria marcada uma nova audiência em que a própria Talita deveria estar presente. Durante esse prazo em que a menina ficaria sob a guarda de Lúcia, o pai e a avó teriam direito de levá-la às suas casas em fins de semana alternados, não podendo, no entanto, deixar a cidade com a menina. Poderiam ficar com ela de sexta-feira à tarde até a noite de domingo.

Eles poderiam visitar a menina durante a semana na presença da mãe. Roberto tentou contestar, porém o juiz deu por encerrada a audiência.

Lúcia estava petrificada. Não podia acreditar naquilo. Queria chorar, mas seus canais lacrimais estavam secos. Quis morrer quando teve que suportar o sorriso vitorioso de Cirina e de Leandro quando ambos passaram por ela e foram ao encontro de Estela e Glória que os aguardavam.

Roberto ainda lamentou o resultado inesperado, no entanto, Lúcia sabia que ele não tinha culpa. Ninguém era culpado em uma decisão judicial.

E assim começou uma fase que, para Lúcia, pareceu ser um verdadeiro pesadelo. Já previa que no dia seguinte, uma sexta-feira, eles iriam aparecer e reclamar a presença da menina. Mesmo sabendo que Talita iria chorar, protestar e sofrer, estava de mãos atadas. Não havia mais nada que pudesse ser feito.

Quando foi buscar Talita na escola, no dia seguinte, Cirina e Glória estavam paradas próximo ao portão de entrada. Lúcia tentou passar despercebida, mas foi avistada pela amiga de Cirina. As mulheres aproximaram-se, caminhando como modelos desfilando em uma passarela.

— Boa tarde, minha querida — o sorriso cínico de Cirina estava estampado em seus lábios quando ela chegou mais perto de Lúcia, sempre mantendo uma distância segura. — Você nem precisava ter se dado ao trabalho de vir buscar minha adorada netinha. Será que não passou por sua cabecinha que eu viria pegá-la? E vai ser assim, a cada quinze dias, toda sexta-feira, esqueceu?

Lúcia relanceou o olhar para Glória, que a media de cima a baixo. Contendo um arrepio provocado pela presença dos vultos negros que abraçavam Glória, Lúcia voltou a fitar Cirina, que continuava falando:

— No domingo à noite, eu peço a Daniel que leve minha neta para a sua casa. Não foi especificado horário de entrega, mas ela estará de volta antes das nove, prometo — Cirina suspirou profundamente, sempre mantendo o sorriso no rosto. — Bom, creio que agora você pode ir, querida. Não precisamos de você aqui.

Lúcia queria poder reagir de alguma forma, porém nada lhe vinha à mente. Aquele era um acordo determinado por um juiz e ela não poderia quebrá-lo, ou complicaria ainda mais a situação. Estava pálida e trêmula. De repente, a vista se turvou e tudo começou a rodar, mas logo recobrou os sentidos. Talvez sua pressão tivesse baixado um pouco. Só o que faltava era cair desmaiada diante daquele par de víboras.

O pior de tudo é que ela não tinha participado Talita sobre a decisão judicial, nem sobre a audiência, ou sobre o que vinha acontecendo. E agora sabia que a filha seria pega de surpresa e não aceitaria ir embora com a avó sem discutir. Qualquer outra criança agiria assim.

Lúcia sabia que Talita não passaria bons momentos sob o teto da avó. Cirina não tinha jeito de quem sabia lidar com crianças pequenas, afinal seus dois filhos já eram homens adultos. Preocupada, ela levantou o olhar para a mulher que tanto quisera conhecer quando estava com Daniel, por quem nutria uma raiva violenta agora.

— Você vai levá-la porque se trata de uma decisão da Justiça e eu não posso revertê-la, ninguém pode. Mas quero prevenir que ela ainda não está sabendo de nada. Por favor, Cirina, não a faça sofrer — Lúcia estava quase em prantos.

— Sua filha estará em ótimas mãos, não se preocupe — defendeu Glória, embora soubesse que a realidade seria diferente. Durante o trajeto até a escola, Cirina lhe confidenciara que Talita ia sentir o peso de uma mão, já que era uma criança mal-educada e tinha certeza de que nunca apanhara na vida. — Pode nos deixar a sós.

Lúcia fingiu não ter escutado Glória e voltou sua atenção a Cirina.

— Eu não posso ir ainda. A moça que toma conta da saída das crianças não as conhece e não vai liberar Talita.

— Pois então você deve me apresentar a ela. Vai se tornar rotina que eu venha buscá-la quinzenalmente, às sextas-feiras, e você sabe disso — lembrou Cirina. — Bom, vamos entrar. Não quero ficar aqui até anoitecer.

Lúcia entrou na frente e cumprimentou a moça que vigiava a saída dos alunos. Ela tentou sorrir, mas não conseguiu.

— Olá, Célia, quero lhe falar uma coisa. Esta senhora — indicou Cirina — é a avó de Talita, mãe de seu pai. De hoje em diante — ou até a próxima audiência, pensou — ela virá buscá-la às sextas-feiras alternadamente. Pode liberar minha filha, tem minha autorização.

Célia observou Cirina e imediatamente sentiu forte antipatia pela mulher, mas assentiu. As três seguiram para o pátio onde os pais encontravam os filhos e logo avistaram Talita. Assim que a menina viu a mãe, despediu-se das amigas e caminhou rapidamente, com um sorriso de orelha a orelha. Entretanto, o sorriso morreu ao ver quem estava atrás de Lúcia. Talita notou pela expressão da mãe que havia alguma coisa errada.

— Mamãe, o que a velha doida está fazendo aqui? — perguntou Talita sem rodeios.

— Ela... veio aqui para... — Lúcia não sabia como dizer.

— Querida, sua avó veio pegá-la — interveio Cirina.
— Você vai passar o fim de semana comigo. Vamos, meu carro está ali na frente.

Talita segurou com força a mão de Lúcia e olhou para a mãe na esperança de que ela a impedisse de ir, que dissesse que a avó estava mentindo. Mas o silêncio de Lúcia a fez entender que era verdade.

— Mamãe, o que ela está falando é verdade? Ela vai me levar? E você vai deixar? Você não gosta mais de mim? — Talita começou a chorar e Lúcia, ao ver os grandes olhos azuis da filha se enchendo de lágrimas, também não conseguiu se controlar.

— Eu amo você mais do que qualquer coisa na Terra e você sabe disso. Sabe que, se a mamãe pudesse impedir, você não iria a lugar nenhum. Mas acontece que um juiz disse que você precisa passar os fins de semana com ela. Ele é um homem poderoso e importante, e devemos fazer tudo o que ele manda. No domingo sua avó vai trazer você de volta para casa — Lúcia fez uma pausa para enxugar as lágrimas, agachada na frente de Talita. — Vai passar tão depressa que você nem vai perceber.

— Não quero ir, por favor, não deixa. — A cena era de cortar o coração e Lúcia sentia-se morrer por dentro, mas não podia fazer nada. — Ela vai me bater, mamãe, eu sei que vai — Talita estava agarrada à mãe com toda a força que possuía.

— Não vai, não. Ela gosta de você — Lúcia achou que essa era a maior mentira que já contara em toda a sua vida. — A casa é grande, você vai adorar. Lá deve ter muitos brinquedos bonitos — Lúcia não sabia se Cirina providenciara brinquedos para distrair Talita. — Você nem vai querer voltar. Vai gostar de lá, prometo — ela tinha que ficar inventando coisas para convencer Talita, mas ela estava irredutível.

— Eu não quero, eu não gosto dela. Ela é má, muito má. E lá nem tem a dona Matilde. Não quero outros brinquedos.

Lúcia levantou o olhar choroso para Cirina, na vã tentativa de que a mulher se apiedasse com a cena e desistisse de seu intento, entretanto notou que Cirina estava aborrecida com a demora. Glória saíra para esperar no carro.

Foi a muito custo que Lúcia conseguiu finalmente convencer a pequena a acompanhar a avó. Pediu que Talita telefonasse se algo errado acontecesse, embora ela duvidasse que Cirina fosse permitir. Quando saíram para a rua, Talita estava visivelmente abatida. Lúcia lhe deu um carinhoso abraço maternal. Elas nunca tinham se separado, a não ser durante algumas horas, mas jamais dormiram longe uma da outra. Talita era muito apegada à mãe e Lúcia se perguntava se o juiz não levara em conta o fato de que Talita conhecera a avó recentemente.

As duas se despediram com muitos beijos, como se fossem ficar um ano separadas. E para ambas era como se fosse. Lúcia sentia que faltava um pedaço de seu ser. Talita tinha medo do desconhecido, sentia falta da proteção da mãe. Após dar o último beijo, Lúcia comentou:

— Comporte-se. Daqui a pouco vai anoitecer. Aí o sábado passa rapidinho e, quando você for ver, já chegou o domingo. E à noite nós nos veremos outra vez.

— Eu não queria ir... — Talita parecia estar mais conformada agora.

— Eu sei... Nem eu queria que você fosse. A todo momento eu vou pensar em você, pedindo ao Papai do Céu que a proteja. Eu a amo demais, Talita. Não se esqueça.

— Eu a amo mais ainda, mãezinha. Muito, muito, muito.

Lúcia sentiu o efeito de um raio sobre sua cabeça quando viu Cirina tomar a mão da neta para atravessar a rua em direção ao carro estacionado onde Glória as aguardava. A menina olhava para trás constantemente e Lúcia procurava sorrir, embora não fizesse mais do que chorar.

Naquele momento o que ela mais desejou foi que Gabriel estivesse em casa. Sabia que, junto dele, nada de mal aconteceria a Talita, mas Cirina parecia ter pensado em tudo. Lúcia acompanhou o carro até perdê-lo de vista, levando dentro dele três pessoas. Uma que lhe causava calafrios, uma que ela odiava e outra que amava profundamente.

Quando chegou em casa, com a pequena mochila de Talita nas costas, ela sentiu um vazio enorme. Cirina lhe garantira que havia providenciado roupas adequadas para Talita, além de pijamas e produtos de higiene. Quando desabou sobre o sofá e abriu o caderno de desenhos da filha, não conteve as lágrimas ao ver umas caricaturas que representavam Talita e ela, abraçadas. Em volta havia vários corações.

Logo as lágrimas de Lúcia despencaram sobre o desenho, sem que ela pudesse impedir. Sem a presença de Talita, era quase como estar em uma casa desconhecida. Todo o brilho e a alegria pareciam ter ido embora. E, de fato, foram.

capítulo 18

Durante todo o trajeto para a casa da avó, Talita permaneceu calada. Glória dirigia e Cirina ia ao seu lado. De vez em quando virava a cabeça para trás ou observava o rosto de Talita pelo espelho retrovisor. A menina mantinha o rosto encostado no vidro, pensando no que estava por vir.

Era a primeira vez que se separava da mãe e se sentia como no primeiro dia de aula, quando foi deixada na creche para que Lúcia pudesse trabalhar. Talita tinha boa memória e lembrava-se muito bem do fato. E agora tudo se repetia, só que de uma forma pior. Queria sair correndo daquele carro e voltar para casa.

Glória estacionou o veículo em frente a sua própria casa. Despediu-se de Cirina, passando o volante para a amiga, e tentou dar um beijo em Talita, mas a menina se afastou rapidamente. A criança sentia com maior facilidade as energias baixas que eram emitidas por Glória.

Alguns minutos depois estavam na casa de Cirina. Elas desceram do carro em silêncio. Talita não tinha a curiosidade de conhecer o ambiente e não quis levantar o olhar para observar à sua volta. Andava o tempo todo de cabeça baixa e a avó logo se aborreceu:

— Você é mesmo uma menina muito tonta. Por que fica olhando para o chão feito uma mendiga à procura de moedas? — as palavras eram duras para uma menina que ainda não completara seis anos, mas Talita permaneceu em silêncio, de pé, em frente a uma poltrona. Cirina ainda alertou: — Não adianta chorar, sua mãe não está aqui.

Talita permaneceu na mesma posição. Cirina, contrariada, observou-a por mais um instante e pediu à moça que trabalhava na casa que preparasse um chá para ela e verificasse se a menina desejava algo. Talita se recusou a comer ou beber.

— Se está agindo assim para fazer birra, vai se dar mal — observou Cirina, irritada com os maus costumes da neta. — Você vai ficar com fome uma hora ou outra e terá que comer. E acho melhor se sentar, ou vai ficar com as pernas doloridas.

Talita continuou calada, olhando para baixo. Ela permanecia em pé, não olhava para lado nenhum e ignorava os comandos de Cirina, que exclamou contrariada:

— Você é chata como sua mãe!

— Minha mãe não é chata! — falou Talita pela primeira vez desde que chegara. — A chata aqui é você, velha malvada!

— Você vai me chamar de senhora daqui para a frente. E, se voltar a me chamar de velha, vai levar uma surra — suas palavras assustaram Talita, que se encolheu. — Você vai mudar seu comportamento. É uma menina muito respondona e malcriada.

Talita estava apavorada. Queria fugir dali, queria sua mãe. Mas tinha a sensação de que, se chorasse, as coisas ficariam piores. Por fim, resolveu sentar-se no sofá, distante o máximo possível da avó.

— O que é isso? — Cirina deu um grito alto e agudo. Talita estremeceu. — Não pode se sentar aí toda suja como veio da escola. Vá tomar um banho já.

A menina deu um salto, ficou em pé e acompanhou a empregada que lhe indicou o banheiro. A moça ficou com pena de ver uma criança tão pequena tomando banho sozinha, mas sabia que não estava autorizada a auxiliá-la. Sua patroa não fizera nenhuma menção a respeito.

Ela tomou banho rapidamente e sentiu falta dos sabonetes com cheirinho de chiclete que a mãe costumava lhe comprar. Quando terminou, enxugou-se como pôde e teve dificuldades de alcançar as roupas no gancho onde a moça pendurara. Era alto demais para ela. Talita sabia que, se chamasse a mulher, sua avó ia ficar brava, então ela mesma resolveu dar um jeito.

Subiu na tampa do vaso sanitário, esticou o braço e, quando estava quase tocando nas roupas, perdeu o equilíbrio, caiu para a frente e bateu com a cabeça na base do vaso. Na queda, derrubou um enfeite de louça que se espatifou no chão. Logo um galo apareceu em sua cabeça e Talita começou a chorar. E o pior era que não alcançara seu objetivo. As roupas continuavam no mesmo lugar.

Cirina passava por ali a caminho do quarto, quando ouviu o choramingo. Abriu a porta do banheiro e viu Talita sentada no chão, enrolada numa toalha vermelha e chorando sem parar, esfregando a testa. Ao seu lado estava caído o bibelô francês que trouxera de Paris, quando fora passar lá sua lua de mel com Ronaldo. Era antigo e Cirina o valorizava. Agora não passava de um punhado de cacos.

Furiosa e pouco se importando com o motivo que levava Talita a chorar, ela gritou:

— Menina estúpida, olha só o que fez! Por que foi mexer com o que estava quieto?

— Desculpa, caiu sem querer — Talita tremia. — Eu só queria pegar minhas roupas ali — apontou o gancho.

— Por que não pediu a Jurema que colocasse suas roupas sobre a tampa do vaso sanitário? É uma garota tão burra que não pensou nisso, não é?

— Desculpe, por favor — Talita implorou temendo uma surra e repetiu: — Por favor.

Cirina sabia que bater nela seria arriscado. Fez a menina se levantar com um puxão no braço e a toalha caiu no chão. Arrastou Talita nua pelo corredor até o quarto que havia reservado para ela. Abriu um armário, encontrou um pijama infantil, uma calcinha e uma manta. Jogou tudo sobre Talita e ordenou:

— Vista essas roupas. Essa será sua cama. Cubra-se com essa manta e se ficar com frio tem mais cobertor dentro do guarda-roupa — vendo que Talita assentia e se vestia rapidamente, Cirina continuou: — E não a quero andando pelos corredores, ouviu? E não mexa em nada porque, se quebrar mais alguma coisa, aí sim vou bater em você. E, se contar para sua mãe, a surra dobra. Estamos entendidas?

Talita fez que sim com a cabeça, dominada pelo pânico. Cirina era muito mais assustadora e perversa do que ela tinha pensado. Logo que a avó saiu do quarto, Talita deitou-se na cama, que, embora macia e agradável, nem de longe se comparava à sua.

Permaneceu em silêncio por algum tempo, na escuridão do quarto, apenas desejando a presença da mãe enquanto sentia a cabeça dolorida. Sabia que, se não tentasse algo, só veria Lúcia no domingo. E não estava disposta a esperar tanto.

Acreditando que a avó estivesse dormindo, lentamente Talita saiu da cama. Tentou a porta e sentiu um grande alívio ao ver que não estava trancada. Espiou o corredor, tudo estava em completo silêncio. E eram apenas oito horas da noite.

Talita correu em direção da sala, onde vira o aparelho telefônico. Ia pedir para a mãe vir buscá-la. Era a única pessoa que a salvaria daquele lugar horrível.

Não havia ninguém na espaçosa sala de visitas da casa de Cirina. Aproximando-se silenciosamente do telefone, ela tirou o fone do gancho e discou o mais rápido que pôde o telefone de casa que, em sua inteligência, ela facilmente decorara.

Ouviu apenas o primeiro toque, porque nesse momento o grito da avó rompeu o silêncio. Cirina sentira sede, viera à cozinha beber água e se surpreendera ao ver a neta tentando se comunicar com alguém, obviamente com a mãe. E o grito foi mais alto do que o esperado.

— Tire essas mãos nojentas daí, sua peste!

Talita repôs o fone no gancho, apavorada. Via nos olhos da avó que dessa vez não escaparia de apanhar.

— O que foi que eu lhe disse, sua atrevida? Com quem estava tentando falar? — perguntou Cirina, embora a resposta fosse evidente.

— Com a minha mãe — revelou Talita.

— Ah, e ainda confessa... Você se saiu bem a ela mesmo. Duas ordinárias, sem-vergonhas. Agora você vai ter o que é bom — Cirina fez um gesto ameaçador em direção a Talita, que não esperou para ver o resultado. Deu meia-volta e pôs-se a correr até onde pudesse escapar.

A casa era grande e não faltava lugar para se esconder. Com Cirina em seu encalço, Talita correu e até sorriu quando fez a avó rodear uma mesa atrás dela.

— Eu acho que estou fazendo você de boba — provocou Talita, deixando os nervos de Cirina à flor da pele. Tudo o que queria era poder fazer com Talita o que sempre tivera vontade de fazer com Lúcia.

Talita correu na direção da porta de entrada, quando subitamente tropeçou na beirada de um tapete e foi ao chão. Cirina conseguiu alcançá-la e agarrou-a pelo braço, apertando com força.

— Sua monstra! Agora você vai me pagar — avisou ela, soando tão ameaçadora quanto as bruxas das histórias infantis que Lúcia contava para Talita antes de ela dormir.

Nesse exato momento tocaram a campainha da porta e Cirina soltou a menina, contrariada. Quem seria àquele horário? Embora ainda fosse cedo, Cirina já estava em trajes de dormir. Ela se dirigiu à porta enquanto Talita disparava por um corredor, desaparecendo em seguida.

— Boa noite, mãe — cumprimentou Daniel. Ele vinha acompanhado de Estela, que estava bastante séria. Ela sorriu levemente para a sogra e murmurou um apagado boa-noite. Cirina havia prevenido o filho de que traria a neta para casa com ou sem o consentimento de Lúcia, o que fora feito. E agora Daniel estava ali para ter a filha em seus braços sem a vigilância acirrada da mãe dela.

— Talita está aqui?

— Está, aquela praga! — resmungou Cirina furiosa e aborrecida com a visita inoportuna. Daniel e a mulher bem que poderiam ter vindo em outro momento. — Que menina endiabrada! Desde a hora em que chegou só me aprontou. Já se machucou enquanto tomava banho, já quebrou aquele enfeite que comprei quando estive em Paris com seu pai, já tentou telefonar para a mãe e ainda me fez correr atrás dela pela casa inteira. Eu estava fazendo isso quando vocês chegaram.

— Que bom, Cirina, pelo menos você se exercita — sorriu Estela enquanto a sogra a fuzilava com o olhar.

Daniel também estava sorrindo, mas não culpava Talita. Afinal, fora sua mãe que sempre desejara trazer a criança para casa. E agora tinha que aguentar as consequências.

— Não vou me exercitar coisa nenhuma, Estela, pelo contrário, vou colocá-la na linha, vocês vão ver.

Todos se sentaram nas poltronas confortáveis da sala. Daniel tinha vindo apenas para ver a filha, embora ainda não tivesse chamado por ela. E Cirina não estava disposta a permitir que eles ficassem até muito tarde em sua casa.

— Já está de pijama? — tornou Estela, sentindo um pequeno vestígio de humor em provocar a outra. — Pelo jeito você dorme e acorda seguindo o horário das galinhas.

Daniel não conteve uma gargalhada e Cirina desejou estrangular Estela. Desde quando lhe dera liberdade para que fizesse piadinhas de sua cara?

— Minha mãe sempre dormiu e acordou cedo — esclareceu Daniel contendo o riso. Fez uma expressão de curiosidade e finalmente perguntou: — Onde Talita está?

Antes que Cirina pudesse responder, Estela, demonstrando uma animação que há muito não sentia, comentou:

— Você disse que estava correndo atrás de Talita. Você a perseguia quando chegamos? Não me diga que foi porque ela quebrou o bibelô.

— Não só isso, mas ela também queria telefonar para a mãe dela sem a minha permissão.

— É natural, você a assustou e ela queria ajuda — Estela se levantou e olhou à sua volta. — Eu ainda não a vi.

— Ela saiu correndo. Deve estar escondida por aí.

— Vou procurá-la — Estela se afastou à procura de Talita.

Depois que ela saiu, Cirina baixou o tom de voz e ordenou ao filho:

— Não quero que traga Estela aqui. Não sei de onde ela tirou essa intimidade comigo.

— Calma, mãe, você está muito nervosa hoje — brincou Daniel, ainda achando graça.

— Vocês poderiam ter vindo amanhã de manhã. A menina vai ficar aqui até a noite do domingo. Não vou devolvê-la enquanto o prazo não terminar.

Os dois permaneceram conversando enquanto Estela chamava Talita, porém só houve silêncio como resposta. Entrou no quarto que fora destinado à menina, mas tudo estava escuro. Acendeu as luzes, chamando-a pelo nome.

— Talita, eu sei que você está aí. Apareça para mim. Prometo que não vou deixar a sua avó tocar em você.

Não houve resposta. Estela já estava quase saindo, quando ouviu um ruído vindo debaixo da cama. Caminhou até lá e, quando estava se abaixando, Talita saiu pelo outro lado e tentou correr, mas Estela a deteve. A menina começou a chorar. Estava tremendo muito.

— Calma, minha querida, calma — ela passou carinhosamente as mãos pelos cachinhos loiros de Talita. — Não vou fazer nada com você.

Talita levantou o olhar e reconheceu Estela como sendo a mulher que visitara sua mãe e pedira um abraço a ela. Mesmo que ela não parecesse ser uma mulher ruim, poderia estar ajudando a avó a capturá-la.

— Venha cá, vamos sentar aqui — segurando-a pela mão magra e fria, Estela a conduziu até a cama. — Agora me conte o motivo de você estar se escondendo.

— A minha avó quer bater em mim.

Estela assentiu em silêncio ainda acariciando os cabelos da filha do marido. De repente sentiu a saliência no alto da testa de Talita e a menina se encolheu quando ela a tocou.

— Nossa, tem um galo aqui! Você se machucou?

— Eu caí e bati a cabeça — Talita estava mais calma e tinha parado de chorar. Começava a sentir que Estela era de confiança e ainda assim resolveu tirar a dúvida: — Você vai me levar para a minha avó?

Sorrindo, Estela pousou suave beijo na testa de Talita, exatamente como faria se estivesse diante de uma filha, da filha que ela jamais teria. Mesmo sem entender, ela se sentia na obrigação de proteger Talita enquanto a mãe dela estivesse ausente.

Aquele era um sentimento estranho. Em vez de sentir raiva ou ciúme daquela garota, o que seria o mais lógico, ela simplesmente desejava acolhê-la e garantir-lhe a segurança enquanto estivesse na casa de Cirina.

— Não, querida, não vou levá-la para sua avó — prometeu Estela. — Vamos passar uma pomada nesse machucado. Venha comigo.

Ambas se dirigiram a um dos banheiros. Vasculharam nos pertences de Cirina até encontrarem uma pomada com efeito anestésico. Estela delicadamente passou o creme no alto da testa de Talita, que fez uma careta de dor.

— Eu sei que está doendo, mas logo vai melhorar. Dou-lhe a minha palavra. Agora vamos tentar dormir.

As duas saíram do banheiro e, no caminho para o quarto em que Talita fora hospedada, cruzaram com Cirina e Daniel. Ele sorriu, agachou-se e abriu os braços.

— Não vai dar um abraço em seu pai? — ele perguntou, sorridente.

Talita olhou para Estela, como que pedindo autorização. Quando viu a mulher mais velha assentir, ela abraçou o pai relutantemente.

— O que foi, Talita? Não gosta mais de mim? — ele quis saber.

— Ou será que sua mãe fala mal de seu pai para você? — ajuntou Cirina.

— Não, minha mãe só fala mal de você, velha má! — confessou Talita. — Ela disse que te acha muito chata e nós não gostamos de você nem um pouquinho.

Estela conteve o riso enquanto Cirina corava de raiva.

— Vocês têm que entender que ela é acostumada com a mãe. Toda criança estranha uma casa nova, a convivência com pessoas diferentes — explicou Estela, que estava com Talita.

— Não somos estranhos a ela. Talita me conhece muito bem e a sua avó também — tornou Daniel.

— Eu só gosto da mamãe — reclamou Talita. — E da tia Estela.

Cirina estudou a expressão de Estela. Sua nora não podia ser tão imbecil a ponto de afeiçoar-se à filha do marido com uma amante. Aquilo era o cúmulo da burrice ou da extrema carência por não poder ter filhos.

Daniel não pensava diferente de sua mãe. Na verdade estava até um pouco enciumado por causa da reação negativa da filha para com ele. Sempre desconfiara que Lúcia fazia a cabeça da filha e agora tinha suas dúvidas confirmadas.

Estela colocou Talita para dormir e, depois de alguns instantes, ela partiu com Daniel. Cirina soltou um longo suspiro de alívio depois que eles saíram. Não via a hora em que eles fossem embora. Não ia acordar a neta, mas no dia seguinte a garota pagaria pelo que a fizera passar.

capítulo 19

O sábado amanheceu cinzento e nublado, idêntico ao humor de Lúcia. Pela primeira vez na vida ela passara uma noite sem a companhia da filha. Uma noite maldormida, pois passara a maior parte do tempo tentando imaginar se Talita teria jantado bem, se estava gostando da casa e como estava sendo tratada pela avó.

As preocupações e os receios eram tantos que, após virar várias vezes na cama de um lado a outro, resolveu se levantar antes das seis horas. Se pudesse ir buscar a filha, já o teria feito, mas ainda faltavam praticamente dois dias. Talvez estivesse se apegando demais à menina, porém julgou que o seu caso era apenas proteção maternal.

Ao meio-dia recebeu a agradável visita de Suzete e seu marido Roberto. Ele e Lúcia tinham combinado alguns detalhes a serem ditos na próxima audiência, pois, apesar de faltar um mês, era bom se prepararem com bastante antecedência.

Eles continuaram conversando sobre outros assuntos triviais até que Lúcia, inevitavelmente, mencionou a filha, dizendo que não havia dormido direito pensando nela.

— Acho que você está se preocupando à toa, Lúcia — opinou Suzete. — Por pior que a avó dela seja, não fará nada de mal à menina, principalmente na primeira vez em que ficam juntas. Se Talita apresentar qualquer hematoma, provavelmente você irá à delegacia dar parte da dona Cirina.

— Não tenha dúvida — murmurou Lúcia.

— Além disso, vamos nos lembrar de que temos amigos espirituais que irão zelar pela proteção de Talita. Nós precisamos perder a certeza de que estamos sozinhos. Há muito mais além da capacidade que os nossos olhos têm de enxergar.

— Eu aprendi algumas coisas sobre a espiritualidade, Su, mas às vezes eu tenho muitas dúvidas. Quero acreditar, no entanto, é difícil crer naquilo que só se ouve falar — Lúcia cruzou uma mão na outra. Ambas tremiam. — Mesmo querendo confiar nesses espíritos do bem, eu continuo preocupada. Sei o quanto Talita deve estar triste e isso está acabando comigo. Eu só queria ter a mesma fé que você tem.

Suzete sorriu. Sentia a presença do seu mentor ao seu lado e, quando trocou um olhar com Roberto, ele compreendeu. Contudo, ela não quis compartilhar essa sensação com Lúcia para não assustá-la. Apenas sentiu vontade de falar, como se pudesse confortar a amiga com palavras motivadoras. Lúcia, alheia, nem percebeu que o timbre de voz da amiga ficou mais lento, mais suave.

— Lúcia, você já reparou que existem dias em que parece que tudo dá errado para nós? — vendo a amiga assentir, Suzete continuou: — É quando dizemos aquela famosa frase: "Hoje não é o meu dia". As decepções, as dificuldades, os aborrecimentos e as preocupações parecem chegar ao mesmo tempo, o que quase nos leva à loucura. Desejamos jogar tudo para o alto e sumir do mapa.

Aquilo representava mais ou menos o que Lúcia estava pensando. Suzete continuou:

— Então, como forma de distração, ligamos a televisão em um noticiário, abrimos um jornal, ou escutamos um programa no rádio. E o que ouvimos? Desgraças, tragédias, crimes horrendos, mortes dolorosas, guerras civis, alastramento de doenças ou corrupção política. E o nosso astral, que já estava lá embaixo, vai parar no chão.

Ela esticou a mão e a apoiou sobre o ombro do marido num gesto involuntário.

— Quando não vamos atrás de notícias, procuramos um amigo ou colega de trabalho para desabafar, mas corremos o risco de ouvir um mar de lamentações, reclamações e queixas. Em vez de colocar para fora o que sentíamos, ainda atraímos toda a carga energética inferior de uma pessoa que só sabe reclamar da vida. Somamos os problemas dos outros aos nossos, não resolvemos nenhum deles e passamos a sofrer em equipe.

— Desculpe, ainda não entendi aonde você quer chegar com tudo isso, Su.

— Quero dizer que, em vez de nos deixarmos derrotar pelos nossos problemas, de ficarmos remoendo as nossas dificuldades, podemos pedir auxílio à luz celestial. Por que simplesmente não podemos orar e pedir orientação à divindade? Nada é mais poderoso do que as forças do bem. Praticando a prece, evitamos nos perder em nossos próprios conflitos mentais e emocionais.

Lúcia ouvia as palavras de Suzete completamente fascinada. Não imaginava que a amiga tinha aquele conhecimento, capaz de pronunciar palavras que até a deixaram mais à vontade.

Eles ficaram conversando mais de uma hora, até que Suzete disse que precisava ir, pois passariam na casa dos pais de Roberto, com ele prometendo ir ao fórum na semana seguinte em busca de alguma novidade no processo.

O campo emocional de Lúcia tornou-se mais sutil depois que eles se foram; contudo, a solidão e o vazio de sua casa ainda a perturbavam. Novamente voltou a pensar em Talita. Vira a menina no dia anterior, mas parecia ter se passado um ano. Sentia-se completamente só. Tudo o que queria era saber como a filha estava se sentindo em passar o fim de semana com a avó, que lhe era praticamente uma estranha.

 Lúcia não fazia a menor ideia de que Talita também acordara muito cedo, às seis da manhã. A própria Cirina não despertava tão cedo, exceto quando tinha algum objetivo em mente, como quando fora à casa de Lúcia, ou agora, em que queria arrancar a menina da cama.
 Entrou no quarto como se fosse assassinar alguém. Abriu as cortinas, fazendo muito barulho e estardalhaço. Quando a claridade tênue do dia cinzento invadiu o quarto, Talita acordou. Estava frio lá fora e não dava a mínima vontade de sair da cama em pleno sábado nublado. Entretanto, a criança não tinha escolha.
 — Como você é preguiçosa, hein? — reclamou em voz alta. — Aqui não é a sua casa. Nós temos horário para levantar — mentiu.
 — É muito cedo e ainda estou com sono — resmungou Talita rolando na cama. Era acostumada a acordar cedo, pois estudava de manhã, mas nos fins de semana Lúcia a deixava dormir até um pouco mais tarde.
 — Não perguntei se você está com sono. Vamos, criatura, saia dessa cama, vá lavar o rosto, escovar os dentes e pentear os cabelos — ordenou Cirina, implacável como um general.
 Talita não discutiu mais. Embora não quisesse deixar a cama quentinha, viu-se obrigada a se levantar e ir ao banheiro. Lavou o rosto e escovou os dentes com a escova nova que Cirina havia lhe comprado. Voltou ao quarto e encontrou a avó segurando um conjunto de moletom cor-de-rosa e uma camiseta branca. Sem protestar, ela vestiu

a roupa. Não era bonita como as que a mãe lhe comprava, mas não tinha outra opção.

— O que você fez ontem me aborreceu muito, sabia? — comentou Cirina, de repente. — Foi sorte sua a tonta da Estela ter chegado para ficar bajulando você, caso contrário eu a teria colocado nos trilhos.

— Não sou trem para ficar nos trilhos — rebateu Talita. — E se me bater eu conto para minha mãe. Aí ela vem aqui e bate em você também.

Cirina se enfureceu, porém não retrucou. Afinal, o que Talita dizia tinha certo fundamento. Não duvidava de que Lúcia seria capaz de agredi-la se soubesse a maneira como Talita estava sendo tratada. E tudo o que Cirina menos queria era um confronto físico com aquela mulher.

Tomaram o café da manhã em silêncio. A mesa era farta, e Cirina, embora não gostasse da menina, achava que não seria justo deixar que ela passasse fome. Quanto ao resto, tudo seria restrito.

Como era de se esperar, Cirina não saiu com a menina para lugar algum. Vigiava a criança de perto em qualquer canto da casa em que estivesse. Não foi permitido assistir à televisão ou mesmo olhar pela janela. Talita era uma verdadeira prisioneira e mal esperava chegar a hora em que voltaria para casa. Queria até mesmo a visita do pai com a "tia Estela". Tudo para não ficar sozinha com a "velha má".

Eram seis horas da tarde quando o telefone tocou. Talita tentou atender, mas Cirina não permitiu.

— Já disse que não deve pôr a mão em nada daqui — relembrou.

Ela atendeu a ligação e fez um gesto de contrariedade ao ouvir a voz de Lúcia.

— Olá, boa tarde. Eu poderia falar com a Talita? — Lúcia não conseguira resistir mais e não suportaria esperar até domingo sem ouvir a voz da filha e saber através dela que tudo estava bem.

— Não, ela está dormindo — mentiu Cirina, mas não por muito tempo. Talita gritou ao fundo ao perceber que era alguém procurando por ela e Cirina se corrigiu, irritada: — Acabou de acordar.

Era inteligente o suficiente para saber que não poderia negar à Talita atender a ligação da mãe. Afinal, ainda não fora dada a sentença final.

Passou o telefone à criança com um gesto ameaçador, porém Talita fingiu não ver.

— Oi, mamãe! Eu estou com muitas saudades, sabia?

Somente por ouvir aquela vozinha, lágrimas vieram aos olhos de Lúcia.

— Eu também, minha querida, eu também. Amanhã nós duas vamos nos ver de novo.

— Não quero esperar até amanhã — Talita começou a chorar também. — Eu quero ir embora daqui hoje. Minha avó é muito chata e fica falando que vai me bater a toda hora.

Lúcia sentiu seu sangue ferver. Talita não tinha motivos para mentir. Sabia que Cirina era capaz disso e muito mais.

— Talita, eu amo muito você. Vou buscá-la daqui a pouco, mas não quero que conte à sua avó, ouviu?

— Jura, mamãe?

— Juro, mas não deve dizer nada a ela — Lúcia suspirou fundo para continuar. — Saiba que a amo muito. Agora quero falar com ela.

— Eu também amo você. Muito, muito, muito. E manda um abraço para dona Matilde — lembrou Talita, que não se esquecia de sua boneca.

Em seguida passou o telefone para a avó, que ainda não podia acreditar na confissão que Talita acabara de fazer à mãe.

— Fala, Lúcia, o que quer comigo?

— Então é para isso que você queria minha filha, sua louca? — explodiu Lúcia, furiosa. — Eu jamais toquei um dedo nela e não vou permitir que você o faça nem mesmo que a ameace.

— Ela fez por merecer. Quebrou uma peça caríssima que eu trouxe do exterior, além de ser muito malcriada. Bem se vê de quem é filha.

— Isso não lhe dá o direito de castigá-la. A mãe dela sou eu. Além do mais, o juiz não disse que você deveria educá-la à sua maneira. Ele só autorizou que ela passasse dois fins de semana por mês com você. Se eu souber que encostou um dedo na minha filha, faço você ir parar na cadeia.

Lúcia estava histérica ao telefone e o ouvido de Cirina começou a latejar. Justificou:

— Eu não bati nela.

Cirina sabia que, se espancasse a menina, perderia o direito à guarda da neta e isso não lhe convinha por ora. Sabia que Lúcia poderia cumprir sua ameaça em denunciá-la por maus-tratos à polícia. Quando se lembrou do galo que Talita tinha no alto da testa devido à queda, entrou em pânico. Se a menina mentisse à mãe e contasse que fora agredida, seria bem provável que ela realmente fosse parar em uma delegacia. O que suas amigas da alta sociedade paulistana iriam dizer?

— Não vou discutir. E você está avisada! — sem mais, Lúcia desligou.

Ela repôs o fone no gancho sentindo ganas de puxar os cabelos da menina até lhe arrancar o escalpo, mas conteve a raiva e se afastou na direção do quarto. Precisava se deitar um pouco para aliviar a tensão.

Talita, tranquilamente, sentou-se no sofá da sala e ligou a televisão. A mãe garantiu que estava vindo buscá-la e ela sabia que Lúcia nunca mentia. Tudo o que tinha a fazer era esperar.

Estivera naquele endereço uma vez e jamais esqueceria o caminho. Tinha boa memória e não teve nenhuma dificuldade para chegar lá outra vez. Antes, batalhara pela filha quando ela ainda estava em sua barriga. Agora, defenderia Talita de uma maneira mais enérgica, pois amadurecera muito nos últimos anos.

Lúcia desceu do táxi em frente ao edifício em que Daniel morava. A noite já caíra sobre a cidade e fazia bastante frio, mas, pela filha, ela faria aquilo ainda que fossem duas horas da manhã, debaixo de neve. Estava disposta a obrigar Daniel a acompanhá-la até a casa de sua mãe, pois não ia permitir que Talita fosse maltratada. E ele, como pai, teria que tomar alguma providência urgente.

O rapaz que estava na guarita na entrada do elegante edifício era o mesmo que estivera na outra vez, embora Lúcia não tivesse guardado a imagem do seu rosto. Ele, naturalmente, também não se lembrava da visitante, que se anunciou como amiga de Daniel.

— Como já faz algum tempo que não nos vemos, gostaria de lhe fazer uma surpresa. — Essa técnica funcionara na vez passada e ela acreditava que dessa vez também daria certo. — É possível eu subir sem ser anunciada?

— Infelizmente não. Depois da última reunião com os condôminos, ficou decidido que nenhum visitante desconhecido poderá subir sem que o morador do apartamento autorize. Sinto muito, senhora.

Ela resolveu não perder tempo e abriu o jogo.

— Meu nome é Lúcia. Queira avisá-lo, por favor.

Ela observou o rapaz usar o interfone e informar a quem havia atendido sobre a visitante. Ele pareceu refletir sobre o que ouvia e olhou com um sorriso de pesar para Lúcia.

— Sinto muito, mas o doutor Daniel disse que a senhora não pode subir. Sinto muito mesmo.

Lúcia se irritou e elevou o tom de voz.

— Pois diga a ele que, se não quiser falar comigo, saio daqui direto para uma delegacia e abro um Boletim de Ocorrência contra a mãe dele.

Perplexo, o porteiro transmitiu a informação, ouviu por um instante e respondeu:

— Ele já está descendo e pediu para a senhora aguardar.

— Obrigada — agradeceu Lúcia, afastando-se do portão.

Encostou-se em uma árvore e decidiu esperar. Nove minutos depois Daniel apareceu. Ele estava ligeiramente desalinhado, como se tivesse se vestido às pressas para atendê-la.

— Ainda bem que desceu. Assim evitamos conflitos com a polícia.

— Você endoidou de vez? — ele estava irritado. — Com que direito vem ao meu apartamento fazendo exigências?

— Com o mesmo direito que vocês tiveram ao entrar com essa porcaria de ação para conseguir a tutela de Talita. Então tudo o que vocês queriam era fazer a menina sofrer, não é?

— Do que você está falando?

— Do que ouvi da própria Talita. Ela me disse que sua mãe a ameaça constantemente. Ela quer vir para casa de qualquer jeito.

— Não posso simplesmente chegar lá, "tomar" a menina e sair correndo. Além disso, estamos obedecendo a ordens judiciais, não posso fazer nada.

— Não tenho tempo para discussões. Eu vou me virar sozinha. Muito obrigada — Lúcia começou a se afastar quando foi detida por ele. Voltou-se, perguntando:
— O que você quer agora?

Daniel notou que ela estava mesmo decidida. Lembrou-se de que sua mãe realmente confessara ter perseguido Talita. Sabia que Cirina passaria dos limites facilmente. E não era conveniente para a causa que eles se mostrassem os vilões.

— Está bem, Lúcia. Eu irei com você. Vou subir para vestir um agasalho mais grosso e desço em seguida. Até já.

Ela voltou a se apoiar no tronco da árvore, vendo-o entrar no edifício. Uma rajada de vento gelado lhe estapeou o rosto, mas ela pareceu não sentir, assim como não percebia que mantinha um sorriso vitorioso nos lábios.

Estela estava na sala de seu apartamento, esfregando as mãos como se desejasse esquentá-las. Momentos antes de descer, Daniel avisara com poucas palavras que Lúcia o esperava na portaria e iria verificar o que ela desejava. A pressa com que Daniel saiu fez Estela se questionar se eles haviam marcado algum encontro, pois lhe pareceu que ele estava muito ansioso. Logo respondeu a si mesma que não, pois Daniel não saíra vestido para um jantar ou qualquer outro tipo de evento.

Quando espiou pela janela, viu-os conversando lá embaixo. Lúcia gesticulava muito e parecia estar nervosa. Observou também quando Daniel voltou ao prédio e Lúcia permaneceu parada sob uma árvore. De repente, pensou que algo tivesse acontecido com Talita e sentiu o nervosismo aumentar.

Quando o viu entrar no apartamento, ela o abordou:

— O que houve, Daniel? O que ela queria com você?

— Não aconteceu nada que seja da sua conta — respondeu ele com grosseria, abrindo a porta do quarto.

— Você vai sair com ela? — insistiu Estela indo atrás dele. — Aonde vocês vão?

Daniel permanecia calado, enquanto trocava a calça e os sapatos, e apanhava uma jaqueta forrada no guarda-roupa.

— Por que está se fazendo de surdo?

— O assunto é entre mim e Lúcia. Você vai ficar aqui, quietinha e calada. Estou nervoso e não quero ficar ainda mais.

— Aconteceu algo com a sua filha?

— Que coisa! — ele deu um grito e Estela pulou de susto. — Por que você não cala essa sua boca? Que inferno! Você não entende de filhos, nunca vai ter um para saber como é, então não interfira nos problemas dos outros.

Daniel cuspia as palavras. Estela recuou, pálida e trêmula. As palavras duras e cruéis do marido a feriam como flechas envenenadas.

— Vou até a casa de minha mãe — ele informou, saindo do apartamento logo depois.

Ela permaneceu alguns segundos fitando a porta por onde ele saíra. Não entendia por que Daniel era tão estúpido e mal-educado com ela. Por que tanto ele quanto Cirina pareciam fazer questão de lhe esfregar na cara o fato de ela ser estéril? Por que seu casamento estava arruinado? Onde ela errara?

Eram muitas perguntas sem respostas. Estela só queria ser como qualquer outra mulher que pode engravidar e gerar crianças saudáveis. Tinha certeza de que, se as tivesse, Daniel jamais teria procurado conforto nos braços de uma amante.

Voltou à janela e pouco depois viu Daniel sair com o carro, estacionar para que Lúcia entrasse e arrancar cantando os pneus. Ainda os acompanhou com os olhos até que eles viraram a esquina e sumiram de seu campo de visão.

Apoiou as costas em uma parede e fechou os olhos. Refletiu sobre sua dificuldade, como tantas vezes já havia feito. Quantos exames, quantos tratamentos foram feitos na vã tentativa de engravidar. Nada trouxe resultados positivos. Sabia que o problema não era com Daniel. Os médicos garantiram. E ele não teria engravidado Lúcia.

Os seus sistemas reprodutores é que eram defeituosos. Era totalmente incapaz de gerar um filho biológico, disseram-lhe os especialistas que a examinaram. Nunca seria mãe, em hipótese alguma. Descartada a ideia da adoção, ela só podia lamentar e entregar-se à amarga derrota que a fazia se sentir inferior e lhe corroía a alma.

capítulo 20

aniel dirigia em silêncio ao lado de Lúcia. De vez em quando a observava com o canto dos olhos, mas ela permanecia com a cabeça encostada no vidro, olhando a paisagem que se descortinava do lado de fora.

Ele teve que admitir que Lúcia estava encantadora, apesar de nervosa e muito preocupada com a filha. Seu rosto estava levemente rosado por conta do frio, e os cabelos castanhos envolviam seu rosto como uma moldura brilhante e sedosa.

Ele sabia que agora só podia admirá-la em silêncio. Lúcia já dissera que pretendia seguir com sua vida dedicando-se apenas à criação da filha. Nessa afirmação, ela não deixava espaço para nenhuma presença masculina. E, mesmo que houvesse qualquer brecha para um homem, Daniel estava certo de que ela não o escolheria novamente.

Eles estavam separados havia mais de seis anos e, até onde ele sabia, Lúcia não se relacionara com mais ninguém. Seu irmão Gabriel a visitara com frequência no passado, mas ele tinha certeza de que eles eram apenas amigos. Se os dois tivessem algo mais, as antenas biônicas de sua mãe já teriam detectado o fato. A questão era que Lúcia não permitiria outro homem em sua vida, talvez por ter sofrido uma decepção irreparável com o primeiro e único pelo qual se apaixonara.

— Ainda falta muito? — ela rompeu o silêncio sem desgrudar os olhos da janela do carro.

— Estamos perto agora. Faltam alguns quarteirões somente — ele respondeu.

Menos de três minutos depois, eles estacionavam diante da imponente residência de Cirina, no bairro do Pacaembu. A casa, herança deixada por Ronaldo, não chegava a ser uma mansão, mas era o maior sobrado que Lúcia já vira. Era toda pintada de branco, com as janelas em tom pastel.

Ambos desceram do carro em silêncio. Lúcia seguiu Daniel até a porta. Tocaram a campainha e pouco depois a própria Cirina abriu a porta. Lúcia se divertiu ao ver a expressão de choque e surpresa que Cirina exibiu ao vê-la acompanhando o filho.

— O que ela está fazendo aqui? — perguntou, encarando Lúcia.

— Ela... quer ver a Talita... ela quer levá-la... — gaguejou Daniel.

Lúcia se perguntou se Daniel tinha o mesmo defeito do irmão. Parecia que ambos tinham medo de Cirina. Ela não tinha reparado esse problema nele também.

Interrompeu suas reflexões, pois Cirina estava falando:

— Daniel, você veio interromper o meu descanso da tarde por causa de mais uma palhaçada dessa aí — ela indicou Lúcia com o queixo. — O prazo para devolução da menina só termina amanhã. Até lá a minha neta não sai daqui.

— Parece que Talita contou a Lúcia que você queria bater nela. Ela ficou preocupada e foi me procurar. Eu a trouxe aqui porque ela quer ver se está tudo bem com Talita.

— Já disse e repito: a minha neta não sai daqui — determinou Cirina, decidida.

— Você não tem querer — reagiu Lúcia, começando a ficar irritada. — Sou a mãe dela e tenho todos os direitos. Se me negar vê-la, darei um jeito de irmos os três para a delegacia.

Como aquela ameaça atingia Cirina em seu ponto fraco, pois não suportaria ser ridicularizada pelas amigas diante da acusação de agressão a uma menor, ela cedeu passagem a Lúcia, em silêncio. Daniel entrou logo atrás dela, como se esperasse uma reação repentina da mãe. Nada aconteceu, porém.

Talita estava no quarto, deitada na cama, quando escutou uma voz que parecia ser a da mãe. Saiu da cama e veio até a sala. Será que a mãe cumprira a promessa de vir buscá-la? Se fosse isso, Lúcia tinha vindo mais depressa do que ela imaginava.

Teve suas expectativas confirmadas quando viu Lúcia, parada ali, de pé, olhando para todos os lados à sua procura. Lúcia também se emocionou. Era como se elas se reencontrassem depois de um longo período separadas, e não apenas vinte e sete horas. Ambas choravam quando se uniram num forte abraço e até mesmo Daniel ficou emocionado com a cena.

Quando as duas se separaram, Lúcia, ajoelhada em frente à Talita, perguntou:

— Você está bem, meu amor? Quer ir para casa?

— Quero, mamãe, mais do que tudo. Por favor, leve-me com você. Não gosto daqui, não gosto dessa velha maluca e estou com saudades da minha boneca preferida, a dona Matilde. Por favor, mãezinha!

Foi quando Lúcia notou o calombo na testa da filha. Antes que ela armasse um barraco, Talita garantiu ter caído e se machucado. Pelo menos naquilo, a avó era inocente.

Finalmente ela encarou Daniel. Era esperta o suficiente para saber que, se realmente levasse a menina, estaria descumprindo as determinações do juiz. No entanto, não queria que Talita continuasse ali, sofrendo as constantes ameaças por parte da avó. Daniel, como advogado, teria que entender sua situação. Ao menos uma vez na vida, ele precisaria fazer algo bom por ela.

Daniel não viu nem sentiu a presença dos benfeitores espirituais ali presentes que tentavam fazer com que ele concordasse que Talita fosse embora com a mãe. Ele recebia as sugestões como se fossem frutos de seus próprios pensamentos.

Ele era um homem que se formara para defender a justiça, em todas as suas facetas. Assim, não era justo separar mãe e filha para atender aos caprichos mesquinhos e maldosos de sua mãe. Lúcia sempre foi uma mulher bondosa, gentil e amável. Nunca lhe pedira nada e, após a ajuda inicial que seu pai lhe dera, ela criou a filha praticamente sozinha.

O fato de estarem separados não significava que precisavam ser inimigos. Talita não tinha nada a ver com suas pendências do passado. Para a menina, o mais importante era estar na companhia da mãe. Bastava ser razoável e coerente para perceber isso.

Assim, movido por essas ideias que eram inspiradas pelos espíritos presentes na casa, ele finalmente balançou a cabeça em concordância.

— Pode levar Talita. Ela não gostou da casa e forçá-la a fazer uma coisa que ela não deseja pode acarretar sérias consequências a ela. Eu me refiro a possíveis traumas e não quero que minha filha sofra nenhum tipo de abalo psicológico.

Daniel parou de falar, espantado pelo que acabara de dizer. Parecia que as palavras haviam saído de sua boca sem que ele pudesse impedi-las.

— Eu não estou ouvindo isso — berrou Cirina, indignada. — Daniel, você enlouqueceu? Ela fez algum trabalho de magia para envolvê-lo, não é?

Como Daniel não respondeu, Cirina avançou sobre Lúcia, controlando-se para manter as mãos no lugar. Ficaram tão próximas que os bicos de seus sapatos quase se encostaram.

— Por que você não deixa os meus filhos em paz, sua cretina? Pare de persegui-los. Primeiro seduziu Daniel, depois usou de artimanhas para conquistar Gabriel e agora investiu em Daniel outra vez. Não se envergonha de suas atitudes? — Cirina gritava, totalmente descontrolada. — Você não passa de uma vagabunda, que seduziu um homem casado. Ao menos respeite a criança que tem em casa.

Atingida por aquela saraivada de ódio e rancor, Lúcia não soube o que responder. Talita começou a chorar, pois não gostava de ver sua mãe sendo ofendida. Daniel tentou controlar a situação:

— Mãe, por favor. Não sabe o que está falando. Ela não usou magia alguma. Apenas parei para refletir e vi que estamos agindo da maneira errada. Se nós gostamos mesmo de Talita e queremos o melhor para ela, deveríamos todos nos unir e não disputá-la, como se ela fosse um troféu — após breve pausa, ele continuou: — O amor não se conquista à força, porque ele simplesmente flui. Talita nunca vai nos amar se quisermos impor moral e agressividade sobre ela.

Mais uma vez Daniel falou sem ao menos parar para pensar.

— Viu como você está falando comigo? — percebendo que estava perdendo terreno, Cirina apelou para o choro. Caminhou pela sala, ergueu os braços e os deixou cair ao longo do corpo. — Ela já o influenciou, já o dominou. Colocou-o contra a própria mãe.

As mãos de Cirina tremiam e, não fosse a gravidade da situação, Lúcia teria dado altas gargalhadas por ver a boa "atuação" que só Cirina sabia fazer.

— Então faça como quiser, meu filho — respondeu ela por fim, enquanto demonstrava um sofrimento sem igual.

Intimamente, porém, Cirina estava se remoendo. Naturalmente, nunca esteve mesmo preocupada em ensinar boas maneiras a Talita. Havia inventado a disputa pela guarda da menina apenas como uma vingança contra Lúcia, que havia seduzido seu "menino mais velho", levando-o a desestruturar de vez o casamento com Estela, que já estava indo de mal a pior.

Cirina sabia que seria inútil acusar Lúcia de estar quebrando o acordo proposto pelo juiz, já que Daniel, o próprio pai da criança, saía em defesa dela. Então se lembrou de perguntar, enquanto secava as lágrimas invisíveis:

— Eu devo entender que essa sua decisão significa que você entrará em contato com o doutor Leandro solicitando a homologação de um acordo entre as partes?

— Não... na verdade ainda não sei... — era visível que Daniel estava muito confuso. Era muita informação ao mesmo tempo. — O que sei é que não tem sentido continuarmos com isso.

Lúcia, abraçada à filha em silêncio, apenas acompanhava a discussão entre mãe e filho. Só Deus sabia como ela gostaria que tudo fosse diferente, que ela e Cirina fossem amigas, que ela pudesse ter sido feliz ao lado de Daniel e da filha deles. Agora, contudo, só lhe restava aceitar aquilo que não tinha como ser modificado.

O que Lúcia não sabia é que Daniel pensava quase a mesma coisa que ela naquele momento. Arrependeu-se mais uma vez por ter permitido que Lúcia escapasse dos seus braços. E agora, vendo-a ali, abraçada a Talita, soube que nunca deixou de amá-la. Soube que só seria feliz no dia em que ambas pudessem morar com ele e formar uma família de verdade.

Sabia também que seria um sonho impossível. Lúcia e ele nunca mais teriam qualquer tipo de contato físico.

E depois de ter sido conivente com uma ação contra ela, supunha que Lúcia deveria odiá-lo. Foi quando se surpreendeu com a própria decisão:

— Vou conversar com Leandro e com o advogado de Lúcia para que eles, juntos, solicitem a homologação do acordo. Não vale a pena continuar com isso.

Lúcia sentiu seus olhos se encherem de lágrimas ao ouvi-lo. Finalmente Deus atendera suas preces. Ela se desprendeu da filha e, antes que pudesse se conter, abraçou Daniel com força, rindo e chorando ao mesmo tempo.

— Que Deus o abençoe, Daniel! Muito, mas muito, obrigada mesmo.

Daniel estremeceu com o contato de Lúcia. O toque suave de sua pele macia tinha o poder de fazê-lo se descontrolar. Imediatamente se lembrou da última vez em que trocaram um beijo. Havia sido há tanto tempo, Talita era apenas uma "trouxinha cor-de-rosa". E agora tudo o que Daniel mais queria era poder beijá-la de novo. Daria tudo para mergulhar naqueles lábios rosados e tentadores.

Lúcia sentiu raiva de si mesma, quando descobriu que simplesmente não conseguia se afastar do abraço de Daniel. Era como se quisesse congelar aquele momento para sempre. Sabia que Estela sofria por causa dele e ela confessara amá-lo também. Mas o ímã que ele possuía e a atraía era mais forte do que ela, mais forte do que todos os seus desejos e sentimentos.

Quando Talita se juntou ao abraço, foi como se realmente fossem uma família feliz, que estavam unidos outra vez. Nenhum dos três queria se afastar um do outro. Daniel percebeu que a felicidade estava tão próxima dele e praticamente inalcançável. Era como uma estrela brilhante no céu que, embora pareça estar bem perto, não pode ser tocada.

No astral, os dois espíritos que inspiraram Daniel mantinham discretos sorrisos nos lábios. Um deles era

Ronaldo, pai de Daniel e Gabriel. O outro era Geraldo, que quando encarnado havia sido o pai de Lúcia. Ambos emanavam luz, paz e ternura.

— Sempre é tempo de mudar as nossas atitudes e procurar nos harmonizar com nós mesmos — refletiu Ronaldo. — Daniel desistiu de levar a disputa judicial adiante porque intimamente ele também está buscando a felicidade. Perceberá, com o tempo, que só acontecem coisas boas na vida das pessoas que buscam a transformação interior, que buscam realmente prosperar e ter sucesso.

— É mesmo, meu querido amigo. A tristeza é apenas um estado de espírito, a alegria é o verdadeiro combustível que movimenta o nosso coração. — Geraldo sorriu: — Às vezes, nós estamos tão confortáveis em nossa rotina, que não desejamos mudar nada. Tudo está bom como está. Se nos sentimos bem assim, mas bem de verdade, então realmente nada precisa ser alterado. Entretanto, se apenas alimentamos a ilusão de uma vida próspera, fingindo estar bem, então temos que descartar a vida de aparência para procurar aquilo que realmente nos fará feliz. E, quando fizermos essa busca, a Vida irá nos oferecer seus tesouros.

— Acho que podemos ir agora. Parece que por aqui tudo está tranquilo, embora eu me preocupe com a maneira com que Cirina possa reagir — suspirou Ronaldo. — Conheço-a muito bem e sei que ela não desistiu.

— Fique tranquilo — assegurou Geraldo. — A forças superiores não vão desampará-los — e pouco depois eles desapareceram.

Depois que eles se foram, Cirina pareceu acordar de um transe hipnótico. Reagiu com gritos estridentes ao ver os três abraçados bem diante dos olhos dela.

— Não disse que ela o tinha enfeitiçado, Daniel? Não disse?

Não houve resposta. Daniel apenas fez um sinal para Lúcia e rapidamente os três deixaram a casa, enquanto Cirina começava a esbravejar. Entraram no carro de Daniel, que logo deu a partida, afastando-se dali o mais depressa possível.

— Você deixou sua mãe falando sozinha — comentou Lúcia.

— Não posso fazer nada — atalhou ele observando o rostinho da filha pelo espelho retrovisor.

— Mamãe, você vai namorar o papai? — Talita perguntou à queima-roupa. — Vai se casar com ele?

Lúcia estremeceu e Daniel fez um esforço para não rir. Sempre gostara de ver a expressão de susto que ela fazia quando era pega de surpresa com alguma coisa.

— Talita, isso não é pergunta que se faça — respondeu envergonhada.

— Por que não? Todos os pais das minhas amigas são casados, só vocês que não. Por quê? Sei que vocês se gostam.

Dessa vez Daniel não resistiu e soltou uma gargalhada. Como estavam parados em um semáforo, ele pôde rir tranquilamente. Lúcia enrubescera até a raiz dos cabelos. Não achara graça no que Talita dissera. A menina, vendo que agradara ao pai, prosseguiu:

— Vocês se amam? Papai, você ama a mamãe?

Daniel, ainda sorrindo, olhou para Lúcia e tornou:

— Eu sinto o mesmo que ela sente por mim, Talita. Pergunte a ela e você vai saber a resposta.

— Você tinha que passar a bola para mim, não é? — Lúcia tentou fazer expressão de brava, mas não conseguiu.

— Talita está esperando a resposta — sorriu Daniel. Ele estava adorando a ingênua brincadeira da filha. Queria saber o que Lúcia sentia por ele. Se é que sentia alguma coisa ainda.

— Meu amor, eu gosto do seu pai como um amigo — Lúcia queria mudar o assunto, mas Talita não desistia.

— Mamãe, quando chegar em casa, você dá um beijo no papai?

Lúcia tornou a ficar vermelha enquanto Daniel acelerava o carro. Ela pediu que Talita parasse com a conversa, mas Daniel se divertia como um menino travesso. Quando estacionou na frente da casa de Lúcia, ela quis saltar rapidamente do carro e se despedir dele dali mesmo. Entretanto, sabia que seria ingratidão de sua parte. Talita só estava com ela, antes do prazo, graças a ele. Se dependesse de Cirina, era bem provável que ela estivesse em uma delegacia agora.

Talita voltou a pedir:

— Mamãe, dá um beijo no papai. Ele gosta de você, sabia? E acho que você também gosta dele.

— Você é muito pequena para entender assuntos de adultos, sabia? É melhor entrar e ir para o chuveiro, senhorita.

— Nem um beijinho? — riu a menina, trocando um olhar de cumplicidade com o pai.

— Vai se recusar a atender um pedido de sua filha, Lúcia?

Lúcia o encarou, intrigada. Era impressão sua ou ele estava se aproveitando dos pedidos da filha para realmente beijá-la?

— Ela não quer, Talita — Daniel implorou mentalmente para que a filha não desistisse do assunto. — É melhor eu ir embora agora.

— Você vai namorar o papai? — Talita cravou os olhinhos azuis na mãe.

— Não!

— Por que não?

— Porque não daria certo. Não tem jeito, Talita, desista. E entre de uma vez, pois preciso conversar com seu pai.

Talita abaixou a cabeça e fez beicinho.

— Tudo o que eu mais queria era que meus pais ficassem juntos, como os pais das minhas amigas na escola. Mas não tenho essa sorte — lentamente, ela caminhou em direção à casa.

Resignada, Lúcia a deteve pelo braço. Não suportava ver a filha triste.

— Eu vou dar um beijinho de agradecimento em seu pai, tudo bem?

Lúcia olhou fixamente nos olhos de Daniel e se aproximou para beijá-lo no rosto. Mas ele a segurou pelo queixo e beijou-lhe os lábios.

O mundo parou. Era como se não houvesse carros passando nas ruas, nem grilos estrilando, nem a brisa soprando. Tudo o que havia era coração batendo contra coração, uma boca colada em outra, e um turbilhão de desejos e emoções há muito adormecido, que agora voltava à tona.

Lúcia não recusou o beijo e uniu-se mais ao corpo dele quando Daniel a apertou com força junto de si. Eles permaneceram ali, em uma nova busca e redescoberta de si mesmos. Quando ele abriu os olhos, por um breve instante, viu Talita sorrindo para ele, fazendo um sinal de positivo com o polegar. E não teve como negar que ela puxara a avó ao fingir um choro que estava longe de ser verdadeiro.

O importante agora era o beijo. Apesar de ambos terem amadurecido, cada um ao seu modo, sentiam o mesmo sabor de quando se beijaram pela primeira vez. Tudo era novo e ao mesmo tempo muito familiar. Ele ansiara por aquele momento desesperadamente e estava cético quanto à possibilidade de que pudesse voltar a acontecer. Agora que tinha Lúcia novamente em seus braços, garantiu a si mesmo que não a deixaria escapar outra vez.

capítulo 21

Lúcia pareceu cair em si e afastou-se de Daniel. O que estava fazendo? Aquilo não era um simples beijo, mas sim uma traição contra Estela e uma contradição de suas próprias palavras.

Ela havia garantido a Estela que não havia a menor chance de voltar a se relacionar com Daniel e ainda animara a outra para que voltasse a conquistar o marido. Dera a palavra de que desejava apenas viver com Talita. O que estava fazendo agora? Entregando-se a ele sem pensar nas consequências, exatamente como fizera seis anos antes?

Entretanto, ela não queria parar. Imploraria por mais um beijo e estava ciente de que Daniel seria capaz de fazer o mesmo. Na realidade, aquele momento era uma espécie de decisão. Ou ela se dedicava ao amor que sentia por ele e não poderia negar, ou pensava no sofrimento e decepção que causaria a Estela.

— Desculpe — ela meneou a cabeça para os lados. — Não vai acontecer de novo.

— Não se desculpe — ele procurou os lábios dela mais uma vez, porém Lúcia recuou alguns passos. — Sabemos que sou casado, mas posso entrar com um pedido de divórcio. Se não pudemos ser felizes antes, acho que esta é a oportunidade para ficarmos juntos.

— Papai, você é casado com outra mulher?

Talita estava surpresa com a revelação. Lúcia nunca lhe dissera que seu pai tinha outra mulher. Quando ela perguntava o motivo de o pai não morar com elas, Lúcia sempre respondia que certas coisas não eram possíveis. Dizia ainda que seu pai morava com a "família" dele. Mas não passava despercebido aos inteligentes olhos de Talita que a mãe sempre falava num tom triste quando se referia ao pai. Era como se ela não gostasse da situação. E agora ouvia seu pai dizer que era casado. Era por isso que ele não podia morar com elas.

— É melhor você entrar, Talita — ordenou Lúcia, envergonhada.

— Acho que não vale a pena esconder as coisas dela — opinou Daniel. — Afinal, nossa filha já é uma mocinha e deve saber a verdade.

Como Lúcia permaneceu em silêncio, Daniel agachou-se diante da menina e, mantendo os olhos no mesmo nível dos dela, ele explicou:

— Vou lhe contar uma pequena historinha. Antes de você nascer, sua mãe e eu nos apaixonamos um pelo outro. Como nas histórias encantadas, nós deveríamos ter sido felizes para sempre. Mas nem sempre as coisas acontecem da maneira como nós queremos — ele fez uma pausa, olhou para Lúcia, que o observava sem piscar, prestando atenção na versão dele sobre o passado. — Surgiram alguns problemas que nos impediram de ficar juntos. Então sua mãe ficou grávida, esperando você. Seu avô, que você mal chegou a conhecer, era um homem muito bom e ajudou sua mãe no que foi preciso.

Ouvindo-o, Lúcia assentiu levemente com a cabeça. Aquilo era verdade. Seria eternamente grata ao auxílio de Ronaldo. Graças a ele tinha sua casa própria agora.

— E aí você cresceu e sua mãe continua morando na mesma casa.

— Papai, você ainda não disse por que não puderam ficar juntos — insistiu Talita, e então pareceu se lembrar de algo de repente. — A tia Estela é sua esposa, né?

— Tia Estela? — questionou Lúcia, desconfiada.

— É, mamãe, quando eu estava na casa da mãe dele — ela apontou Daniel evitando utilizar o termo "avó" —, a tia Estela foi quem me defendeu da velha bruxa. Ela inclusive passou um remédio em mim quando eu caí e bati a cabeça no banheiro. Ela foi muito boazinha comigo, disse que gosta de mim. Por que ela não tem filhos?

— Talita, pare de fazer perguntas difíceis que não competem a crianças de sua idade — Lúcia usou um tom firme dessa vez e Talita percebeu que a mãe não gostou do assunto. — Já está tarde e vamos parar de conversa. Despeça-se de seu pai e vá para o banheiro.

Talita obedeceu. Deu um beijo em Daniel, que lhe retribuiu com outro, e em seguida entrou rapidamente na casa. Quando Lúcia ficou a sós com Daniel, alertou:

— Não sei se ela está falando a verdade, mas, eu se descobrir que foi sua mãe quem bateu nela, juro que vou denunciá-la à polícia.

— Fique tranquila, Lúcia. Tenho certeza de que minha mãe não chegou a esse ponto. Ela não faria isso, pelo próprio bem dela.

Lúcia assentiu e olhou-o fixamente. Lembrou-se do beijo e ficou sem saber como reagir. Daniel se aproximou e sorriu:

— Lúcia, o que aconteceu hoje, quero dizer... sobre o beijo...

— Esqueça. Foi apenas para satisfazer a vontade de Talita.

— E a sua também, imagino — brincou Daniel.

— O tempo passa e as pessoas não mudam, não é mesmo? Você acha que basta estalar os dedos para que eu caia de amores por você? Não sou mais a bobinha que você seduziu e levou para a cama.

— Lúcia, calma, por favor. Foi só uma brincadeira. Desculpe se a ofendi, não foi minha intenção — vendo-a ficar mais calma, ele se apressou em acrescentar: — Não quero mais lhe fazer nenhum mal, pelo contrário, quero tentar reparar todo o sofrimento que fiz você passar. E quis começar propondo um acordo entre as partes. Você viu que cheguei a enfrentar minha mãe por isso. Se nunca pudermos ficar juntos, ao menos você tem o direito primordial de ter Talita ao seu lado e ninguém pode tirá-la de você.

Ele estava mesmo arrependido pelo que fizera e pretendia reparar da melhor maneira o desgosto e a frustração que causara a ela.

Achando que tinha se alterado à toa, ela tentou contornar:

— Sou eu que peço desculpas. Fui mal-educada. Perdoe-me. Você... — ela hesitou, mas prosseguiu: — Você não quer entrar? Imagino que ainda não tivesse jantado quando saímos de sua casa. Aliás, nem eu mesma tinha comido alguma coisa, e Talita também deve estar com fome.

— Se você não se importar, eu aceito sim.

Quarenta minutos depois o jantar estava pronto. Talita já havia tomado banho e Lúcia tinha preparado uma deliciosa macarronada. Um filé de peixe crocante acompanhava o prato. Fizera uma salada de aparência convidativa. Quando se sentaram à mesa, Talita comunicou:

— Que bom que você vai jantar com a gente, papai! Minha mãe faz uma comida perfeita, mas de vez em quando ela gruda o arroz e deixa a carne queimar.

— Talita, não precisa fazer fofoca também — atalhou a mãe.

— Não é fofoca, Lúcia. Ela apenas está dizendo que você se sai bem como dona de casa — acrescentou Daniel.

— Para ficar melhor, ela só precisava casar com você, papai.

Lúcia quase se engasgou com o filé de peixe. Sua filha era mesmo muito sabida para uma menina de cinco anos. Dizia coisas constrangedoras às vezes. E Daniel ria sem parar.

Quando terminaram o jantar, ele elogiou Lúcia e se preparou para ir embora. Foi quando ouviram uma forte trovoada e se deram conta de que estava caindo uma verdadeira tempestade lá fora. Eram quase dez horas da noite e a chuva estava implacável.

— Vou ter que dirigir devagar com essa chuva — refletiu Daniel.

— É muito perigoso dirigir com um tempo desses, principalmente à noite. É melhor você aguardar aqui até a chuva estiar — sugeriu Lúcia. Não queria que nada de ruim acontecesse com o pai de sua filha.

A chuva se intensificou. Quando faltavam cinco minutos para as onze, um raio pareceu cair bem perto dali, enquanto a água continuava desabando do céu impiedosamente.

— Está difícil de eu ir embora — ele olhava pela janela. Aquilo era um verdadeiro dilúvio.

— Se você quiser... — Lúcia hesitou, mas resolveu falar: — Se quiser, pode dormir aqui hoje. Aí amanhã cedo você vai. Não há pressa, pois amanhã é domingo.

Daniel não perdeu tempo pensando. Concordou rapidamente.

— Você pode dormir aqui na sala, no sofá de três lugares. Acho que dá para você, ou pode ficar com a cama de Talita. Ela dorme comigo.

Daniel quase arriscou dizer que preferia ser ele a dormir com ela somente para provocá-la, mas sabia que ela ficaria nervosa e o expulsaria na chuva.

Então ele disse que telefonaria para Estela a fim de avisar que não voltaria para casa por conta da tempestade violenta. Para não piorar o clima, diria que estava em um hotel. Estela entenderia.

Tomou um banho logo depois de Lúcia, ajeitou-se na cama de Talita, que fora dormir toda alegre com a mãe, e adormeceu feliz, pensando na mulher que ele amava e de quem estava separado apenas por uma parede. Ele, sua filha e sua ex-namorada sob o mesmo teto. Eram quase felizes.

Da mesma forma que a chuva lavava as vidraças da janela, as lágrimas molhavam o rosto de Estela. Daniel não fora dormir em casa, alegando que, por causa da chuva, decidira passar a noite num hotel. Todavia, Estela sabia que não era verdade. Daniel estava com ela. Não com qualquer outra mulher, ele estava com a única por quem se interessava e com quem tinha uma filha.

Ela soubera através da ligação de Cirina. Eram cerca de oito da noite quando ela lhe telefonara. Estela correu até o aparelho esperando ouvir a voz do marido, mas o que ouviu foi a voz estridente e debochada da sogra.

— Imagino que você esteja se perguntando por onde andará Daniel. Para que não perca tempo quebrando a cabeça, vou lhe dar uma dica. Ele acaba de sair daqui com Lúcia, levando a menina. Ele desistiu da causa porque se bandeou para o lado dela. Aposto que estão se relacionando. Para defendê-la, ele até brigou comigo — após uma pausa proposital, Cirina desfechou o golpe final: — Pode ter certeza, minha querida, de que você perdeu seu marido.

Estela estava em estado de choque quando desligou. As palavras da sogra a machucaram profundamente, embora em seu íntimo ela estivesse certa de que Cirina não estava mentindo. Sentira que eles poderiam reatar a partir do momento em que os vira conversando pela janela. E agora o que mais temia tinha acontecido.

Como Estela ainda mantinha a esperança de que ele retornasse para casa, preparou um saboroso jantar e abriu uma garrafa de vinho para acompanhar. Colocou uma toalha nova na mesa e arrumou tudo com muita delicadeza para agradá-lo quando ele chegasse.

Aguardou mais alguns instantes e, como ele não aparecia, resolveu jantar sozinha, embora não estivesse com fome. Chovia forte e Daniel nem sequer ligava para dizer alguma coisa.

Às dez horas teve certeza de que não adiantava mais esperá-lo para jantar. Recolheu a mesa e deixou a louça em cima da pia. A empregada já havia ido embora e não se sentia disposta a lavar a louça. Retornou à sala, os ouvidos atentos à possível entrada de Daniel.

Quando o telefone tornou a tocar, ela atendeu quase imediatamente.

— Alô?

— Estela, sou eu. Estou ligando para avisar que vou dormir em um hotel esta noite porque está chovendo muito. Não quero me arriscar dirigindo num tempo desses. Acabei de ouvir pelo rádio que algumas ruas estão alagadas. Espero que não se importe. Boa noite!

Ele desligou antes que ela tivesse tempo de fazer qualquer pergunta. Era certo que não queria que ela dissesse nada. Não queria ser incomodado, pelo menos não naquela noite, que deveria ser muito importante para ele.

Continuava chovendo lá fora. Sentindo as lágrimas deslizando pelo rosto em linhas estreitas e brilhantes, ela sentiu que tudo estava triste, silencioso e monótono. Talvez fosse assim que seu coração estivesse por dentro, embora nada mais importasse agora. Daniel e Lúcia tinham reatado e passariam a noite juntos.

Eles haviam reatado o antigo romance. Talvez já tivessem feito isso há mais tempo, mas ela não se dera conta. Achou que esse fora o motivo de Daniel ter sido tão estúpido com ela pouco antes de sair com Lúcia. Seu marido voltara com a amante.

A desculpa de dormir em um hotel por causa da chuva era quase convincente, todavia ela não acreditava naquilo. Influenciada pelos comentários venenosos de Cirina e envolvida por entidades sombrias que a abraçavam, ela sentiu-se ainda pior. Estava mal, por dentro e por fora. Algo precisava ser feito. Não queria continuar vivendo como uma aparição, à margem da paixão entre Lúcia e Daniel.

Deprimida e desanimada, ela seguiu tranquilamente até a cozinha. Sem saber que estava servindo aos propósitos de forças negativas, ela olhou para todos os lados. Viu algo cintilar sobre a pia. Apanhou o objeto lentamente. Aquilo era exatamente o que ela estava procurando.

Quando amanheceu o domingo, Daniel se levantou antes de Talita e Lúcia. Vestiu sua roupa que deixara em cima de uma cadeira e deixou um bilhete de agradecimento sobre a cama.

Precisava ir para casa, estava disposto a ter uma conversa séria com a esposa. Ia pedir o divórcio. Assim que estivesse livre, pretendia pedir Lúcia em casamento. Estela teria que consentir com a separação. Ela não tinha o direito de impedi-lo de ser feliz. Se o amava como dizia, iria libertá-lo.

Quando chegou em casa, notou o silêncio predominante. Eram oito e meia da manhã e ele sabia que Estela costumava se levantar cedo aos domingos. Chamou-a pelo nome e não obteve resposta. Passou pela cozinha, viu louças na pia e panelas no fogão. Ela fizera um jantar, mas não se preocupara em arrumar a cozinha.

Ele continuou a chamá-la e, como não obteve resposta, dirigiu-se ao quarto dela. Ficou realmente surpreso quando não a viu deitada. A cama estava feita. Não havia sinal dela em nenhum lugar. Então ele a procurou no banheiro e conteve uma exclamação de horror quando viu Estela ali.

A moça estava caída no chão em meio a uma poça vermelha. Próximo a sua mão havia uma pequena faca de cozinha. Predominava o cheiro metálico de sangue. Os braços dela estavam encobertos pelo sangue que saíra dos pulsos cortados. Daniel nem por um instante teve dúvidas. Estela tentara o suicídio e estava morta.

Quando se aproximou, reparou que ela respirava com muita dificuldade, quase sem se mover. Seu rosto estava muito pálido, talvez devido à grande perda de sangue. Os cortes feitos em ambos os pulsos não eram grandes, mas poderiam ser bem profundos, pois ela aparentava deixar a vida a qualquer minuto.

Sem hesitar, ele correu até o aparelho telefônico e discou para o hospital onde tinham um plano de saúde. Comunicou a emergência e lhe orientaram a não tocar nela, pois poderia piorar a gravidade da situação. Disseram que estavam mandando uma ambulância com paramédicos especializados que chegariam em instantes.

Nervoso, mas não a ponto de se desesperar, ele retornou ao banheiro. Estava assustado e trêmulo, sem saber que atitude tomar. Pensou em avisar a mãe, porém sabia que só pioraria a situação. E Lúcia não seria de grande ajuda.

Foi quando reparou num papel caído ao lado do vaso sanitário. Parecia um bilhete dobrado. Quando Daniel se abaixou para pegá-lo, viu ali algumas palavras escritas por sua esposa. Eram letras trêmulas e o papel estava mais macio em dois trechos, dando a entender que duas gotas caíram ali, umedecendo o bilhete. Daniel imaginou que Estela estivera chorando enquanto o escrevia. Era rápido, seco e definitivo. Dizia:

Não quero continuar sendo um estorvo entre você, Lúcia e sua filha. Não quero continuar sendo a inútil que sequer pode lhe dar um filho. Não fui suficientemente capaz para manter nosso casamento. Acho que não o amei como você merecia. Do fundo do meu coração, eu desejo sinceramente que você possa ser feliz com a mulher que ama sem nenhum remorso. Porque o que farei não deve lhe pesar na consciência. É uma decisão minha, que tomei por achar necessário para que você possa se libertar definitivamente de mim. Que vocês tenham outros filhos e sejam muito, mas muito felizes mesmo. E obrigada pelos momentos de felicidade que pôde me proporcionar. Garanto-lhe que foram os melhores da minha vida. Quando ler este bilhete, já não estarei mais aqui, espero. Sei que meu ato será um pouco brutal, mas mais uma vez peço que não sinta remorso por isso. Tudo o que desejo a você é a felicidade que não pude lhe dar. Seja feliz, Daniel.

Carinhosamente,
Estela

Quando Daniel terminou de ler, tinha lágrimas nos olhos. Não se lembrava de ter chorado recentemente por algum motivo, mas as palavras da esposa tiveram o poder de emocioná-lo. Observando o frágil corpo caído aos seus pés, tingido de sangue, não conseguiu conter o pranto.

Ele mal pareceu ouvir quando tocaram a campainha. Eram os médicos, que acomodaram Estela em uma maca depois de verificarem os batimentos cardíacos. Colocaram uns aparelhos estranhos nela e Daniel os acompanhou quando levaram seu corpo para a ambulância.

— Se o senhor desejar, pode seguir com ela.

A voz do médico que falou foi abafada pelo barulho da sirene, mas Daniel entendeu perfeitamente. Meneou negativamente a cabeça. Disse que não se sentia bem.

— Daremos entrada da paciente em nossos sistemas, seria interessante que o senhor comparecesse assim que possível.

— Como ela está? — foi difícil perguntar. — Tem alguma chance de que venha a... — não conseguiu terminar a frase.

— Ainda é cedo para responder. Ela perdeu muito sangue. Precisamos que o senhor nos esclareça como e quando a encontrou, pois nos pareceu que o incidente já tinha acontecido havia horas. É realmente surpreendente que ela não tenha sucumbido. O senhor deve agradecer a Deus, pois é um verdadeiro milagre.

Daniel assentiu levemente, extremamente preocupado. A ambulância saiu em disparada enquanto ele subia novamente ao apartamento para buscar seus documentos e as carteirinhas do convênio. Decidiu deixar o carro na garagem, pegou um táxi e seguiu para o hospital.

capítulo 22

Na recepção do hospital, Daniel apresentou os seus documentos e os de Estela. A recepcionista pediu que ele aguardasse em um corredor, à esquerda. Ele foi até lá e sentou-se em um banco. Enquanto esperava que alguém aparecesse para lhe dar alguma informação, enfiou a mão no bolso do casaco e pegou um pequeno pedaço de papel. Era o bilhete escrito por Estela. Ele releu mais uma vez e seus olhos se encheram de lágrimas novamente.

Como ele poderia imaginar que Estela seria capaz de chegar tão longe? O que dera na cabeça dela para cometer aquele desatino? Que coragem tinha uma pessoa em atentar contra a própria vida!

Com a mente em turbilhão, ele se lembrou das últimas palavras que dissera a ela antes de sair com Lúcia. Mandara-a calar a boca quando ela simplesmente estava preocupada com Talita. Jogara-lhe na cara sua esterilidade como se ela fosse a culpada por ter nascido assim, como se ela fosse a responsável por ele ter deixado de amá-la, se é que realmente a amou algum dia.

Enquanto ele se deitava feliz na casa de Lúcia, Estela cortava os pulsos. Por que não notara nada estranho em sua voz? Mesmo que tivesse notado, não poderia adivinhar qual atitude ela tomaria. Sem que conseguisse conter, as lágrimas desceram por sua face. Ele não fez o menor gesto para enxugá-las.

Vinte minutos depois apareceu o médico responsável por Estela. Era um senhor de uns sessenta anos, olhar bondoso e expressão firme, que se identificou como Mendes.

— O senhor é o marido de Estela Garcia?

— Sim, sou eu — Daniel levantou-se. — Meu nome é Daniel Garcia.

— Fizemos uma transfusão de sangue em sua esposa, pois do contrário ela não resistiria. Foi Deus realmente quem impediu que ela partisse — ele sondou os olhos de Daniel e perguntou: — Quanto tempo o senhor levou para descobrir o que tinha acontecido?

— Na verdade só vim descobrir nesta manhã. É que eu não dormi em casa esta noite — e, como se tivesse algo a ver, ele acrescentou: — Sou advogado, sabe?

Ele detalhou ao médico tudo o que vira desde que chegara ao apartamento. Alegou que não fora para casa por causa da chuva da noite anterior e pernoitara num hotel. Declarou ainda que não imaginava quais motivos poderiam ter levado sua esposa a tentar o suicídio. Admitiu que estava assustado e torcendo para que tudo desse certo. Não soube definir se o médico acreditou ou não em sua versão da história.

O doutor Mendes comunicou que o quadro clínico de Estela era estável, tudo estava bem depois da transfusão, mas ela não estava consciente e Daniel ainda não poderia vê-la. Ele concordou em esperar.

O toque do celular de Daniel interrompeu o diálogo. Pedindo licença ao médico, ele saiu para a área aberta do hospital e atendeu a ligação.

— Alô?

— Mano, é você? Tudo certo, cara?

— Gabi? Não acredito! — Daniel se surpreendeu.

— Achou que eu tivesse me esquecido de vocês? — o tom de voz de Gabriel exibia animação e bom humor, totalmente diferente do estado em que Daniel estava. — E a mãe, como está?

— Ah, cara, você sabe que ela não muda. Pelo contrário, tem ficado cada dia pior. Houve umas confusões por aqui e ela não anda de bom humor. Você já telefonou para ela?

— Não, ainda não. Quis ver com você antes se a barra estava limpa — eles riram. — Por que ela está assim? Que confusões foram essas?

— Outra hora eu lhe conto. Não vou segurar você, que está em uma ligação internacional, para falar bobagens nossas. — Daniel sorriu e perguntou: — E você o que conta de novo? Como está se saindo por aí? Está tudo certo?

— Sim, tudo certo — Gabriel pareceu suspirar. — Eu estou bem, sim. Comecei meus estudos, fiz novas amizades... Estou morando numa espécie de república para universitários. Divido o apartamento com outros dois rapazes também brasileiros. Eles são muito gente fina.

— Já arrumou muitas paqueras por aí? — perguntou Daniel.

— Não... — Gabriel hesitou. — Ainda não. Conte-me mais, Dani. Como está Talita?

— Linda como o pai! — novamente os dois riram e por um momento Daniel se esqueceu de que estava em um hospital aguardando novas notícias da esposa que estivera à beira da morte e ainda corria grandes riscos. — E foi justamente por causa dela que começaram as divergências por aqui. Mas repito que não quero tocar nesse assunto por enquanto.

— Tudo bem. E Lúcia? — A simples menção ao nome dela o deixava mole por dentro. — Você a viu recentemente?

— Ah, sim! Dormi na casa dela ontem — riu Daniel em tom de brincadeira.

No outro continente, Gabriel estremeceu como se estivesse sob a neve, e Daniel continuava:
— Formamos uma família quase perfeita — acrescentou.
Gabriel mudou rapidamente o assunto, interrogando:
— E Estela? Como vai?
Desta vez quem estremeceu foi Daniel.
— Infelizmente nada bem. Inclusive estou no hospital. Ela tentou se matar, cara, você acredita?
— Quando?
— De ontem para hoje.
— E você estava na casa de Lúcia... Isso explica tudo.
— Ela não sabia. Eu disse que passaria a noite num hotel porque ontem choveu muito por aqui e aleguei que seria perigoso dirigir à noite com chuva. Achei que ela tivesse acreditado.
— Nem uma criança cai nesse papo — ninguém riu desta vez. — Não queria ter incomodado você. Ligo outra hora, até porque a ligação vai ficar muito cara, já que estou telefonando para o celular. Conversamos à noite em sua casa.
— Talvez seja melhor, meu irmão. Até mais tarde — eles se despediram e desligaram.
Daniel voltou para o corredor. Precisava saber se houvera alguma alteração no estado de Estela.

A milhares de quilômetros dali, Gabriel recolocou o fone no gancho. Estava triste. Não pelo fato de a mãe estar de mau humor nem porque Estela estava internada, embora desejasse que ela se recuperasse o mais depressa possível. O que mais o entristecia era saber que seu irmão e Lúcia haviam reatado o romance. Aquele caso antigo que tiveram voltara à tona. Estela, com sua mente fraca, não suportou e tentou se matar.

Então eles estavam juntos de novo. Por mais que seu irmão tivesse feito Lúcia sofrer, ela ainda o aceitara de volta. E ele, Gabriel, nunca teria a chance de revelar o amor que sentia por ela. Agora era tarde demais. Não fora corajoso o suficiente. Sequer se despedira dela. Tinha que aceitar que seu irmão fora mais esperto do que ele, mais rápido em reconquistar a ex-amante.

Ele queria, nem que fosse pela última vez, ouvir a voz dela. Aquela voz macia com que sonhava quase todas as noites, aquela voz musical que parecia o piar dos pássaros numa linda manhã de primavera. Aquela voz cristalina que tanto havia rido com ele. Sem hesitar, discou um número e fez novo interurbano. Era domingo, Lúcia deveria estar em casa. No terceiro toque, Talita atendeu:

— Alô?

— É nessa casa que mora um anjinho chamado Talita? — brincou ele.

A ligação não era das melhores e Talita não reconheceu a voz.

— Quem está falando?

— Alguém que gosta muito dela.

Ele sorriu quando a ouviu cochichar chamando a mãe.

— Não sei quem é não, mamãe. Não quer dizer.

— Alô! — agora era a voz que desejara ouvir.

— Agora é a mãe do pequeno anjo que está falando?

— Dá para se identificar, por favor? — Lúcia não estava gostando da brincadeira. — Escuta, se você foi mandado por Cirina para me importunar, pode dizer a ela...

— Calma, Lúcia, minha mãe não tem nada a ver com isso — Gabriel riu alto.

Houve um momento de silêncio do outro lado.

— Gabi?

— Agora estamos começando a nos entender. Estou em outro país, mas ainda falo português.

— Gabi? — ela repetiu, agora com um grito de alegria. — Que prazer em falar com você! Onde e como você está? O que tem feito? Está trabalhando? Estudando?

Gabriel contou as novidades e logo ouviu a vozinha de Talita querendo falar com ele também.

— Só um momento, pois, se Talita não falar com você, ela morre.

Logo se ouviu:

— Oi, titio. Estou com muitas saudades!

— Eu também, meu amor. Não disse que você era um anjinho?

— Disse, mas não sabia que era você.

Ele contou coisas lindas sobre a Inglaterra a Talita, que o ouvia fascinada. Ela se virou para Lúcia e pediu:

— Mamãe, me leva para a Inglaterra?

— Um dia eu a levo, sim, minha querida. Um dia iremos até lá visitar o tio Gabi.

— Oba! — fez a menina contente, ignorando onde estava de fato a Inglaterra. Para ela, era como se Gabriel estivesse num bairro próximo dali.

— Agora quero falar com a mamãe de novo — pediu Gabriel.

Ela passou o telefone para a mãe e correu para contar a novidade para dona Matilde. Prometeu à boneca que a levaria para a Inglaterra também. Lúcia, sorrindo, comentou:

— Ela está cada vez mais terrível, não?

— Imagino que esteja mais bonita também — acrescentou ele. Os dois riram e ficaram silenciosos por um momento até que Gabriel perguntou à queima-roupa:

— Como vai seu relacionamento com meu irmão?

— Como? Que relacionamento?

— O de vocês — ele suspirou como se estivesse cansado. — Não tenho nada com isso. A vida é de vocês. Façam como acharem melhor — nova pausa. — Bem, outra hora nos falamos melhor, tenho que desligar agora.

Mande um beijo para Talita por mim. Adeus! — ele desligou sem que Lúcia recobrasse a fala.

O que ele quis dizer sobre relacionamento entre ela e Daniel? Por acaso Daniel teria dito algo sobre isso ao irmão? Porque, se tivesse, Lúcia ia desmenti-lo. Não iria permitir que Gabriel pensasse que ela era uma fraca que caíra nas malhas sedutoras de Daniel mais uma vez, apesar do beijo que trocara com ele.

Ainda estava refletindo, imaginando se fora impressão sua ou se Gabriel desligara a ligação descontente, quando o telefone voltou a tocar. Dessa vez ela mesma atendeu:

— Gabi?

— Você está esperando uma ligação dele? — era a voz de Daniel. — Ele falou comigo há pouco.

— Ele estava conversando comigo também, mas eu o achei meio esquisito. Desligou de repente, antes que eu tivesse tempo de falar alguma coisa.

Lúcia ia perguntar a respeito do que ele dissera sobre o tal relacionamento entre eles quando Daniel a interrompeu:

— Estou ligando do hospital. Estela está internada aqui. Ela tentou se matar ontem à noite.

Lúcia levou a mão à boca para abafar um grito. Seu rosto ficou branco como leite. Daniel lhe contou detalhadamente tudo o que acontecera desde que a encontrara. Concluiu falando sobre o bilhete:

— Eu gostaria que você mesma o lesse. Chega a emocionar.

— Meu Deus, Daniel, estou me sentindo culpada. Foi culpa minha porque fui eu quem sugeriu que você ficasse aqui em casa, mas não era minha intenção... — Lúcia se interrompeu com soluços. Começou a chorar. — Não queria que isso acontecesse, juro que não.

— A culpa não foi nossa, nem minha nem sua. Você sugeriu que eu ficasse e aceitei. Aliás, você nem queria que eu entrasse, lembra? Como iríamos imaginar que Estela fosse fazer isso?

— Oh, meu Deus! — Lúcia repetia em pranto. Sentia-se culpada pelo que acontecera com Estela. Afinal, de um jeito ou de outro, ela fora cúmplice na mentira que ele contara à esposa.

— Fique calma — pediu Daniel. — Já disse que você não é culpada de nada. Não precisa sentir remorso. Além disso... — nesse instante o médico reapareceu e Daniel finalizou: — Lúcia, depois nos falamos, preciso ouvir o que o doutor tem a dizer. Até logo — desligou.

Lúcia fez o mesmo e sentou no sofá. Passou as mãos pelos cabelos, olhando para o chão fixamente, os olhos avermelhados de lágrimas. Talita reapareceu com sua boneca e, ao ver a mãe chorando, sentou dona Matilde ao lado de Lúcia, abraçou a mãe e passou delicadamente sua mãozinha na face dela.

— Não chore, mamãe. Sabe que, quando vejo você chorando, também me dá vontade de chorar?

Lúcia tomou-lhe as mãos e beijou-as.

— Sua mãe está chorando porque é uma boba. Só faz besteiras na vida. Não vai aprender nunca.

— Eu sou uma besteira? — Talita perguntou fazendo beicinho.

— É claro que não. Você é o presente que o Papai do Céu quis me dar. Você, quando morava lá em cima — apontou o céu pela janela —, quando era um anjinho, deve ter me visto um dia e disse: "acho que vou querer ser filha daquela mulher". E aí você nasceu. Por isso você não é nenhuma besteira. E eu a amo mais do que minha própria vida.

— Eu amo mais — Talita ria agora. — Muito, muito, muito mais.

As duas se abraçaram e logo Lúcia estava rindo, porém não tinha se esquecido dos telefonemas de ambos os filhos de Cirina.

Daniel abriu a porta do quarto lentamente. O médico tinha dito que Estela recobrara os sentidos. Ela ainda estava muito fraca, mas já conseguia conversar. Não disseram a ela que Daniel estava lá. Quando ele entrou no quarto, viu-a deitada na cama com os pulsos e parte das mãos enfaixados. Um dos braços estava esticado para facilitar a penetração do soro. Ela olhava distraidamente pela janela. A enfermeira, ao vê-lo entrar, sorriu e se retirou.

Ele se aproximou lentamente da cama da esposa, que ainda não o tinha visto. Naquele momento, vendo-a ali, mortalmente pálida, mais uma vez se arrependeu de ter dito palavras duras e agressivas a ela. Ela parecia ter envelhecido uns trinta anos.

— Como você está, Estela? — perguntou ele em voz baixa.

Ela virou a cabeça lentamente e seus olhos expressaram surpresa por vê-lo ali. Ele sorriu, mas ela não retribuiu o sorriso.

— Por que está aqui? — ela quis saber.

— Estou aqui desde quando a trouxeram.

— Para quê? Minha intenção não era lhe dar trabalho — ela fez uma pausa, fechou os olhos e prosseguiu: — Aliás, não sei por que não morri. Até nisso não dou sorte. Até nisso sou desgraçada.

— Estela, não fale assim. Você não morreu porque não era sua hora. Sabe muito bem disso.

— Da próxima vez eu consigo.

— Não vai haver uma próxima vez, pelo amor de Deus! O que deu em você para atentar contra a própria vida? Enlouqueceu?

— Enlouqueci — ela começou a chorar. — Eu fiquei louca quando fui perdendo você aos poucos para ela. Fiquei louca quando vocês tiveram uma criança, louca

242

porque sei que nunca vou poder ter uma também. Louca por saber que vocês reataram um romance que nunca teve fim, somente esteve adormecido — ela falava depressa demais e seus batimentos cardíacos se aceleraram.

— Cuidado, você não pode ficar nervosa e sabe disso.

— Tudo o que sei é que quero morrer e deixar o caminho livre para você ficar com ela. Deixei escrito tudo o que penso naquele bilhete. Você deve ter lido, portanto não me pergunte mais nada — ela chorava sem cessar. — Vá embora, Daniel, vá se encontrar com ela. Quero ficar sozinha.

— Não vou a lugar algum. Vou ficar aqui ao lado da minha esposa.

— Logo deixarei de ser sua esposa. Passarei o posto a ela, fique tranquilo.

— Estela, deixe de ser infantil.

— Já mandei você sair, ou vou pedir à enfermeira que o tire daqui — ela estava soluçando convulsivamente. — Saia de uma vez e espero que nunca mais volte a me ver. Vamos, saia.

Ela não lhe deu chance de se explicar. Foi obrigado a dar meia-volta e deixar o quarto. Sentou-se novamente no banco do corredor. Estela evidentemente não o queria por perto. Lúcia não ficaria com ele em vista da situação. Ela mesma estava se recriminando por ter permitido que ele passasse a noite em sua casa. O fato é que agora estava sem nenhuma das duas mulheres com quem se relacionara parte de sua vida. Estava sozinho.

Enquanto isso, também Gabriel estava à beira das lágrimas. Sentia culpa de si mesmo, raiva de si mesmo. Não enfrentara a mãe quando preciso, não declarara seu amor a Lúcia enquanto havia tempo, não fizera nada. Talvez agora fosse tarde demais. Ela reatara com seu irmão e tudo o que tinha que tentar fazer agora era esquecê-la de uma vez. Sabia que seria difícil, mas ia tentar de todas as maneiras.

capítulo 23

O domingo já estava terminando quando o som da campainha anunciou a chegada de um visitante à casa de Lúcia. Ela estava se preparando para deitar e Talita já estava adormecida. Imaginou se seria Cirina novamente para lhe testar a paciência. Resignada, foi até a porta e ficou surpresa ao ver o rosto de Daniel pelo olho mágico.

O rosto dele denotava uma palidez cadavérica, o que deixou Lúcia ainda mais assustada. Os olhos dele tinham contornos avermelhados e estavam um pouco inchados. Era fácil perceber que ele estivera chorando. Mesmo sem saber o motivo, ela sentiu pena por vê-lo assim.

Sem dizer nenhuma palavra, ela permitiu que ele entrasse. Quebrando o silêncio, Daniel comentou:

— Ela não me perdoou e continua insistindo em morrer. Disse que tentará o suicídio assim que tiver outra oportunidade. Garantiu que deseja a nossa felicidade, minha e sua. Afirmou que você será a minha esposa, pois ela lhe passará o posto assim que morrer.

Lúcia abriu a boca e tornou a fechá-la, sem saber o que falar. Daniel enfiou a mão no bolso do casaco e pegou um papel dobrado, que entregou a ela.

— Leia o bilhete que ela escreveu antes de tentar se matar.

Ela sentiu os olhos marejarem enquanto lia rapidamente o recado de Estela. As lágrimas desceram por seu rosto, rápidas e incessantes. Lágrimas de culpa e de remorso.

Percebendo que ela estava atribuindo a culpa a si mesma, Daniel acariciou os cabelos dela com delicadeza, como uma forma de consolo. Ela não tentou afastá-lo.

— Não fique assim. Já disse que a culpa não foi sua. Vai se sentir pior se continuar se culpando.

— Eu pedi que você dormisse aqui. Eu o beijei na noite de ontem. Isso não é uma traição?

— Foi apenas um beijo e nada mais. Nós dormimos em quartos separados. Tudo o que fizemos foi nos beijar diante de Talita. Ninguém colocou a faca nas mãos de Estela e pediu a ela que cortasse os pulsos. Às vezes eu acho que ela fez isso apenas para me punir. Se foi assim, o culpado sou eu, e não você.

Daniel falava alto e acabou despertando Talita. Assustada, ela veio ver o que estava acontecendo. Tinha reconhecido a voz do pai e, ao notar o choro da mãe, teve certeza de que eles estavam brigando. Ela própria começou a chorar e veio até a sala. Usava uma linda camisolinha amarelo-clara e segurava a boneca predileta nas mãos.

— Por que estão brigando? — perguntou soluçando.

— Não estamos brigando, meu amor — respondeu Lúcia, pegando-a no colo. — Não é verdade, Daniel?

— É sim. Acontece que tem uma pessoa que está doente e sua mãe ficou triste. Só isso.

Talita ficou um pouco mais calma e quis saber:

— Quem está doente?

— É a Estela. Você se lembra dela? — Daniel forçou um sorriso.

— A tia Estela? — Talita pareceu ficar horrorizada. Virou o rosto para Lúcia. — Mamãe, precisamos ir visitar a tia Estela. Ela foi muito boa comigo quando eu estava na casa da velha. Agora eu tenho que ser boa com ela também.

Lúcia olhou para Daniel buscando ajuda sobre o que dizer, mas ele concordou com a menina.

— Acho que deveríamos levá-la para ver Estela. Talita tem o poder de acalmar as pessoas. Quem sabe ela consiga persuadi-la a desistir daquela ideia?

Talita jamais conseguira acalmar Cirina, ao contrário, sempre deixava a mulher à beira de um colapso de ódio e rancor. Quem sabe funcionasse com Estela. Mesmo sentindo um ciúme tolo pelo interesse da filha em Estela, ela concordou.

Quinze minutos depois elas estavam prontas para ir ao hospital. Já no carro de Daniel, Lúcia lembrou:

— E pensar que eu estava indo me deitar e a senhorita já estava dormindo.

— A tia Estela vai ficar feliz quando nos vir chegar.

— Acho que sim — tornou Daniel, trocando um rápido olhar com Lúcia.

Seguiram o restante do trajeto em silêncio. Surpreendentemente até mesmo Talita ficou quieta. Daniel se identificou na recepção do hospital e perguntou se poderia ver a esposa.

— Terá que falar com o médico, senhor — informou a moça. — A essa hora não temos mais horário de visitas.

Ele assentiu e procurou o doutor Mendes. Quando o médico apareceu, Daniel repetiu a pergunta. Ele autorizou, mas avisou que só poderia entrar um de cada vez. No entanto, Lúcia poderia ir acompanhada da filha se desejasse.

— Ela já disse que não queria me ver — sussurrou Daniel a Lúcia de modo que Talita não ouvisse. — É melhor você entrar.

— Se ela gritou com você, que é o marido, assim que me vir, vai atirar o frasco de soro na minha cabeça — sorrindo sem humor, ela sugeriu: — Entre você e leve Talita. O médico não fez nenhuma restrição quanto a isso.

— Na verdade eu também não queria ir, mas faremos isso por Talita.

— O que vocês tanto cochicham? — perguntou Talita, curiosa. — Quem cochicha o rabo espicha.

— Talita, que coisa feia de falar! Tenha modos — repreendeu Lúcia.

Daniel segurou na pequena mão da filha e sorriu:

— Vamos ver a tia Estela? A mamãe vai esperar aqui fora, tudo bem?

Talita concordou e eles abriram a porta enquanto Lúcia sentava-se num banco no corredor. O hospital estava vazio naquele momento.

Daniel e Talita entraram silenciosamente no quarto e viram Estela dormindo. Daniel colocou um dedo sobre os lábios e Talita entendeu o sinal. Eles se sentaram numa poltrona larga que havia ao lado da cama.

Como se pressentisse a presença deles ali, lentamente Estela abriu os olhos. Olhou de Daniel para Talita e novamente para Daniel sem entender bem o que significava aquilo.

— Por que você a trouxe? — perguntou com voz fraca.

— Para tentar me comover? Já adianto que não vai conseguir.

— Você não está se achando muito infantil? Não tem necessidade de passar a me tratar com frieza e desprezo — retrucou Daniel.

— Eu não estou com a menor disposição para discutir com você. Já falei que não queria mais vê-lo. E ainda trouxe sua filha para cá. O seu objetivo é me insultar, não é mesmo?

— Não, não é. Desculpe por ter vindo — arrependido por estar ali, Daniel levantou-se da poltrona e puxou Talita pela mão. — Vamos embora, querida?

Talita olhava fixamente para Estela. Quando se viu observada pelos imensos olhos azuis da menina, Estela virou o rosto.

Daniel tentou levar a menina para fora do quarto, mas ela não se moveu nem um centímetro. Em vez disso, ela se desprendeu da mão do pai, aproximou-se da cama e tocou levemente o rosto de Estela. Esta foi obrigada a olhá-la de novo.

— Por que está fazendo isso, menina? Onde está sua mãe?

— Lá fora.

— Vocês três vieram juntos? — Estela olhou para Daniel e seus lábios se repuxaram num sorriso irônico. — Formam mesmo uma perfeita família. Só eu estou sobrando nessa história.

— Você não gosta mais de mim? — perguntou Talita com voz trêmula. — O que eu fiz para você, tia Estela?

— Não... Não é isso — Estela se desconcertou. — Eu gosto de você, mas estou doente e, quando as pessoas ficam doentes, elas ficam bravas, de mau humor, entendeu?

— Não. Porque naquele dia você estava brava com minha avó e não estava de mau humor. Eu machuquei a testa e não fiquei de mau humor. Você disse que era minha amiga, passou remédio em mim. E agora... — ela baixou os olhos — deixou de gostar de mim.

— Não é nada disso — respondeu Estela. Lidar com a sabedoria daquela menina era pior do que enfrentar um adulto.

— É sim. Eu gostava de quando você era boazinha, agora ficou chata que nem a mãe do meu pai. Nem me deixou pôr a mão em você.

— Em outro momento nós conversaremos melhor. Agora você precisa ir embora, porque quero ficar sozinha. Estou doente e preciso descansar.

— Quer que eu passe um creme em você em algum lugar? — Talita se ofereceu solícita. — Igual quando você passou em mim, naquela vez?

— Não... — Estela quase sorriu. — Sua mãe está esperando. Já está tarde, amanhã você deve ir à escola e ela precisa trabalhar.

Talita assentiu obediente. Caminhou até a porta e de repente se voltou, sorrindo e mostrando seus pequenos dentes de leite.

— Já sei. Vou trazer minha mãe aqui para ver você. Ela vai adorar.

— Talita, não...

Daniel tentou impedir, mas Talita já havia saído. Voltou dois minutos depois arrastando a mãe pela mão, que entrou no quarto com relutância.

— Filha, o médico disse que não permite tantas pessoas aqui ao mesmo tempo — reclamou Lúcia.

— Mas não tem outro jeito, mamãe. Não podemos tirar a tia Estela da cama e levá-la para fora — Talita disse isso de uma maneira tão engraçada que arrancou risos dos demais, até mesmo de Estela. — Vamos, fale com ela.

Daniel, para não contrariar as regras do hospital, decidiu sair do quarto. Lúcia olhou para a figura sobre a cama e sentiu pena por vê-la ali. Era apenas um vestígio da mulher que vira quando fora ao apartamento de Daniel exigir ajuda para sua gravidez.

Com cabelos espalhados sobre o travesseiro, olheiras escuras e rugas ao lado da boca, Estela aparentava mais de quarenta anos, embora tivesse somente trinta e um. Ambas as mãos e os pulsos estavam envoltos por ataduras e havia agulhas espetadas nas veias de ambos os braços.

— Como vai, Lúcia? — perguntou Estela, de repente.

Ela também avaliava Lúcia e pensava justamente o oposto. Quando a vira pela primeira vez, ela lhe parecera apagada, simples e tola, com sua barriga um pouco avolumada. Agora, revelava toda a beleza que estivera oculta. Uma beleza rara e cativante.

Havia uma sedução natural transbordando de seus olhos castanhos. Havia um brilho intenso nos cabelos longos e sedosos, soltos como uma cascata pelos ombros e costas. Lúcia estava realmente muito bonita, capaz de chamar a atenção até de outra mulher. Não era de se espantar que ela tivesse reatado o romance com Daniel.

Tinha certeza absoluta de que eles estavam juntos. Lúcia, como se adivinhasse seus pensamentos, contornou a cama, sentou-se na poltrona e garantiu:

— Eu não voltei com ele. Esteja certa disso.

Antes que Estela dissesse qualquer coisa, Lúcia voltou-se para a filha e pediu, em tom firme:

— Por favor, querida, espere lá fora com seu... — corrigiu-se rapidamente, para não alterar Estela — com Daniel.

— Ah, mamãe, eu queria...

— Por favor, Talita, sabe que eu não gosto de teimosia.

Talita viu que a mãe estava falando sério. Ela acenou para Estela e fechou a porta ao sair. Lúcia, mais à vontade, retomou o assunto:

— Eu sei que a pior coisa é perder alguém. Já passei por isso e sei como é difícil. Perdi meus pais em um acidente de carro. Como era muito apegada a eles, quando a tragédia aconteceu, pensei que fosse enlouquecer — fez uma pausa e, vendo que Estela prestava atenção, prosseguiu: — Com o tempo consegui superar. Dois anos se passaram desde a morte deles. Meus pais, coitados, infelizmente nunca conseguiram comprar uma casa própria, então sempre moramos de aluguel.

O olhar de Lúcia desviou-se para os aparelhos que monitoravam a saúde de Estela. Fez o possível para não se sentir culpada por ter colocado a outra sobre aquela cama.

— Nessa época — continuou — eu morava na pensão de dona Laura, aquela senhora que me acompanhava no dia em que Talita quase foi sequestrada no shopping. Eu morava sozinha, claro. No serviço era uma excelente funcionária. E talvez eu ainda seja, já que continuo empregada no mesmo lugar.

Ela cruzou os braços como se sentisse um frio súbito e prosseguiu:

— Eu conhecia Daniel de vista. Ele era considerado o advogado mais bonito da região. Todas as mulheres queriam ficar com ele. Eu jamais alimentava essa esperança porque sempre achei que sonhar com algo que sabemos ser impossível é pura perda de tempo. O que ele veria em mim? Absolutamente nada. Como não me interessava por ele, nunca quis saber se ele era casado ou não, embora tudo indicasse que sim. Não há muitos homens bonitos e solteiros dando sopa por aí, não acha?

Embora não fosse intencional, a pergunta fez Estela sorrir.

— Imagine a minha surpresa quando ele me convidou para almoçar. Eu achava que tinha alguma coisa errada, ou quem sabe fosse um sonho. Por que o homem mais bonito da redondeza, com suas feições angelicais, convidaria uma mulher sem grandes atrativos como eu? Você convidaria uma pessoa para almoçar sem nunca ter conversado com ela antes? Eu até achei que ele fosse um tarado, ou um maníaco sádico. Apesar do receio, aceitei o convite. Minha surpresa aumentou quando ele se declarou apaixonado por mim.

Estela se remexeu, inquieta, mas Lúcia achou que não poderia parar de falar. Seria sincera até a última palavra de sua narrativa.

— Eu fiquei muito assustada. Quem não ficaria? Fiz perguntas, duvidando dele, mas ele garantiu com todas as letras que realmente gostava de mim. Fiquei triste e feliz ao mesmo tempo. Triste, pelo medo de ser tudo uma ilusão passageira, ou brincadeira de mau gosto da parte dele; feliz, por ter um homem lindo interessado em mim. Eu nunca havia tido um namorado antes. Tudo seria novidade.

A partir daí as coisas se desenrolaram muito depressa. Eu mudei meu comportamento, abandonei a pensão, briguei com a minha amiga e tratei minhas colegas de trabalho com raiva e desinteresse.

Ela fez uma pausa achando que Estela faria alguma pergunta. Como nada aconteceu, resolveu ir em frente.

— Ele alugou aquele apartamento para que a gente pudesse viver feliz. Esta foi sua maior promessa. Eu estava vivendo em um paraíso, um sonho incrível. Era a minha primeira felicidade depois da perda dos meus pais. Então situações desagradáveis começaram a acontecer e percebi que a realidade era totalmente diferente do que eu havia imaginado. Descobri um homem estúpido e violento, mesquinho e cruel. Não parecia ser o mesmo homem dócil e delicado que eu conheci, assim como não se parece com esse homem que está lá fora, acompanhando Talita. Daniel parece ter fases. Às vezes ele está bem, às vezes não. Às vezes é delicado e gentil, às vezes é bruto e agressivo.

Estela assentiu. Ela era a maior testemunha daquilo que Lúcia estava contando.

— Tudo foi por água abaixo quando descobri que ele era casado. Não soube por ele, claro, mas pelas minhas colegas quando a vi pela primeira vez. Você chegou, como que dizendo: "Ninguém pode competir comigo, sou linda e absoluta". — Lúcia sorriu quando viu Estela esboçar um sorriso. — Depois, fui jogada em um precipício. Ele tinha me expulsado do apartamento e, no hotel onde fiquei naquela noite, senti enjoos. Não demorei a descobrir que estava grávida. Imagine como me senti então. Quando procurei ajuda, ele chegou a me agredir, mandou que eu abortasse.

Ela não queria chorar ao relembrar o passado, contudo não pôde impedir o fluxo das lágrimas.

— Como eu me sentia infeliz. Achei que não seria justo que tudo terminasse assim. Muitos homens engravidam mulheres e não cumprem com sua responsabilidade. Não queria que acontecesse o mesmo comigo. Assim, resolvi ir até o seu apartamento e esclarecer tudo. Estava disposta a conhecer a família que ele sempre quis esconder de mim. Até hoje agradeço a Deus por seu Ronaldo ter estado lá naquele dia. Serei eternamente grata a ele.

Estela tossiu, interrompendo Lúcia. Achou que chegara o momento de falar também.

— Cirina e eu a tratamos muito mal nesse dia e em outras oportunidades mais tarde. Quando a vi dizendo que estava grávida dele, fiquei louca. Senti raiva, ciúmes e inveja porque sabia que você estava na vantagem, afinal eu não posso engravidar. Nunca poderei ter filhos — assim como Lúcia, Estela entregou-se às lágrimas. — Às vezes penso que já me conformei com essa situação, mas me parece ser tão injusto. Existem tantas mulheres desfavorecidas financeiramente que enchem a casa de crianças e mal dão conta de criá-las. Enquanto tudo o que eu queria era apenas uma.

Ela tornou a se remexer, revelando toda a angústia que sentia no peito.

— Bastava apenas um filho, independentemente do sexo que nascesse. Eu o amaria do mesmo jeito. Ouvir uma criança me chamar de mãe... Ah! Nada me deixaria mais feliz. Não sabe como chorei quando me revelaram a minha infertilidade. Eu me senti seca e vazia por dentro. Acho que foi por causa dessa deficiência que perdi Daniel para você.

— Você não o perdeu — Lúcia nunca saberia dizer o que a levou a segurar nas mãos enfaixadas da paciente. — Não o perdeu porque você o ama. E pode reconquistá-lo a qualquer momento.

Estela pensou ter entendido mal. Fez um esforço para se sentar, no que foi ajudada por Lúcia. Nenhuma das duas podia ver os amigos espirituais ali presentes. No plano astral o ambiente estava iluminado e leve.

— Como disse?

— Você ouviu muito bem. Não deve mais perder tempo. Trate de reconquistá-lo. Verá que ele vai se apaixonar por você outra vez — Lúcia ria e chorava ao mesmo tempo.

— Você deve ser maluca. Primeiro me confidencia seu passado, ou pelo menos boa parte dele, e agora me diz que devo tentar manter o meu casamento. Mas se vocês reataram...

— Não reatamos nada. O Gabriel também está pensando isso, pois ele falou comigo ontem e não me deu tempo de explicar. Mas vou explicar a você, Estela. Vou dizer a verdade por mais que você vá me odiar depois disso. — Lúcia respirou fundo: — Ontem nós nos beijamos. Você pode não acreditar, mas foi a pedido de Talita. Ela disse que não sabia por que os pais das amiguinhas de escola eram casados e os dela não. E ficou toda atrapalhada ao saber que ele é casado com você.

— Contaram isso a ela?

— Sim, mas ela pediu que nos beijássemos mesmo assim. Não aceitei a princípio, mas acabei cedendo à fraqueza. E foi só. Convidei-o para jantar, ele aceitou e logo começou a chover. Pedi a ele que passasse a noite em casa, mas que a avisasse para que não ficasse preocupada. Se ele mentiu, juro que não foi culpa minha. Então dormimos em quartos separados. Eu com Talita, e ele no quarto dela. Quando acordei, ele já tinha saído, deixando apenas um recadinho de agradecimento. Essa é a verdade e agora só depende de você acreditar ou não.

Estela olhava no fundo dos olhos de Lúcia e soube que ela não estava mentindo nem distorcendo os fatos. Confiava nela agora.

— Ainda não entendo uma coisa. Por que insiste em nossa reconciliação?

— Porque você o ama e o merece. Ele a ama também, só que ainda não descobriu isso.

— Não é verdade. Todo mundo sabe que ele gosta de você. Vocês têm uma filha juntos, por isso acho que devem formar uma família para...

— Já basta, Estela — Lúcia fingiu estar brava, mas mantinha o sorriso nos lábios. — Chega de conversa fiada. Trate de se levantar dessa cama e reconquistar seu marido.

O espírito de Geraldo postou-se atrás de Lúcia e manteve ambas as mãos sobre a cabeça dela, com as palmas viradas para baixo. Delas, desciam gotículas minúsculas de luzes coloridas. Inspirada por ele, ela prosseguiu:

— Em vez de continuar se queixando, por que não tenta pensar na melhor maneira de mostrar a Daniel que ainda o ama e espera ser correspondida? Pare de se fazer de vítima, julgando-se uma incapacitada apenas por não poder ter filhos. Você continua sendo uma mulher inteira, perfeita e amada por Deus. A responsabilidade de promover mudanças em sua vida está em suas mãos. Se você realmente deseja dar o seu melhor pelo amor que sente por ele, é hora de secar as lágrimas e arregaçar as mangas. Uma casa só ficará pronta se alguém colocar o primeiro tijolo. Portanto, transforme seus lamentos em algo mais valioso e importante para si mesma.

Estela estava espantada, mas Lúcia acrescentou:

— Se você sabe que não pode engravidar, não adianta ficar se martirizando com esse pensamento. O que acha de tentar novamente convencer Daniel a adotarem uma criança? Se ainda assim ele não quiser, não tem problema. O mundo não vai acabar por conta disso. Quantos casais existem por aí vivendo uma vida plena de alegria e amor sem ter filhos? Ou acha que uma criança mantém um casamento até o fim?

Estela sabia que não. Daniel fora o primeiro a rechaçar a gravidez de Lúcia no início, embora tivesse se arrependido depois.

— Não permita recaídas em sua autoestima. Trate de se aceitar do jeito que é. Reconheça o seu valor como mulher, como esposa. Ressalte a sua beleza e conquiste seu marido. Sugira passeios, viagens, férias. Vocês têm dinheiro para isso, então aproveite a vida. Use o poder de sedução, que toda mulher possui, para atrair Daniel. Seja criativa e ouse na inovação. Quanto a mim, fique tranquila. Já decidi ser uma mãe solteira pelos próximos anos. A ausência de um homem não é razão para uma mulher não prosperar e conquistar a dádiva de ser feliz.

Finalmente um sorriso genuíno brotou nos lábios de Estela. Parecia que um peso enorme saíra de suas costas. Mas ainda faltava esclarecer uma última coisa:

— Você também o ama, Lúcia. Não consegue negar isso. Como vamos fazer então? Não podemos dividi-lo ao meio.

— Realmente — Lúcia riu. — Mas Deus me deu minha filha como o melhor presente que já ganhei. Quem sabe Daniel seja o seu. Seria muita ambição da minha parte ter os dois. Valorize-o e será valorizada. Tenha paciência e procure evidenciar o melhor lado que ele possui. E por tudo o que for mais sagrado, jamais volte a pensar em suicídio. A vida tem coisas belíssimas à nossa disposição. Seria tolice abrir mão de tudo isso só por causa de um homem, não acha?

Estela também riu. De repente era como se elas fossem velhas amigas fazendo as pazes.

— Muito obrigada, Lúcia, por tudo. Acho que hoje é o dia mais feliz da minha vida, depois de muitos anos. Já imaginou a cara que a insana da minha sogra faria se nos visse juntas, dando risadas?

Lúcia soltou uma gargalhada.

— Ela não suportaria. Talvez até tentasse cortar os pulsos também — elas riram de novo.

A porta se abriu. O doutor Mendes, Daniel e Talita entraram.

— Pelo jeito eu perdi a piada — brincou o médico sem imaginar que as duas mulheres já chegaram a se odiar um dia. — Você até curou Estela — ele se dirigiu a Lúcia. — Conte-me o segredo para eu tentar com os outros pacientes.

— Ela se curou sozinha — antecipou Lúcia, bem-
-humorada.

Ela segurou Talita pela mão, que a olhava tão espantada quanto Daniel. O que teria acontecido naquele quarto enquanto eles estiveram na cantina do hospital?

— Bom, já é muito tarde, precisamos ir embora.

— Muito obrigada, Lúcia — agradeceu Estela mais uma vez.

Lúcia sorriu em resposta. Talita beijou a tia Estela e também segurou na mão do pai.

— Vamos, papai?

— Não, querida, seu pai vai ficar. Eles têm muito que conversar — riu Lúcia.

Talita não discutiu e ambas saíram do quarto. O médico verificou se tudo estava bem e saiu em seguida. Estela e Daniel se encararam em silêncio por alguns segundos. Como Lúcia dissera, eles tinham muito que conversar.

— Nós também podemos ir, meu caro — chamou Geraldo. — Acho que agora muitas coisas vão começar a se encaixar. Sinta a paz que predomina nesse quarto.

— É verdade — concordou Ronaldo. — Onde há amor, há paz.

Ambos os espíritos alçaram voo enquanto pétalas de rosas caíam suavemente do alto sobre Daniel e Estela, que sentiram o toque macio, como uma brisa suave, fresca e agradável.

capítulo 24

O tempo seguiu seu curso. Três meses haviam se passado. E muitas coisas aconteceram nesse ínterim.

Para provar definitivamente que não iria mais disputar a guarda de Talita com Lúcia, Roberto e Leandro, a pedido de Daniel, compareceram ao fórum e solicitaram a homologação do acordo entre as partes, solicitando o encerramento do processo. Lúcia, pelo telefone, agradeceu-lhe repetidas vezes, pois no trabalho eles se limitavam a trocar cumprimentos básicos.

Lúcia continuava trabalhando como recepcionista. De vez em quando, Ana fazia fofocas das companheiras de trabalho ao supervisor, mas as moças já estavam acostumadas com as intrigas da colega. O próprio chefe tinha percebido que, se fosse dar ouvido a tudo o que escutava de Ana, já teria ido parar em um hospício.

Vendo que seus mexericos não estavam surtindo o efeito desejado, aos poucos Ana foi ficando mais calada. Às vezes, nos momentos mais tranquilos do expediente, ela sentia inveja por ver Simone, Lúcia e Mara conversando alegremente umas com as outras, e ela, sozinha na outra extremidade do balcão da recepção, apenas ouvia os diálogos sem interferir, já que não era chamada a participar do papo.

Estela recebeu alta da clínica quatro dias depois da visita de Lúcia. Uma visita que pareceu ter tido um efeito restaurador sobre ela. Depois que Lúcia os deixou, ela e Daniel ficaram se encarando por alguns instantes, e então ele quebrou o silêncio. Para espanto de Estela, ele começou a chorar tal qual uma criança que se perde da mãe no meio de uma multidão. Pediu perdão pela maneira como a tratava, perdão por tê-la feito sofrer, por fazê-la infeliz. Confirmou a versão da história de Lúcia, contando exatamente que tudo o que houve entre eles foi apenas um beijo.

Ele ainda explicou que estava confuso com os próprios sentimentos e já não tinha mais certeza do que sentia por Lúcia, muito menos pela própria esposa. Estela, sorrindo, prometeu que deveriam tentar ser felizes, partirem ao encontro da felicidade prometida no dia em que haviam se casado.

Ela relatou exatamente tudo o que Lúcia lhe contara e a forma como aconselhara que Estela deveria reconquistar o marido.

— Ela disse isso mesmo? — perguntou Daniel espantado.

— Exatamente assim. Pareceu que ela deseja nos ver juntos porque quer se dedicar inteiramente à filha. Contou-me ainda uma coisa muito bonita sobre presentes. Disse que Talita é o presente dela e talvez você seja o meu, portanto devo valorizá-lo e saber ser valorizada também.

Daniel achou que deveria mesmo tentar. Não sentia mais do que amizade por Estela, mas deveria tentar. Não ficaria com ela apenas por compaixão ou porque Lúcia queria. No fundo, ele desejava começar do zero e salvar seu casamento antes que tudo naufragasse.

Cirina fez um escândalo de proporções gigantescas quando soube que Estela tentara o suicídio. O motivo verdadeiro que a levou a fazer isso nunca lhe foi revelado. Cirina gritou, chorou e esperneou, julgando que Daniel fora mesquinho em não participar-lhe os acontecimentos. Quando ele e Estela disseram a ela que tentariam reconstruir uma nova vida a dois, Cirina aboletou-se sobre o sofá, sem voz para retrucar. Será que os dois eram loucos?

Na Europa, Gabriel tinha feito amizade com um grupo de pessoas que participavam de reuniões espiritualistas semanalmente. Com a intenção de esquecer Lúcia definitivamente, ele passou a frequentar as reuniões também. Eram muito interessantes e em pouco tempo ele aprendeu muitas coisas. Apesar de seguirem uma linha de pensamento um pouco diferente do kardecismo, eles também acreditavam em reencarnação e em vida após a morte, o que Gabriel já tinha certeza absoluta de existir.

No Brasil, Laura demonstrava seu contentamento quando Lúcia e Talita compareciam ao seu centro de estudos espirituais. Lúcia se interessava muito pelo assunto e sempre fazia novas perguntas a Laura. Durante as sessões mediúnicas, questionava-se se os pais dela mandariam algum tipo de notícia através das muitas cartas psicografadas que eram recebidas.

— Mamãe, como é morrer? — perguntou Talita certa noite.

Ambas estavam deitadas na cama da menina. Elas haviam acabado de assistir a um filme de terror em que um monstro de aparência assustadora matava e comia as pessoas. Apesar da relutância de Lúcia, Talita tinha insistido para que a mãe alugasse o filme. Ela queria provar que era uma "moça corajosa". E agora, com medo de dormir, obrigou Lúcia a trazer seu travesseiro para dividir a cama com ela durante a noite.

— Lá vem você com esses assuntos de morte outra vez. Assiste a esses filmes feios e depois fica morrendo de medo.

— Não estou com medo — afirmou Talita evitando estremecer devido às sombras que via na parede. — Só quero saber como é morrer.

— Não sei, eu nunca morri antes — riu Lúcia, embora estivesse descontente com o rumo da conversa.

— Agora trate de dormir, mocinha.

— Amanhã é sábado, não tenho aula.

— É para dormir assim mesmo. Onde está a rainha da coragem?

Talita se enroscou no corpo dela e logo pegou no sono. Lúcia custou um pouco a dormir. Ia parar de alugar filmes de terror para Talita assistir. A classificação daquele era para jovens de catorze anos e Talita tinha apenas cinco. Depois, amedrontada, ficava fazendo perguntas tolas, sobre morte ou espíritos. Sem saber o motivo, Lúcia sentia uma sensação desagradável ao ouvir a filha perguntar sobre aquele tipo de coisa.

Procurando deixar aqueles pensamentos de lado, Lúcia pensou em Daniel, querendo saber como estaria indo seu casamento com Estela. Não estava com ciúmes ou qualquer coisa parecida, pois desejava sinceramente que eles se entendessem. Esperava que Daniel fosse mais paciente e tolerante com a mulher e que Estela soubesse aproveitar bem a nova chance que a vida tinha lhe oferecido.

Dormiu logo em seguida e acordou por volta de cinco e meia da manhã. Nunca se levantava nesse horário nos fins de semana, mas seu sono se desvaneceu no ar. Desenroscou-se de Talita, que ainda estava abraçada a ela, e sem fazer ruído saiu da cama. Olhou pela janela. Um grande clarão alaranjado indicava que o sol estava vindo e o dia seria quente.

Uma súbita e repentina ideia passou pela mente dela. Olhou para o corpo adormecido da filha e sorriu ante a surpresa que lhe faria. Apanhou em seu quarto uma grande bolsa colorida e enfiou dentro dela uma embalagem de protetor solar, bloqueador solar infantil, toalhas de banho e outros apetrechos.

Tomou uma ducha rápida. Eram seis em ponto agora e estava mais claro lá fora. Voltou ao quarto, vestiu um biquíni e colocou um vestido azul-claro por cima. Amarrou os cabelos num rabo de cavalo. Contemplou-se no espelho e viu refletida a linda imagem de uma mulher pronta para passar o sábado na praia.

Voltou ao quarto da filha e a despertou lentamente. Talita, por um momento, esqueceu que era sábado e foi à procura do uniforme escolar para se vestir, ainda meio entorpecida pelo sono. Lúcia sorriu e resumiu seu objetivo:

— Esqueça a escola, meu amor, pois hoje não tem aula. Estamos indo à praia, que tal?

Ela riu ao ver Talita pular de alegria, totalmente desperta agora. Parecia-lhe inadmissível nunca ter levado a menina para conhecer o mar, afinal Talita já ia completar seis anos e ainda não estivera em uma praia. Recriminou-se por um momento e viu que estava na hora de compensar o atraso.

— Querida, coloque seu biquíni — Lúcia lhe comprara roupas de banho, pois às vezes elas iam até a colônia de férias do convênio da empresa, onde havia duas piscinas enormes. — Precisamos ir logo, senão podemos pegar trânsito no caminho.

Talita nem ouvia as instruções de tão encantada que estava. Finalmente iria conhecer o mar de perto. Seria tão bonito quanto parecia ser pela televisão? Agora ia tirar suas próprias conclusões.

— Pronto? Pegou tudo? — perguntou Lúcia, conferindo os pertences que levariam. Ainda não sabia por que sentiu uma vontade repentina de descer até o litoral. Iam fazer um "bate e volta", como se diz. Voltariam no mesmo dia, no fim da tarde.

Logo depois saíram de casa. O céu estava totalmente claro agora. Talita tremia de excitação e Lúcia estava contente pela felicidade dela. Tomaram um ônibus que as deixou no terminal rodoviário, no bairro de Jabaquara. Lúcia comprou as passagens e entraram no ônibus de turismo.

Poucas horas depois elas estavam na cidade de Peruíbe. Lúcia tinha preferência por essa cidade, pois seus pais, quando vivos, costumavam passar alguns fins de semana por lá, em casa de amigos.

Foi um dia inesquecível. Lúcia jamais esqueceria a expressão de deleite de Talita quando sentiu as águas geladas do mar tocando-lhe os pés pela primeira vez. Ela fez castelinhos na areia, pegou conchinhas no mar e saltou algumas ondas.

Lúcia, sentada debaixo de um guarda-sol alugado, não perdia a filha de vista. Estava atenta a todos os seus movimentos. Ela só não entrava na água com Talita porque não havia com quem deixar as coisas na areia.

— Não vá muito para o fundo, Talita — recomendava sempre quando achava que a filha ultrapassava um limite perigoso. — Fique mais perto da areia.

Um sorveteiro se aproximou. Muitas crianças estavam comprando sorvetes e Lúcia sabia que, quando Talita visse, sentiria vontade. Escolheu dois picolés, sendo um deles de chocolate, o preferido da filha. Pagou ao rapaz e se virou sorridente para chamar Talita.

Empalideceu, porém, quando não a viu na água. Olhou para os lados rapidamente, mas Talita não estava à vista. Lúcia deixou os sorvetes na cadeira reclinável em que estava sentada e se levantou rapidamente. Sem se preocupar com suas coisas, ela correu até a água. Chamou, porém não obteve resposta.

A praia não estava cheia, Talita não poderia ter ido muito longe. Desesperada, começou a chorar. Viu um salva-vidas não muito distante e o chamou aos gritos. O homem veio correndo.

— O que foi que houve, minha senhora?

— Ai, moço, minha filha desapareceu. Ela estava na água e agora não a vejo em lugar nenhum. E se ela foi para o fundo? — Lúcia, soluçando, deu ao rapaz a descrição de Talita. O homem se lançou na água, embora não visse nenhum sinal de que a criança tivesse se afogado.

— Meu Deus, proteja minha menina, eu imploro! — pediu em voz alta, subitamente recordando o terror que sentira quando Talita tinha sumido no shopping. Agora tudo parecia se repetir.

Ela acompanhou com olhos aflitos o trabalho do salva-vidas, sempre olhando para o mar, na esperança de avistar a criança. O homem retornou e foi logo avisando:

— Sinto muito, senhora, mas não a encontrei. Não creio que ela tenha se afogado.

Lúcia começou a tremer, alheia ao calor ameno que fazia. O guarda estava dizendo algo sobre polícia, mas ela não o ouvia. Sua mente estava voltada para Talita. Como a menina desaparecera tão depressa no minuto em quem ela se virou para comprar os picolés?

De repente o salva-vidas pareceu fixar um ponto e perguntou:

— Senhora, sua filha não é aquela menininha? — ele apontou para as costas de Lúcia. — Parece ser ela.

Lúcia se virou rapidamente e gritou de alegria, de alívio, ao ver que nada havia acontecido. Talita estava sentada confortavelmente na cadeira reclinável da mãe, chupando tranquilamente seu picolé. Quando viu que a mãe estava olhando, acenou um tchau. Lúcia agradeceu ao rapaz e se aproximou, ainda com lágrimas nos olhos.

— Onde você estava, Talita? — gritou.

— Eu vi você comprando sorvetes. Aí eu saí da água e dei a volta por trás para fazer uma surpresa. Adoro sorvete de chocolate — sorriu, parecendo inocente como nunca.

— Por que você fez isso? — Lúcia estava quase histérica. — Quer matar a mamãe do coração? — ela fechou os olhos e fez uma pausa, suspirando. — Nunca mais volte a fazer uma coisa dessas, ouviu? Achei que tivesse acontecido alguma coisa com você. Meu Deus, que susto!

Lúcia sentou-se sobre uma das toalhas no chão e secou as lágrimas. Suas mãos ainda tremiam. Talita, vendo que sua brincadeira resultou de maneira desagradável, começou a chorar também.

— Desculpe, mamãe, por favor. Eu só queria brincar, nunca mais faço isso — ela deixou o picolé cair na areia, sentou-se na toalha ao lado da mãe e beijou-a no rosto. — Não fique zangada comigo, mãezinha.

— A mamãe ama muito você e não quer que nada de mal lhe aconteça. Você sabe, não é? — Talita assentiu. — Eu morreria se algo lhe acontecesse.

— Não quero que você morra, mamãe — Talita agora chorava mais ainda que Lúcia. — Se você morrer, quero ir também.

Lúcia abraçou Talita com força. Não sentiu apenas medo. Sentiu pânico. Realmente não conseguia se imaginar se algo ocorresse à filha. Fechou os olhos e mentalmente agradeceu a Deus por nada de mal ter acontecido a ela.

— Eu amo muito, muito, muito você, mamãe — finalizou Talita enquanto tentava enxugar com as mãos as lágrimas da mãe. — Amo muito mesmo.

— Bom, vamos esquecer isso, está bem? — Lúcia viu o picolé de Talita caído na areia e o seu tinha derretido. — Vamos procurar uma lanchonete para comer alguma coisa, pois esse susto que você me deu acabou me dando fome também.

Talita riu. Recolheram as coisas, enfiando tudo na bolsa colorida, e seguiram de mãos dadas à procura de um local para comer. Encontraram uma lanchonete onde serviam espetinhos de camarão, que ambas adoravam. Talita pediu um cachorro-quente, que comeu com camarão.

— Que mistura mais doida é essa? — riu Lúcia, sentindo os nós da tensão se dissiparem.

Depois deram uma volta no tradicional bondinho que circula pelo centro da cidade. De ônibus seguiram até a cidade vizinha. Acharam as praias de lá tão lindas quanto as de Peruíbe. Talita pediu para voltar ao mar antes de irem embora. Lúcia descobrira um estabelecimento que servia de guarda-volumes. Passou bloqueador nas costas de Talita e pediu à filha que passasse nela também. Então guardaram as coisas e, juntas, seguiram para a água.

— Vamos ver quem é melhor nadadora — brincou Lúcia, animada.

Ambas pularam na água rindo felizes. Lúcia estava totalmente esquecida de nomes como Daniel, Estela e Cirina. Naquele momento Talita era a única pessoa que existia em seu mundo.

Depois de muita folia na água, sentaram-se na areia outra vez.

— Não disse que eu nadava melhor? — riu Talita.

— E desde quando a senhorita sabe nadar? Nem saiu do lugar! — riu Lúcia também. — Deitou na areia e fingiu que estava nadando.

— Não é não. Vamos voltar lá e ver quem nada melhor?

Lúcia, embora exausta, fez a vontade da pequena mais uma vez. Quando se levantou, Talita riu alto:

— Está com o bumbum todo sujo de areia.

— Você também está, mas agora eu vou te pegar e limpar tudo — Lúcia correu atrás de Talita e ambas saltaram na água, que já começava a esfriar, pois o sol se punha a oeste.

— Tem um tubarão atrás de você — mentiu Lúcia brincando. Quando Talita se virou para olhar, a mãe encheu as mãos de água e lançou sobre a cabeça dela. Lúcia parecia criança também e ambas riam a valer.

Quando começou a anoitecer, Lúcia decidiu que teriam que ir embora. Talita protestou, disse que queria ver como era o mar à noite. A única solução encontrada foi passarem a noite em uma pousada, pois assim curtiriam o domingo no litoral. Talita exultou, satisfeita. Ficou imensamente contente ao ver a praia depois que escurecera. Lúcia reconhecia que era mesmo uma belíssima imagem.

O domingo pareceu passar ainda mais rápido do que o sábado. As duas se divertiram o quanto puderam, passeando, nadando e se alimentando bem. Lúcia até ficou admirada por notar o quanto Talita ficara queimada de sol naqueles dois dias.

— Você é a negra loira mais linda que já vi — comentou Lúcia, contente.

Retornaram para casa satisfeitas. As economias de Lúcia tinham se esgotado. Apesar do pânico que ela passara no dia anterior, tinha valido a pena. Prometeu a Talita que em breve fariam tudo aquilo de novo.

Era mês de junho, mas fazia um calor digno de janeiro. Houve uma festa junina na escola de Talita. Lúcia comprou uma máquina fotográfica moderna numa promoção-relâmpago em uma loja. Talita ficou encantadora usando um vestidinho rosa no qual Lúcia adicionara alguns remendos. Um chapeuzinho de palha com falsas tranças loiras completaram o vestuário. Talita exigira que Lúcia lhe passasse ruge para que suas bochechas ficassem avermelhadas. A mãe concordou, feliz.

O desfile junino foi um sucesso. Lúcia não se cansava de fotografar a filha nos tradicionais "olha a chuva", ou "lá vem a cobra". Um menino de seu tamanho fez um par perfeito com ela. Ao final, Talita acenou um tchauzinho para a mãe. Lúcia registrou tudo.

O mês de junho chegava ao fim e Lúcia conseguiu, com seus diretores, permissão para que suas férias fossem tiradas no mês seguinte. Talita também sairia de férias na escola e poderiam curtir o tempo juntas.

A menina quase nunca fazia referências ao pai. Raramente Daniel ligava e, quando o fazia, conversava por muito tempo com Talita, mas a menina não dava mostras de querer vê-lo pessoalmente. Num dia, quando Lúcia perguntou se ela sentia falta do pai, a resposta não se fez esperar:

— Você é meu pai, mamãe.

Lúcia se emocionou.

Ela saiu de férias no dia cinco de julho, na primeira semana em que as aulas de Talita haviam se encerrado. Agora elas teriam um mês para curtirem a vida. Lúcia pretendia gastar todo o dinheiro das férias com sua filha, reservando apenas o necessário para as contas do mês seguinte. Talita sempre recompensava tudo.

Aquele foi um mês inesquecível. Lúcia jamais esqueceria todos os bons momentos que passaram juntas. Ela e sua companheira voltaram à praia e ao zoológico, foram ao circo e iam todas as sextas-feiras ao cinema. No dia em que Lúcia a levou a um grande parque de diversões, Talita foi ao delírio.

— Por que o Papai do Céu me deu uma mãe tão boa? — perguntara Talita certa vez. — Só sei que eu a amo muito, muito, muito.

— Então nós empatamos porque eu amo minha filha mais do que tudo — brincava Lúcia.

Suas verbas tinham esgotado outra vez, mas novamente não estava arrependida. Não tinha preço que pagasse ver Talita sorrir, exibindo seus dentinhos de leite. Haveria algo mais precioso do que o amor de uma mãe por um filho?

capítulo 25

Lúcia sabia que passaria o mês de agosto apertada, quase sem dinheiro, pois Talita completaria seis anos e ela pretendia fazer uma festa de aniversário, como fora feito em todos os anos anteriores.

Atendendo a um pedido da filha, ela encomendou um bolo com decoração da Branca de Neve. Sem que ela tivesse cobrado, Daniel entrou em contato para avisar que ajudaria na produção da festa, que foi marcada para um sábado, no mesmo dia do seu aniversário.

Muitas crianças foram convidadas. Em sua maioria, eram as amigas que Talita tinha na escola. Lúcia também convidou a professora, a diretora e as funcionárias de que Talita mais gostava. Convidou também suas colegas, Mara e Simone, Suzete e Roberto, e, como não poderia deixar de ser, chamou Laura.

Por fim decidiu também convidar Ana. Não seria tão egoísta a esse ponto. A moça, surpreendida com a decisão de Lúcia, agradeceu, envergonhada. Há tempos Ana parara com seus mexericos, tornara-se quieta e não dava mais trabalho. Ela prometeu que viria à festa. Outros colegas de trabalho, também foram chamados. Lúcia não sabia onde ia comportar tanta gente em sua casa, mas daria um jeito. Torcia para que todos fossem.

No dia da festa, elas acordaram cedo. E Talita tinha uma novidade. Seus dentes da frente haviam caído ao mesmo tempo durante a noite.

— Ficou banguela? — debochou a mãe. — Quero ver como vai comer bolo e brigadeiro se perdeu os dois dentes de uma vez.

— Eu mastigo com os dentes de baixo, ou aperto o bolo com a língua.

Por volta de duas horas, os primeiros convidados começaram a chegar. O supervisor de Lúcia foi acompanhado da esposa e de um lindo casal de gêmeos da idade de Talita. As crianças logo começaram a brincar. Pouco depois chegaram Roberto e Suzete, que traziam uma boa-nova. Ela estava grávida. Lúcia abraçou a amiga, desejando-lhe, sinceramente, a maior felicidade do mundo.

Daniel chegou por volta das seis com um grande pacote. A essa altura, a casa já estava quase cheia. Ele estava muito elegante, num conjunto esportivo preto. Estela o acompanhava e parecia ter restaurada a beleza de antes. Estava muito linda num vestido longo prateado, com decote aberto. Os cabelos escuros estavam soltos e jogados sobre os ombros. Estava muito bem maquiada e formava um par perfeito ao lado do marido.

Lúcia tentou imaginar se eles estariam felizes, ou continuavam a mascarar uma falsa felicidade apenas para demonstrar aos outros. Pelos olhares que eles trocavam, ela imaginou que eles realmente estavam se acertando.

Daniel não pôde deixar de admirar a beleza de Lúcia. Estava tão linda quanto Estela. Trajava um vestido vermelho curto, de alças, tão leve quanto sua consciência. Era ao mesmo tempo provocante e sensual, muito embora Lúcia não o tivesse colocado na esperança de seduzir alguém. Apenas se sentia bem com ele. Os cabelos recolhidos num coque e uma gargantilha que pertencera a sua mãe completavam o conjunto. Algumas das convidadas a admiravam com uma pontinha de inveja.

E como se fosse uma mistura perfeita dos pais, Talita estava mais parecida do que nunca com um anjo. Vestida numa fantasia da Branca de Neve, com os cachos loiros presos para cima, os grandes olhos azuis acompanhando tudo ao redor, o sorriso janelinha, Talita era a criança mais bonita da festa, sem dúvida. E recepcionava os convidados como gente grande. Já havia ganhado muitos presentes e ficou felicíssima ao ver o pai. Lúcia acompanhava a cena de longe sem interferir.

— Quero ver se está banguela — brincou Daniel, orgulhoso, enchendo-a de beijos. — Você está mesmo ficando velha, já está até perdendo os dentes!

Por um momento lhe veio à mente o dia em que desejou que Lúcia abortasse a criança que esperava. Como pudera pensar nisso? Afastou o pensamento com um balançar de cabeça e presenteou a filha com uma gigantesca casa de bonecas.

— Agora a Mafalda vai ter um lugar para morar, querida — riu.

— É Matilde, papai. Minha boneca se chama dona Matilde — então ela virou a cabeça e deu pela presença de Estela. — Como vai, tia Estela? Que bom que veio! — beijou a "tia" com um barulhento beijo no rosto. Estela sorriu e lhe deu um par de lindas botinhas, que ela agradeceu: — Obrigada, tia Estela.

Daniel e Estela cumprimentaram Lúcia normalmente. Para seu espanto, Estela lhe comprara algo também. Quando terminou de desfazer o embrulho, seu coração se emocionou ao ver uma linda caixinha de música. Havia uma inscrição que dizia que ela era proveniente da Argentina.

— Quando Daniel e eu passamos uma temporada em Buenos Aires, no começo do mês, compramos essa caixinha. Achei que combinava com você e guardei para a ocasião — explicou Estela.

Então eles estavam bem? Ao que tudo indicava, sim, afinal estavam até fazendo viagens juntos ao exterior. Lúcia torceu para que aquela felicidade durasse por muito tempo.

Mais convidados chegavam. Desta vez entraram Mara e Simone, rindo felizes, presenteando Talita, que revirava os olhos encantada. Pouco depois, encabulada e tímida, surgiu Ana. Para que a moça se sentisse mais à vontade, Lúcia a abraçou como a uma velha amiga. Ana se sentiu melhor. Trouxera um estojo de tintas para Talita, que agradeceu com um sorriso de orelha a orelha.

Laura sempre conversava com Lúcia sobre a importância de perdoar as pessoas e a sensação positiva advinda da reconciliação. Ela perdoou as atitudes de Ana e agora estava em paz consigo mesma.

Como se fosse uma atração de pensamentos, Laura surgiu logo em seguida. Lúcia ficou imensamente feliz ao vê-la, enquanto Talita saltitava alegremente. Adorou ver seu próprio rosto no retrato pintado à mão que Laura lhe dera. Lúcia se perguntou como a amiga conseguira aquilo, mas não se preocupou muito. Laura sempre fora uma mulher interessante e até um pouco enigmática.

Às sete horas, ela decidiu que deveriam cortar o bolo.

— Vamos cantar os parabéns — anunciou. A música foi desligada e as crianças se aproximaram da mesa, onde facilmente poderiam apanhar alguns docinhos. Lúcia ainda lembrou: — Apaguem as luzes!

Nesse momento, vozes alteradas se fizeram ouvir. As pessoas viravam a cabeça na direção da porta, que permanecera o tempo todo semiaberta. Lúcia sabia que o bairro era tranquilo e não havia perigo de entrar ladrões, principalmente com tantas pessoas presentes. Por isso não teve tempo de impedir a entrada de Cirina e de sua amiga Glória. Os vultos escuros que sempre a acompanhavam não quiseram entrar, pois sentiram que o padrão de vibração lá dentro era mais alto do que eles poderiam suportar.

— É aqui que uma linda criança está comemorando o seu aniversário? — perguntou Cirina. Ela trazia um pacote nas mãos. — Onde está minha neta?

Daniel trocou um olhar desanimado com Estela. Talita estremeceu ao ver a figura da avó parada na soleira da porta. Ainda se recordava dos maus momentos que tinha passado na casa dela. Dava para notar que Cirina estava visivelmente alcoolizada. Lúcia aproximou-se tentando ser simpática.

— Sejam bem-vindas. Entrem, por favor.

— Lógico que vamos entrar — Glória riu. — Achou que nós fôssemos ficar do lado de fora?

Elas entraram e Cirina repetiu:

— Cadê a aniversariante?

— Eu estou aqui — Talita parou na frente dela. — E vocês duas não foram convidadas.

— Nossa! É assim que fala com sua avó? — Cirina pareceu espantada. Os convidados olhavam assustados. As crianças, aproveitando-se da distração dos adultos, beliscavam os brigadeiros e os beijinhos sobre a mesa.

— Eu trouxe um presente para você.

— Não quero seu presente — retrucou Talita. — Quero que as duas vão embora.

Lúcia foi até Talita, agachou-se e murmurou algo em seu ouvido. A menina pareceu se acalmar. Deu meia-volta e seguiu na direção da mesa. Percebendo que o clima estava ficando tenso, Lúcia tentou contornar:

— Vocês chegaram quase na hora dos parabéns, por isso peço que façam silêncio, por favor.

— Como quiser, querida — redarguiu Glória, sempre provocativa.

As duas se aquietaram e as cabeças se voltaram na direção de Talita. Apesar da leve tensão que pairava no ar, as pessoas começaram a cantar o tradicional *Parabéns a você*, felizes e animadas. Ao término, perguntaram a quem Talita daria o primeiro pedaço de bolo. A menina riu mostrando a ausência dos dentes.

— Para a pessoa que mais amo no mundo. Eu a amo muito, muito, muito. — Lúcia a ajudou a cortar um pedaço do saboroso bolo e Talita se virou com o pratinho na mão. — É você, mamãe. O bolo é seu.

As pessoas aplaudiram. Estela tentou impedir uma lágrima de emoção. Nunca ouviria algo parecido, pois nunca teria um filho para homenageá-la assim. Daniel percebeu a inquietação que acometia a esposa e a beijou no rosto.

Estela estava tão distraída que não percebeu que o segundo pedaço do bolo estava sendo ofertado a ela.

— Para a minha tia Estela. Ela é muito legal e merece o segundo pedaço do bolo — riu a pequena, com o prato estendido. Desta vez Estela chorou abertamente e as palmas foram ainda maiores. Talita continuou: — O bolo está muito gostoso, tia Estela. Minha mãe encomendou na padaria, mas foi fiado. Ela nem pagou ainda.

Lúcia ficou vermelha como um tomate enquanto alguns convidados, incluindo Estela, riram descontraídos. O terceiro pedaço foi dedicado a Daniel. A partir daí, Laura assumiu o controle de distribuição dos pedaços de bolo, pois Talita queria brincar com os amiguinhos.

Cirina elevou a voz no tom mais alto que conseguiu para dizer:

— Por que toda festa de pobre é a mesma coisa? As pessoas vêm com o estômago nas costas, mortas de fome, e começam a comer como uma matilha de lobos.

Todos olharam para Cirina. Ela estava tomando cerveja e parecia mais zonza do que quando havia chegado. Glória estava em situação semelhante.

— E Talita nem viu o que eu trouxe para ela — acrescentou Cirina, fingindo estar decepcionada.

Talita, apenas por educação, pegou o embrulho, levando-o fechado ao seu quarto. Não estava curiosa em saber o que era. Glória não tinha lhe dado nada.

Durante toda a noite, Cirina continuou tecendo comentários infelizes e preconceituosos, o que levou os convidados a se retirarem mais cedo do que o previsto. Mas o ápice foi quando Cirina, totalmente embriagada, disparou:

— Gente, vocês sabiam que Lúcia foi amante do meu filho? Sim, ela não se importou de dormir com um homem casado. A esposa dele também não podia reclamar muito, já que tem o útero seco e nunca pôde lhe dar filhos.

Lúcia, Daniel e Estela enrubesceram ao mesmo tempo. Apesar do que acabara de ouvir, Lúcia se questionou sobre como Cirina tomara conhecimento da festa. Não entendia a razão de ela ter ido até lá com o intuito de estragar tudo. Como alguém conseguia ser tão maldosa e cruel? Por que parecia sentir prazer em acabar com a felicidade da própria neta?

Com a queda do patamar vibratório das pessoas, os espíritos zombeteiros que andavam colados em Glória puderam entrar e se divertiam com a cena.

Daniel se enfureceu. Já tentara fazer com que a mãe deixasse a festa, mas não conseguira. Entretanto, não ia permitir que ela ofendesse as pessoas. Não era justo. Ele foi até Cirina e ordenou:

— Saia da festa agora, ou irei tirá-la à força daqui.

Cirina não fez caso e continuou as ofensas. Às vezes Glória ousava intervir e também dava alguns palpites.

Tendo a mediunidade mais desenvolvida, Laura logo percebeu quando os espíritos sem instrução entraram na casa. Ela não conseguia vê-los, mas sentia a presença deles perfeitamente. Talvez fossem cinco ou seis, gritavam e riam ao mesmo tempo.

Ela fez uma rápida prece pedindo auxílio e aproximou-se das duas mulheres. Sua aura clara, aliada a sua energia elevada, fez Glória sentir uma leve vertigem. No astral, os espíritos ficaram momentaneamente atordoados em virtude da luz que emanava dela e pararam de falar e incentivar a discussão.

Percebendo o que estava acontecendo e a tentativa de ajuda de Laura, Suzete e Roberto também se aproximaram. Deram as mãos para Laura e fizeram sentida prece. Alguns convidados, assustados com aquilo, apressaram-se a se despedir e foram embora. Outros, mais curiosos, chegaram mais perto para ver o que ocorria.

Talita esfregava os olhos, tentando disfarçar as lágrimas. Em poucos minutos sua avó destruíra toda a beleza da festinha que sua mãe tivera tanto trabalho em organizar e enfeitar.

Quase simultaneamente ao instante em que Laura, Suzete e Roberto concluíram a oração, uma luz clara e intensa predominou no ambiente, no plano espiritual. As poucas pessoas que ainda restavam não viram nada, mas sentiram uma paz profunda e reparadora. Era como se todo o clima pesado que pairava na casa tivesse se desanuviado em questão de segundos.

Dois espíritos trajando vestes brancas pararam diante de Cirina e de Glória e aplicaram um passe sobre elas. Diante daquela descarga de fluidos salutares, o mal-estar de Glória aumentou. Cirina também não se sentiu bem e decidiu partir imediatamente. Não se despediu de ninguém. Simplesmente parou com seus comentários jocosos, colocou a alça da bolsa no ombro e saiu depressa, seguida por Glória.

Laura agradeceu à ajuda quase imediata da espiritualidade e foi até Lúcia com um sorriso nos lábios. Laura percebeu que a amiga também tinha deduzido o que acabara de acontecer. Com apenas um olhar, ela agradeceu a Laura, Suzete e Roberto. Evitou fazer comentários naquele momento para não preocupar nem entristecer Talita ainda mais.

Os três se despediram logo depois, lamentando a forma como a festa de aniversário de Talita tinha terminado. Laura contou que, na manhã do dia seguinte, faria uma palestra dedicada aos jovens em seu centro e gostaria que Lúcia pudesse comparecer.

Pouco depois, junto aos últimos convidados, Daniel e Estela decidiram se retirar também. Ela estava ainda muito magoada com as palavras da sogra e não se sentia bem. Daniel desculpou-se com Lúcia, embora não fosse culpado pelas atitudes da mãe e de sua amiga. Em seguida, pediu à filha que não ficasse com raiva da avó.

— É que a minha mãe está ficando maluca — finalizou ele, fazendo uma careta engraçada.

Talita começou a rir, secando as últimas lágrimas, e beijou o pai na bochecha. Fez o mesmo com Estela.

Finalmente Lúcia e Talita se viram a sós na casa. Todos os convidados tinham se retirado, deixando uma bagunça assustadora para trás. Havia copos e pratinhos vazios, pedaços de bexigas estouradas e guardanapos espalhados pelo chão. Qualquer ser vivo ficaria imediatamente desanimado só de pensar em limpar toda aquela sujeira. Lúcia decidiu começar a faxina só no dia seguinte. Estava exausta e merecia um bom descanso.

Ambas tomaram banho. Talita estava quieta. Pouco antes de se deitarem, Lúcia questionou:

— O que houve, querida? Ainda está triste?

— Minha avó estragou a minha festa.

— Não ligue para ela. Cirina sentiu inveja quando viu tantas pessoas felizes. Você deve aproveitar bastante os presentes que ganhou. Apesar da visita de sua avó, você se divertiu muito.

— Isso é verdade — Talita silenciou por um instante, como se refletisse sobre algo, e indagou: — Sabe qual foi o presente de que eu mais gostei?

— Deixe-me adivinhar. A casa que o seu pai lhe deu para dona Matilde morar? — Talita sacudiu a cabeça rindo e Lúcia arriscou de novo: — As botas da Estela? O urso de pelúcia da sua professora? — Talita sacudia a cabeça rindo. — Então, desisto. Não sei.

Ela chegou perto da mãe, abraçou-a e confessou:

— O presente de que eu mais gostei, mamãe, foi ter você perto de mim. Você foi o que mais gostei nessa festa. E todos os dias também.

Os olhos de Lúcia marejaram de emoção e ela beijou a filha repetidas vezes. Como amava aquela menina. E o melhor de tudo era que seu sentimento era correspondido na mesma intensidade.

Dois meses se passaram desde a festa de aniversário de Talita. Desde então não tiveram mais notícias de ninguém da família de Daniel.

Os meses de agosto e setembro pareceram voar e logo chegou o Dia das Crianças. Lúcia conseguira esconder em casa uma linda bicicleta lilás que comprara para Talita. Era linda e brilhante, com rodinhas laterais de gel, que não faziam barulho. Uma encantadora cestinha ornamentava a frente dela. Talita não sabia andar, mas Lúcia ia ensiná-la pacientemente, apesar de ela mesma não saber pedalar muito bem.

No feriado, Lúcia fez uma oração a Nossa Senhora Aparecida. Seus pais foram muito católicos e fiéis devotos à santa. Embora ela não frequentasse a igreja, tinha uma pequena imagem da santa que ficava num canto de sua cozinha. Fez uma oração de agradecimento, pedindo paz e saúde a Talita, a ela mesma e a todos que necessitavam.

Talita fez a maior algazarra quando ganhou a bicicleta. Pulou de alegria, gritando e beijando a mãe enquanto tentava pedalar dentro de casa. Exigiu que Lúcia retirasse as rodinhas menores, pois afirmou que queria andar como um adulto. Lúcia atendeu, já que a filha queria sair imediatamente para estrear seu novo presente nas ruas.

Lúcia a levou até uma praça mais próxima, onde Talita, após sucessivas tentativas e muitos tombos, desistiu e começou a chorar.

— Nunca vou conseguir andar. Toda hora eu caio.

— Nada disso — protestou Lúcia. — Quero ver a senhorita pedalando antes de voltarmos para casa, entendeu?

Para mostrar como se fazia, Lúcia tentou montar na pequena bicicleta, arriscou uma pedalada, perdeu o equilíbrio e se espatifou no chão. Talita soltou uma gargalhada cristalina, mesmo tendo o rosto molhado de lágrimas pela frustração de não conseguir pedalar.

As pessoas que as observavam também riram. Lúcia tinha levado sua máquina fotográfica para registrar o momento em que Talita conseguisse pedalar um pouco. Animada, tentou justificar:

— Eu só caí porque estou um pouco enferrujada, mas vou conseguir agora.

Lúcia tentou de novo, mas quase acabou atropelando uma senhora, que ficou furiosa e agitou a bengala. Para não cair de tanto rir, Talita precisou sentar-se no chão da pracinha.

— Do que você está rindo? — perguntou Lúcia, empurrando a bicicleta. — Não tenho culpa se a velhinha surgiu do nada.

— Ai, mamãe, você é muito engraçada. Vou tentar mostrar como se faz.

Talita tentou mais uma vez enquanto Lúcia apanhava a câmera para o caso de a filha fazer algum progresso. E ainda estava ligando a máquina quando ouviu:

— Olhe, mamãe!

Ela se virou a tempo de ver Talita pedalando, feliz da vida. A menina, de alguma forma misteriosa, conseguira manter o equilíbrio e pedalava agora. Na distração em olhar para a mãe, acabou se chocando contra um banco onde se sentava a mesma senhora que Lúcia quase atropelara havia pouco.

A mulher levantou-se, irritada.

— Que desassossego! Querem quebrar-me uma perna? Não se tem paz nem em uma praça pública — reclamou, bramindo a bengala.

Talita e Lúcia riram em cumplicidade.

— Ela ficou brava, viu só?

— Mamãe, você conseguiu bater uma foto?

— Consegui, no momento em que você quase batia na velhinha — as duas sorriram. — Devo lhe dar os parabéns, afinal você mostrou ser uma ótima ciclista. — Talita não entendeu a palavra, mas não discutiu. — Agora quero vê-la pedalar de novo. E tente não atropelar ninguém.

Então Lúcia começou a fotografar Talita pedalando sua bicicleta. No fim do dia, a menina estava craque e voltou para casa, montada no novo brinquedo. Queria que sábado chegasse logo para fazerem tudo de novo.

capítulo 26

O Natal chegou com todo o seu esplendor. Lúcia tinha montado uma bela árvore que Talita se dedicou a enfeitar. Os momentos eram retratados por sua câmera moderna. Talita adorava quando um presente novo surgia debaixo da árvore. Ela sabia que era a mãe quem os punha ali, ainda assim acreditava em Papai Noel.

Elas comemoraram os festejos juntas. Na manhã do dia 25, Lúcia demonstrou sua surpresa quando Talita apareceu trazendo um pacote bem embrulhado. Ela não sabia que Daniel comprara um presente para que Talita desse à mãe. O pacote, não muito grande, ficara o tempo todo escondido no fundo do armário da menina.

Daniel tinha ido até a escola dias antes de as aulas se encerrarem. Lúcia ainda não tinha chegado para buscar a filha e ele pôde dar o pacote já embrulhado para Talita, fazendo-a prometer segredo e entregar somente no dia certo. Talita guardou o presente na mochila e Lúcia não se deu conta de nada. Já fazia mais de um mês que o embrulho estava guardado.

A festa de encerramento do colégio de Talita, seguida pela formatura, foi um dos momentos mais belos que Lúcia já vivenciara. Sua filha completara seis anos e no ano seguinte ingressaria no primeiro ano do Ensino

Fundamental. Ficou deslumbrante no vestido branco e esvoaçante que Lúcia tinha lhe comprado.

E agora fitava, com mal disfarçada surpresa, o presente que Talita segurava.

— Feliz Natal, mamãe — desejou a linda garotinha loira.

Lúcia a beijou e abriu o embrulho. Viu uma caixinha com incrustações douradas. Seu espanto tornou-se ainda maior quando viu que o interior estava vazio.

— Que tipo de presente é esse?

— É que dentro desta caixa está todo o meu amor por você. Cada vez que abrir a caixinha vai sentir um pouco desse amor. — Isso fora o que o pai lhe recomendara que dissesse, mas Talita desejava que no fundo fosse verdade. — E foi o papai que... Foi o Papai Noel quem mandou para você.

Mesmo tendo a certeza de que aquilo era obra de Daniel, Lúcia preferiu ficar calada. O mais importante foram as intenções daquela encantadora surpresa.

No Ano-Novo elas fizeram uma promessa de que uma faria tudo para ver a outra feliz. Elas bateram as taças num brinde, Lúcia com seu champanhe e Talita com seu refrigerante.

Todavia, o presente maior estava reservado para janeiro. Lúcia completaria vinte e nove anos. Conseguira tirar sua carteira de motorista, pois fizera as aulas numa autoescola nos fins de semana enquanto Talita permanecia na casa de uma vizinha. Ela não queria que a filha soubesse de nada.

Finalmente pôde dar entrada na compra de um carro. Era um veículo novo, zero quilômetro, apesar de ser um modelo popular. Lúcia dera uma pequena entrada em dinheiro e financiara o restante em sessenta prestações. Estaria endividada pelos próximos cinco anos, mas sabia que era por uma boa causa.

Seu aniversário cairia numa quinta-feira, e ela pedira dispensa na empresa. Talita, que estava de férias, passava o tempo inteiro na casa de uma vizinha que se mudara para o bairro havia pouco tempo e tinha uma filha quase da mesma idade que ela.

Quando chegou o dia do seu aniversário, Lúcia acordou com um ruído estranho aos pés da cama. Abriu os olhos e não entendeu o que Talita fazia ali com uma bandeja nas mãos.

— Preparei o seu café da manhã, aniversariante. Feliz aniversário!

Lúcia estava totalmente desperta agora, tentando imaginar o que a filha teria aprontado na cozinha.

— Você andou mexendo no fogão?

— Claro que sim. Como queria que esquentasse as coisas?

Lúcia teve medo de perguntar que coisas seriam aquelas. Sorrindo, olhou para a bandeja. Gemeu e fechou os olhos. Ali havia um pedaço de pão em que Talita passara dois quilos de margarina e uma xícara de café não muito limpa, com um pedaço de sabão na borda. Duas torradas quebradas e um copo de leite misturado com alguma coisa suspeita completavam o café da manhã.

— Muito bem, dona Talita, pode começar a se explicar.

— Experimente primeiro, dona Lúcia — devolveu Talita, achando graça do seu feito.

Lúcia experimentou o café e lágrimas lhe saltaram aos olhos. Em vez de pôr açúcar, Talita salgara a bebida. Além disso, ela deveria ter colocado umas dez colheres de pó dentro daquela xícara. Ela decidiu arriscar o leite. Estava salgado como um pedaço de bacalhau e Talita despejara o achocolatado em pó por dentro e por fora do copo. Já o pão parecia conter todo o pote de margarina dentro dele, formando uma verdadeira meleca. As torradas quebradas nada mais eram do que farelo.

— Não gostou, mamãe? — preocupou-se Talita vendo os olhos arregalados de Lúcia.

— Vamos fazer diferente! Antes de eu tomar seu café, quero lhe mostrar uma coisa — Lúcia mudou de assunto. — Venha comigo.

Levou-a até a garagem e apontou um veículo. Os olhos de Talita brilharam excitados.

— De quem é, mamãe?

— Nosso, querida. Meu e seu. É nosso presente de aniversário.

Sem esperar por mais informações, Talita começou a saltar como uma atleta. Não cabia em si de tanta alegria. Lúcia também estava muito contente. A menina acabou se esquecendo do trágico café da manhã, pois sua atenção estava voltada para o carro. Ela beijou a mãe repetidas vezes, como se ela mesma fosse dirigir o veículo.

Quando Lúcia fez o primeiro passeio com Talita, a menina falou sem parar. Queria apertar todos os botões, abrir e fechar as janelas, mexer no câmbio quando bem entendesse. Lúcia se divertia.

No carnaval elas seguiram no novo carro até o Rio de Janeiro. Lúcia sempre sonhara em conhecer a cidade e passaram todos os dias do feriado prolongado por lá.

Na Páscoa, Talita comeu tantos ovos de chocolate que resultou numa terrível diarreia. Quando se sentiu melhor, atacou a geladeira e comeu o que tinha sobrado dos chocolates.

Estavam em maio, faltava uma semana para o Dia das Mães. Talita estudava em outro colégio, igualmente particular, pois a escola anterior não possuía o Ensino Fundamental. A nova escola era mais perto do trabalho de Lúcia e isso facilitava tudo. O único problema, porém, era que as aulas ocupavam apenas meio período, e a vizinha buscava a garota na escola, que ficava em sua casa até que Lúcia chegasse do trabalho.

A direção da escola pediu uma contribuição extra, pois iriam fazer uma homenagem ao Dia das Mães. Seria uma espécie de lembrança que as crianças entregariam às mães na sexta-feira. Nesse mesmo dia o prédio em que Lúcia trabalhava estaria em reforma, portanto não haveria expediente para ela. Assim, avisou à vizinha que ela mesma pegaria a filha no horário de saída.

A sexta-feira amanheceu chuvosa. Embora não soubesse o motivo, Lúcia não dormira bem a noite inteira. Por várias vezes acordou sentindo uma angústia apertar-lhe o peito. Preocupada, foi ao quarto de Talita. Tudo estava normal. Voltou à cama, tentou dormir, mas despertava logo em seguida.

Quando deu seu horário de levantar, ela chamou Talita. A menina se levantou mais rápido que de costume, com um grande sorriso nos lábios rosados.

— Bom dia. Como vai a mãe mais linda do mundo?

Lúcia, acostumada com os galanteios e elogios da filha, beijou-a no rosto e respondeu:

— Vou muito bem, linda garota.

Fizeram o trajeto até a escola em silêncio, o que não era muito comum em Talita. Quando chegaram em frente à escola, Lúcia estacionou junto ao meio-fio, virou-se e lembrou:

— Não se esqueça de que hoje virei buscá-la. Vou estacionar bem aqui, buzino e você aparece. No horário de sempre.

Talita assentiu em silêncio e passou para o banco da frente. Abraçou a mãe com toda a força que possuía. Lúcia retribuiu.

— Mãe, aconteça o que acontecer, lembre que eu a amo demais.

— Eu também, meu amor, e você sabe disso.

Apesar de Talita sempre dizer que amava a mãe, nunca tinha feito um comentário parecido. Alguma coisa estava estranha. Era como se houvesse algo diferente no ar, embora Lúcia não soubesse identificar com exatidão. Aparentemente tudo estava bem.

— Agora vá, minha criança, senão chegará atrasada à aula — recomendou Lúcia, desprendendo-se do abraço.

Talita desceu do carro, atravessou a rua cuidadosamente e se voltou uma última vez. Sem saber o porquê, Lúcia teve vontade de descer do carro, agarrar a filha amada e mantê-la ao seu lado para sempre. Sentira algo parecido quando soubera que Talita iria para a casa da avó. Mas dessa vez não havia nada de errado. Não poderia haver...

Talita acenou uma última vez e entrou pelo portão. Lúcia quase chorou sem saber a causa daquela sensação forte e opressora. Achando que tudo não passava de tolice de sua cabeça, ela deu marcha no carro e se afastou.

Voltou para casa mais aflita do que nunca. Sentiu vontade de telefonar para a escola e verificar se estava tudo bem, porém desistiu. Fechou os olhos e fez sentida prece, pedindo a Deus que protegesse sua menina e nada de mal lhe acontecesse. Talvez fosse exagero, mas o coração de Lúcia dizia que não.

Ainda faltavam quarenta minutos para o horário de saída de Talita quando Lúcia saiu de casa com o coração disparado. Mais uma vez orou para que tudo não passasse de uma impressão ruim, mas parecia ser algo mais presente, como uma intuição negativa, um pressentimento funesto.

Quando chegou diante da escola, estacionou o carro no local combinado e esperou. Olhava fixamente para o portão, querendo ter certeza de que estava tudo bem. Se Talita tivesse se machucado ou passado mal, a escola teria telefonado para ela a fim de lhe comunicar.

Com as palmas das mãos suando frio, Lúcia se conformou em esperar a filha aparecer para se certificar de que tudo realmente estava bem.

Os dois homens corriam desesperados. Finalmente tinham conseguido chegar ao cofre do estabelecimento, quando o alarme soara repentinamente. Zecão, o homem que lhes dera as instruções para o roubo, garantira-lhes que nada daria errado. No entanto, agora o alarme disparava, quebrando o precioso silêncio de até então.

Alemão e Léo eram dois bandidos pés de chinelo. Nunca haviam feito grandes roubos até conhecerem Zecão. Estavam fugindo da polícia, depois de um assalto frustrado a uma agência bancária, e de repente surgiram Zecão e seus homens iniciando um tiroteio com a polícia. Alemão e Léo foram levados para um abrigo dos bandidos. Ali, Zecão avisou que não lhes salvara a vida a troco de nada e exigiria favores em troca.

Zecão era um poderoso traficante e sempre recrutava vagabundos para entrar em seu grupo, para ajudá-lo a expandir seus negócios. E achava que os dois homens eram exatamente o que ele vinha procurando. Zecão e seus homens haviam assassinado brutalmente o dono de uma pequena loja de artigos de conveniência. O homem facilitava sua loja como ponto de drogas e não pagara a "mensalidade" que Zecão cobrava para que não fosse incomodado. No fim, pagara com a própria vida.

Como era de se esperar, no dia seguinte, sexta-feira, a loja estaria fechada por luto, momento perfeito para um assalto ao cofre da loja. E ninguém melhor para se encarregar da missão do que Alemão e Léo. O que eles não puderam prever é que o cofre-forte do dono da loja possuía sistema de alarme e se comunicava diretamente com a delegacia mais próxima.

Edgar, o dono da loja, trabalhava para os traficantes, mas mantinha sua segurança com a polícia. E agora, com a imensa barulheira do alarme, Léo e Alemão corriam como loucos para garantirem sua liberdade. Entraram rapidamente no carro que os levara até ali e saíram a toda brida. Na primeira esquina começaram a ser perseguidos por uma viatura. Uma segunda logo se juntou a ela.

Os ladrões não obedeciam aos semáforos, correndo para salvar a vida e se manterem longe da prisão.

Finalmente o portão da escola foi aberto e Lúcia se empertigou no banco, olhando atentamente para dentro, mas não pôde ver muita coisa porque as crianças saíam ao mesmo tempo, umas encontrando seus pais, outras seguindo a pé, sozinhas. Lúcia torcia as mãos nervosamente e acompanhava com atenção o fluxo de saída. Sua boca estava seca, seu coração descompassado. E, além disso, a estranha sensação de medo continuava presa em seu coração.

Lúcia reparou que os alunos seguravam os presentes que haviam feito em homenagem ao Dia das Mães, que seria no próximo domingo. Nervosa, ela resolveu saltar do carro, atravessar a rua e esperar em frente ao portão.

Nesse momento, avistou uma menina que teria reconhecido entre milhões. Talita trazia alguma coisa nas mãos e, ao avistar a mãe do outro lado da rua, sorriu. Lúcia, ao ver que não havia nada de errado com sua filha, agradeceu a Deus mentalmente. No fundo, tinha se preocupado à toa. Encostou-se à porta do carro à espera de Talita.

Tudo aconteceu muito rápido. Do nada surgiu um carro em alta velocidade, perseguido por duas viaturas policiais. Virou na esquina da escola de forma tão rápida e brusca que quase capotou. Todo mundo parou onde estava, espantado com a surpresa.

Todo mundo, menos Talita.

A menina vinha sorrindo, agitando a lembrancinha que tinha feito para Lúcia, quando se dispôs a atravessar a rua. Lúcia viu os carros se aproximando e tentou gritar, mas era tarde demais. No instante seguinte ouviu-se uma pancada. O pequeno e frágil corpinho de Talita foi arremessado para o alto. A menina rodopiou no ar e voltou ao chão, fazendo um barulho horrível ao cair.

O presente que ela entregaria para Lúcia foi parar longe. Os bandidos não se detiveram. Uma das viaturas seguiu em seu encalço enquanto a outra parou para atender a emergência.

A voz de Lúcia desprendeu-se de sua garganta. Ela correu até Talita, que jazia caída no chão. Um filete de sangue vermelho e brilhante deslizava em sua cabeça.

Sem conseguir parar de gritar, Lúcia se abaixou e viu Talita com os olhos semicerrados, a testa arranhada e os cabelos empapados de sangue. Ao ver a mãe, ela fez um esforço para sorrir.

— Mamãe...

— Talita, pelo amor de Deus, fale comigo. Você está bem? Fale, Talita.

As mãos pequenas e magras seguraram as de Lúcia, e Talita conseguiu dizer, com dificuldade:

— Mamãe... muito obrigada. Fui muito feliz... enquanto estive com você. Obrigada por ser... essa mãe boa que sempre foi. Obrigada por tudo...

— Não! Talita, não fale assim, eu amo você.

As mãos pequenas e trêmulas enxugaram uma última vez as lágrimas de Lúcia como sempre fizeram.

— Não chore, mamãe... não gosto de ver você triste... eu a amo... muito... muito... mui... — Talita suspirou e os olhos azuis se fecharam pela última vez.

Lúcia perdeu a fala novamente, enquanto todo o corpo tremia convulsivamente. A cabeça ensanguentada de Talita ainda repousava em seu colo, mas o corpo estava sem vida. Havia um som distante de sirenes, gritos, pessoas ao redor falando e chorando, mas tudo parecia estar a quilômetros de distância. Talita estava distante.

Lúcia sentiu uma grande tontura e tombou desfalecida sobre o corpo da pessoa que mais amou em sua vida.

capítulo 27

uando ela acordou, viu que tudo estava girando. Olhou em volta e percebeu que estava em um leito de hospital, num quarto limpo e confortável. Uma enfermeira com ar amável entrou e sorriu levemente.

— Sente-se melhor, dona Lúcia?

Sua mente bloqueara os últimos acontecimentos, por isso ela não sabia ao certo o motivo de estar ali. Lembrava-se apenas de ter estado nervosa, pois estava muito preocupada com sua filha na escola. Mas não sabia o motivo de estar em uma cama de hospital. E, afinal, onde estava Talita?

— A minha filha está aqui? — ela perguntou à enfermeira.

A moça olhou-a com compaixão. Fora alertada de que aquilo poderia acontecer. A mente de Lúcia omitia os fatos de si mesma em virtude do grande choque que sofrera.

— Sua filha não está aqui. É por causa dela que a senhora foi trazida para cá.

— Como assim?

— A senhora não consegue mesmo se lembrar? — indagou a enfermeira, indecisa. Não sabia se seria conveniente lembrá-la do ocorrido, mas achou melhor dar a notícia de uma vez: — Infelizmente sua filhinha não sobreviveu ao atropelamento. Sinto muito.

A moça acompanhou com horror a súbita mudança de expressão de Lúcia. Seu rosto empalideceu e os olhos perderam o brilho. No entanto, ela forçou um sorriso amarelo.

— Não é verdade o que está me dizendo. Minha filha está viva, entendeu? Está viva e preocupada porque a mãe dela está aqui — Lúcia sentou-se na cama e fez menção de se levantar. — Preciso ir embora.

Nesse momento entrou o médico que a mantivera sob observação. Lúcia desmaiara na rua com o corpo da filha nos braços e fora trazida até ali. Entre seus pertences encontraram apenas sua identidade. Algumas testemunhas informaram que ela era a dona do carro, mas dentro dele também não encontraram nenhum telefone de contato para avisar alguém.

Nas mãos de Lúcia não havia aliança, o que poderia indicar que ela era casada ou firmava compromisso. Fora levada ao hospital em uma ambulância. Talita seguira num carro do IML, mas estavam aguardando que Lúcia fosse ao necrotério assinar alguns papéis para liberarem o atestado de óbito. O médico, ao ver o que estava acontecendo, tentou impedi-la.

— Por favor, senhora, não pode sair assim. Prejudicará a si mesma.

— Vocês não estão falando a verdade — murmurou Lúcia.

Então de repente a cena veio como um flash em sua mente. Lembrou-se do instante em que o carro atingiu o corpo de Talita, ceifando a vida dela. Sua linda filhinha que morrera em seus braços. Afirmou:

— Talita está viva!

— Talvez esteja se a senhora acredita em vida após a morte — respondeu o médico, sem a intenção de ser irônico.

Lúcia recomeçou a chorar e a gritar. Foi preciso uma injeção de sedativo para acalmá-la, o que a fez dormir novamente. Porém, o médico decidiu que não poderiam mantê-la à base de sedativos o tempo inteiro. Além disso, era comum pessoas que perderam familiares de forma violenta serem hospitalizadas. Logo que ela acordasse, solicitaria o telefone de algum conhecido para que viesse buscá-la e auxiliá-la nos procedimentos para o enterro da criança.

Quando Lúcia tornou a despertar, não conseguiu pensar em outra coisa. Não podia ser verdade, Talita não poderia estar morta. Não poderia tê-la abandonado.

Quando o médico voltou a vê-la, encontrou-a pálida, olhando fixamente para a parede.

— Dona Lúcia, preciso que me informe o telefone de algum parente seu, pois não creio que a senhora esteja em condições de fazer tudo sozinha.

Lúcia não quis perguntar o que exatamente significava esse "tudo".

— Será bom ter uma pessoa para ajudá-la — continuou o médico.

Ela levantou o olhar e o encarou. Ele estremeceu com o que viu ali. Ela mantinha uma expressão serena no rosto, mas os olhos estavam mortos.

— Eu vou providenciar o que for necessário — prometeu Lúcia. Ela tentou se lembrar do telefone da residência de Daniel, mas não conseguiu. — Deu um branco na minha mente. Não estou conseguindo me lembrar do telefone de ninguém. Mesmo assim, gostaria que o senhor pudesse me liberar. Eu vou ficar bem.

O médico sabia que não era verdade, mas não podia mantê-la ali. E depois não poderiam segurar o corpo de Talita no IML por muito tempo. Era necessário transferi-la para o cemitério, onde seria velada e posteriormente enterrada.

Ele obrigou Lúcia a assinar um termo de responsabilidade e lhe deu alta. Ela caminhava com passos firmes, embora não fizesse a menor ideia de para onde estava indo.

Assim que saiu, seguiu em linha reta até uma praça. Não sabia o que fora feito do seu carro, mas não estava interessada nisso. Não estava interessada em mais nada.

Ao chegar à praça, avistou um grupo de crianças brincando no parquinho. Ela se aproximou de algumas senhoras que conversavam.

— Olá. Vocês não viram uma menina loira, assim desse tamanho? — indicou com um gesto. — É minha filha, ela se perdeu de mim.

As mulheres logo viram que Lúcia não estava em seu juízo perfeito e, com medo, chamaram seus filhos e se retiraram dali. Ela se sentou num banco em que as mulheres estavam e lágrimas vieram aos seus olhos.

Não soube dizer por quanto tempo ficou ali, sentada e chorando em silêncio, quando uma mulher caminhou até ela. Ela tinha reconhecido Lúcia e abriu largo sorriso ao vê-la.

— Lúcia, o que faz sentada aqui? — ao chegar mais perto, Laura logo percebeu que havia alguma coisa errada e em seu íntimo soube que era algo relacionado a Talita. — O que aconteceu?

Lúcia pareceu não ter notado a presença da amiga. Mantinha o olhar choroso num ponto indefinido, como se esperasse ver Talita surgir correndo ao encontro dela.

— Lúcia, minha filha, fale comigo. Está me preocupando! — tornou Laura segurando as mãos dela. — Por favor.

Finalmente Lúcia pareceu sair de seu torpor e virou lentamente a cabeça. Sussurrou apenas: "Ela se foi", e Laura soube instintivamente que se tratava de Talita, mas achou prudente não fazer muitas perguntas por ora. Lúcia estava em estado de choque.

— Eu sinto muito pelo que quer que tenha acontecido. Sabe que sou sua amiga e pode contar comigo para o que precisar — vendo Lúcia cair num pranto convulsivo, Laura arriscou: — Você está falando da sua filha, não é? Por que você diz que ela se foi? Talita partiu para a casa daquela avó que não gosta muito dela?

Ela abanou a cabeça, sem parar de chorar. Tremia como se estivesse com quarenta graus de febre. Finalmente disparou:

— Talita morreu — ela sentiu toda a dor que essas palavras causaram em seu coração. — Ela me deixou sozinha e nunca mais voltará.

Laura continuou segurando as mãos dela, que se tornavam mais geladas a cada instante. Era como se a vida de Lúcia também estivesse se esvaindo aos poucos. Não sabia o que acontecera com Talita. A menina sempre esbanjara saúde. Teria adoecido de uma hora para outra?

Após conter parcialmente o pranto, Lúcia falou, por meio de palavras entrecortadas, um pouco do que tinha acontecido:

— Foi atropelada! Ela foi pega por um carro maldito que surgiu do nada... Ela falou comigo antes de... — fez uma pausa — antes de partir para outro lugar.

Laura então fez o que achou ser mais prudente num caso daqueles. Como não estavam muito distantes da casa de Lúcia, ela amparou a amiga até lá, tentando acalmá-la, tarefa quase impossível. Como impedir que uma mãe não chorasse a morte de um filho, às vésperas do Dia das Mães?

Em casa o sofrimento foi ainda maior. Lúcia via a filha em todos os objetos e pertences, e não parava de chorar. Fora informada de que ainda era sexta-feira e não se conformava de que naquela manhã Talita estivera ali, saudável e bem-disposta.

Ao entrar no quarto dela e ver a cama coberta por lençóis cor-de-rosa, pensou que não iria suportar. Talita se deitara ali horas antes, alegre e animada como sempre fora.

Lúcia começou a soluçar, enquanto Laura tentava ampará-la como podia.

— Oh, meu Deus, ela nunca mais vai se deitar aqui. Nunca mais vou ouvir sua voz suave. Nunca mais vou escutar aquelas risadinhas cristalinas, nunca mais...

— Lúcia, por favor, não continue se torturando. Você precisa abolir a ideia do nunca mais. Isso não vai curar as suas feridas, além de fazê-la sofrer. Deus só quer o nosso bem e...

— Deus? — gritou Lúcia furiosa. — Que Deus? Para mim não existe Deus nenhum. Que Deus permitiria que uma criança inocente, linda e feliz morresse de forma tão trágica? Que Deus arrebataria uma vida tão jovem? Não existe nenhuma justificativa para isso.

Lúcia tinha se sentado no chão do quarto e apoiava as costas na cama de Talita, sem conseguir deter o choro.

— A nossa vida nunca é tirada, nem mesmo por Deus. A vida não tem fim, pois, ao morrermos, passamos a viver em outras dimensões. Você aprendeu um pouco disso durante suas visitas ao centro.

— É tudo mentira! — berrou Lúcia, completamente histérica. Estava tão nervosa que Laura julgou que ela fosse agredi-la. — Não existe Deus, não existe vida após a morte, não existem espíritos. Se esse Deus em que a senhora acredita fosse real não teria permitido que eu sofresse tantas perdas em minha vida.

Ela fechou os olhos e continuou falando:

— Primeiro foram meus pais, mortos num acidente de carro... Então conheci Daniel e era para eu ter sido feliz, mas fui abandonada. Outra vez fiquei sozinha, então surgiu ela... minha amiga, minha companheira, minha filha... e agora... ela se foi também.

Laura sabia que Lúcia estava muito nervosa e não adiantaria nada tentar esclarecê-la sobre os verdadeiros valores da vida naquele momento. Precisava resolver outro assunto mais urgente.

— Precisamos ir até o Instituto Médico Legal. Devemos assinar alguns documentos para que eles transfiram — Laura não usou a palavra corpo — Talita até o cemitério mais próximo. Você deve me acompanhar. Leve seus documentos e os dela também.

Laura sabia que aquela seria uma tarefa extremamente difícil para Lúcia, mas ela seria obrigada a realizá-la. Lúcia permaneceu sentada no chão por mais uns cinco minutos até que se levantou e afirmou estar disposta a ir. Laura conferiu os documentos que ela levava e pouco depois estavam no IML.

Foram informadas de que o corpo estava em uma sala. Não fora levada para as gavetas existentes por lá. Para piorar, disseram que seria necessário fazer o reconhecimento do corpo. Laura sabia que aquilo seria devastador e, quando se ofereceu para ir, Lúcia quase gritou ao responder:

— Quer me tirar o direito de ver minha filha? É a mim que ela quer.

Laura não protestou, pois sabia que Lúcia estava descontrolada e decidiu aguardar no corredor.

Seguindo o funcionário, Lúcia entrou numa sala fria e escura. Ele acendeu as luzes. Havia oito espécies de cama ali, mas apenas cinco estavam ocupadas. No entanto, somente uma comportava um pequeno volume sobre ela. Por baixo do lençol branco, estava deitado um corpo pequeno e estreito.

Lúcia puxou a ponta do lençol e sentiu o mundo desabar sobre ela ao reconhecer o rosto de Talita. Eles haviam limpado seus ferimentos, mas ainda havia sangue seco sobre seus cabelos. Os olhos estavam fechados e nunca mais se abririam. Nunca mais ela veria aquele intenso brilho azul.

Tomou-lhe as mãozinhas e estremeceu ao sentir como estavam geladas. O rapaz olhava impassível para aquela cena. Já estava acostumado com aquilo. Lúcia chorava sem parar.

— Fale comigo, filhinha, fale com a mamãe. Por que não abre os olhos? Por que faz isso comigo? Mostre para todo mundo que você está viva, mostre que era tudo brincadeira — como nada acontecia, Lúcia se desesperou: — Vamos, Talita, abra os olhos, por favor.

O funcionário, vendo que o caso era mais grave do que supunha, apressou-se a chamar Laura. Lúcia beijava as mãos frias da filha e por dentro também se sentia gelada e morta.

— Talita, você tem que acordar e ir para casa. Eu prometo levá-la à praia amanhã. Que tal? Você vai comer cachorro-quente com camarão, é isso — ela sorria entre as lágrimas. — E depois vamos nadar bastante, mas não vá se esconder como daquela vez, hein? Quando voltarmos, vamos andar de bicicleta. Penso em comprar uma para mim também. O que acha?

Laura observava a cena parada na porta da sala, com lágrimas nos olhos, mas o que poderia fazer? Se interferisse, Lúcia poderia se enfurecer, tinha certeza.

— Vamos tomar cuidado para não atropelar aquela velhinha, certo? Mas, para tudo isso acontecer, você tem que acordar, meu amor — continuava Lúcia. — Fale com a mamãe, vamos.

Finalmente Laura se aproximou e tentou tirá-la dali. Como era de se esperar, Lúcia reagiu com violência. Disse que queriam afastá-la de sua filha, que fingiam que Talita estava morta, mas na verdade Talita estava viva.

Laura entendia esses acessos de descontrole, em que Lúcia tentava criar em sua mente a imagem de Talita viva e não aceitava a morte repentina da menina.

Foi depois de muito tempo que, rendida, Lúcia deixou a sala aos prantos. Laura providenciou tudo. O velório seria no dia seguinte, às dez da manhã, e o enterro logo a seguir. Lúcia fingiu não ter entendido nada, porque simplesmente não queria entender. O que mais desejava era que alguém lhe dissesse que tudo não passara de um mal-entendido e Talita continuava mais viva do que nunca.

Laura decidiu que deveria dormir com a amiga naquela noite, pois Lúcia não estava em condições de passar a noite sozinha.

— Você não vai informar Daniel do ocorrido? Ele é o pai e tem direito de saber. Deve estar no velório amanhã.

Lúcia deu de ombros e, enquanto Laura procurava o telefone de Daniel numa agenda que encontrou numa estante, Lúcia entrava no quarto de Talita. Chorou sofregamente quando viu a boneca dona Matilde sentada sobre a cama. Nunca mais sua dona brincaria com ela. Lágrimas quentes escorreram pelo rosto de Lúcia. Onde estava Talita para enxugar seu rosto, com suas mãozinhas ágeis? Por que estavam fazendo aquilo com ela? Por que estava sendo tão punida?

O sofrimento parecia não ter fim. Estava em todo lugar. Nas roupinhas no armário, nos brinquedos, nos cômodos da casa. Mas a pior parte estava nos retratos. Lúcia quase morreu quando viu o sorriso banguela no dia de seu aniversário de seis anos. Como imaginar que seria sua última festa? Ela nunca cresceria agora, nunca seria adulta, nunca lhe daria netos. Tudo terminou muito rápido.

Laura tentara dar a notícia da forma mais amena possível, mas Daniel não se controlou. Chorou abertamente ao telefone e disse estar indo para lá imediatamente. Cirina estava em sua casa no momento da ligação. Tinha ido até lá alegando uma visita passageira quando na verdade fora espionar como estava indo o relacionamento do filho e da nora. E agora recebia a trágica notícia de que a neta tinha morrido.

Cirina ficou surpresa, mas não triste ou preocupada. Estela chorava como se Talita fosse sua parenta. Chorava talvez mais que o próprio pai da menina. Pouco depois o casal saiu em disparada para a casa de Lúcia.

Quando tocaram a campainha, Laura pensou ser Daniel que havia chegado, mas se surpreendeu ao ver ali dois policiais. Procuravam Lúcia, e Laura os convidou a entrar.

— Fomos informados pelo hospital que acolheu a dona Lúcia de que ela mora aqui — explicou um deles. — Poderíamos vê-la?

Mesmo sabendo que a amiga não estava em condições de discutir qualquer tipo de assunto, Laura sabia que ela também não poderia se omitir e foi chamá-la. Pouco depois retornou acompanhada de um esboço de mulher. Lúcia parecia ter envelhecido toda uma vida em apenas algumas horas. Os cabelos estavam em desalinho, os olhos avermelhados e sem vida, a pele pálida como cera. Ela se sentou no sofá da sala, olhos fixos no chão e não pareceu ter dado conta da presença dos policiais ali.

— Senhora, gostaríamos de informar que os dois homens que atropelaram sua filha hoje foram presos. — Lúcia os olhou e por um momento os policiais pensaram ter visto um brilho ali, mas tudo foi muito rápido. — Eram procurados e haviam acabado de assaltar um estabelecimento. Lamentavelmente esse assalto culminou na fatalidade que envolveu sua filha. Sentimos muito mesmo. Era nossa obrigação lhe informar.

Lúcia não respondeu. Pouco depois, os policiais se despediram. Ela então se virou para a velha amiga e arrematou:

— Saber que os criminosos foram presos vai trazer minha filha de volta? Não. Vai trazer algum conforto? Não — ela recomeçou a chorar com mais força desta vez. — Por que, entre tantas crianças, tinha logo que ser ela? Por que outras não atravessaram a rua também? Por quê?

— Lúcia, está sendo egoísta. Se isso houvesse acontecido, outras pessoas estariam passando pelo mesmo sofrimento que você. E talvez dizendo a mesma coisa. Não deve praguejar nem desejar a morte de outras pessoas. Eu desconheço a razão de Talita ter desencarnado em tenra idade, mas nada acontece sem uma causa justa. O sistema regido pela Vida é perfeito e infalível.

Lúcia lançou um olhar fulminante sobre Laura, mas não fez nenhum comentário. Por sorte a campainha voltou a tocar. Daniel e Estela acabavam de chegar. Daniel abraçou Lúcia com força e ambos choraram juntos. Estela, parada ao lado da porta, não escondia as lágrimas silenciosas que rolavam por seu rosto. Algumas coisas lhe pareciam cruéis e injustas. Ela não podia ter filhos e ainda tiravam de quem tinha. Realmente não parecia ser justo.

Entretanto, o pior momento foi o enterro de Talita no dia seguinte. As únicas pessoas que compareceram ao velório foram Lúcia, Daniel, Estela, Laura, Suzete, Roberto e as colegas do trabalho de Lúcia. Gabriel fora informado por telefone e ficara muito abalado, mas não teve coragem de falar com Lúcia. Imaginava como ela estaria se sentindo e resolveu consolá-la em outro momento. Cirina não compareceu ao velório nem ao enterro porque havia ido ao shopping em companhia de Glória.

Quando colocaram o pequeno caixão sobre o carrinho que o levaria à cova, Lúcia achou que não resistiria. Dentro daquele ataúde seguia parte de sua vida. O anjo estava lá dentro, mas ela não poderia libertá-lo.

Enquanto o cortejo seguia para a área mais baixa do cemitério, Lúcia sentiu o ar faltar. As pernas mal a sustinham em pé. Passou-lhe um braço pelo ombro, mas Lúcia parecia não ver ou sentir nada, como se estivesse em transe.

— Quem vai me preparar um café da manhã salgado agora? — perguntou de repente, olhando para o caixão. — Quem vai brincar com a dona Matilde? Quem vai tomar sorvetes comigo aos domingos?

— Lúcia, não fique assim — sussurrou Estela, abraçada a ela. — Não torne as coisas piores.

Lúcia murmurava palavras desconexas aos demais. Quando o caixão começou a baixar na sepultura, ela gritou:

— Não... Não enterrem minha filha, ela não pode ficar aí sozinha! — Lúcia se desprendeu de Estela e agarrou o braço do coveiro. — Ela só tem seis anos, tem medo de ficar sozinha. Ela vai sentir muito medo. E se chover... ela tem medo de trovões.

O homem olhava para os familiares. Daniel puxou Lúcia carinhosamente. Ela não estava raciocinando direito e às vezes parecia perder a sanidade. Daniel estava mais calmo, embora ainda muito abalado, mas Lúcia tremia muito. Não dormira à noite e Laura mantivera a vigília, orando por ela.

Lúcia olhava horrorizada quando o primeiro monte de terra cobriu o caixãozinho branco. E, à medida que ele ia ficando menos visível, ela sentiu a visão embaçar. Viu tudo às escuras e perdeu os sentidos.

Quando Daniel voltou para casa, Cirina o aguardava com a amiga. Estava ansiosa para saber como tudo havia sido.

— E então? Como foi?

— Como poderia ter sido, mãe? — perguntou Daniel, irritado. — Foi o enterro da minha própria filha. Pensou que tivesse sido bom?

— Para ver como são as coisas. Essa menina não deveria ter nascido mesmo. Era para ter sido abortada, mas, como insistiram no contrário, Deus, aborrecido, levou-a embora. Que coisa, não?

— Não envolva Deus no meio, Cirina — interveio Estela friamente. — Talvez até seja pecado você pronunciar o nome de Deus.

— Você é uma maldita mesmo! — rugiu Cirina, histérica. — É por isso que é seca por dentro. Porque não merece ter filhos. E ainda fica defendendo a filha da amante do seu marido.

— Mãe, cale essa boca! — Daniel gritou como jamais gritara antes com ela. — Não tem o direito de insultar minha esposa assim. Acabo de ver a minha filha ser enterrada e ainda sou obrigado a ouvir uma coisa dessas? Pegue sua bolsa e esse estorvo que você chama de amiga e saia do meu apartamento.

Glória ficou indignada ao ser chamada de estorvo e Cirina começou a chorar daquele modo falso que sabia fazer.

— Meu próprio filho está me expulsando? Esse mundo está mesmo no fim — vendo que seu drama não estava surtindo efeito, achou que o melhor mesmo era ir embora.

Elas saíram batendo a porta com estrondo. Daniel trancou-a por dentro e foi consolar a esposa, que deveria ter se entristecido com as barbaridades ditas pela sogra. Tudo o que ele tinha agora era Estela. Aos poucos, eles estavam reconstruindo as bases do casamento, por isso, jamais permitiria que a esposa voltasse a ser insultada por alguém. Jamais.

capítulo 28

oi com muito custo que Laura conseguiu convencer Lúcia a comer um pouco. Ela não se alimentava desde o dia anterior e a causa de seu desmaio durante o enterro da filha poderia ser fraqueza.

Quando chegaram do cemitério, Laura foi até a cozinha de Lúcia e preparou uma sopa. Ela se recusou a tomar, mas Laura a fez entender que terminaria doente se fizesse greve de fome.

— Eu quero ficar doente — revelou Lúcia com voz debilitada. — Quero adoecer até morrer. Assim eu me encontro com Talita.

— É uma grande ilusão as pessoas pensarem que, ao apressar a morte ou cometer suicídio, poderão se encontrar com seus entes queridos que já deixaram o corpo de carne — Laura explicou. — O suicida passa por um sofrimento muito grande ao perceber que a vida continua no astral, e os problemas dos quais estava fugindo continuarão a persegui-lo.

— Eu só quero a minha menininha — choramingou Lúcia. Ainda estava terrivelmente abalada com tudo o que tinha acontecido, embora tivesse se acalmado um pouco. Continuou: — Ainda não entendo como Deus pode ser tão mesquinho e cruel.

Enquanto Lúcia lamentava, Laura colocou o prato com a sopa diante dela e notou quando ela começou a tomar, sem nem ao menos perceber o que estava fazendo.

— Se partirmos da premissa de que Deus é a maior força do bem, então Ele não pode ser maldoso. O que é bom não faz o mal, ou seria contraditório — Laura fez uma pausa. — Sendo Deus a representação do amor e do bem, permitiu que nós fôssemos seres eternos, enquanto espíritos. Ele permitiu que a bênção da vida pudesse ser usufruída repetidas vezes, através da reencarnação. Permitiu que nos aperfeiçoássemos moral e espiritualmente à medida que superamos os obstáculos do cotidiano e aprendemos com eles. E, acima de tudo, possibilitou-nos sobreviver após a morte do corpo de carne.

— Não quero ouvir nada disso — agindo de maneira quase infantil, Lúcia tapou os ouvidos. — São apenas palavras bonitas para consolar uma pessoa.

— Entenda como quiser. O que você não pode permitir é que sua vida seja destruída pela tristeza e pelo sofrimento que está sentindo. Não se trancar em um mundo escuro de lágrimas, frustrações, saudades e incredulidade. Não pode se afastar do auxílio da espiritualidade. Querendo ou não, a vida continua para você, por isso, deve se esforçar para torná-la melhor.

Lúcia continuou tomando a sopa em silêncio. Laura prosseguiu:

— Você realizou alguns estudos na casa que eu administro. Leu e aprendeu muita coisa. Tem conhecimento de que sua querida filha está em outro lugar, mantendo os mesmos sentimentos e guardando as mesmas lembranças. Eu não estou escolhendo palavras bonitas para confortá-la. Simplesmente falo sobre aquilo que é real, que você já estudou e já foi provado em diversos lugares do mundo, além de ser aceito em várias crenças religiosas. A vida após a morte é uma realidade incontestável.

— Talita nunca cometeu nada contra ninguém. Era uma criança inocente. Não merecia isso.

— E quem disse o contrário? Você, em vez de se ver como uma vítima da ira divina, poderia pensar exatamente o contrário. Imagine que a morte de sua filha lhe servirá como uma lição. A vida nunca castiga, mas nos ensina através dos menores acontecimentos. Creio que algo assim tenha uma razão coerente para ter ocorrido. Não sabemos o que fizemos em vidas anteriores. Quem sabe esse episódio tenha servido para que você possa reconquistar seu equilíbrio, que porventura tenha sido afetado em vivências passadas.

— Não é justo pagar pelo que fizemos em uma época da qual nem nos lembramos mais.

— Você disse certo, não é justo. E realmente não pagamos. Deus não tem tabela de preços, não cobra dívidas e não exige nada em troca. Além disso, o que nos acontece na vida atual não é um castigo pelo que possamos ter feito em outras vidas. Já expliquei que não existe castigo nas leis da vida. O que existe são oportunidades para melhorar as nossas posturas e atitudes, tentando nos superar em relação ao que fomos ontem.

Laura interrompeu sua fala mais uma vez, observando Lúcia comer de cabeça baixa.

— Esqueça a ideia do "nunca mais" — continuou. — A partir do momento em que compreendemos que a morte é apenas uma viagem para o astral, percebemos que, na natureza, nada se perde, tudo se modifica. O espírito de Talita continua vivendo em outro plano, exatamente como era aqui.

Lúcia suspirou, visivelmente abatida. Os olhos ainda estavam vermelhos, mas ela havia parado de chorar. Se tivesse voltado de uma guerra, não estaria mais mortificada. Naquela noite, Laura dormiu outra vez na casa, fazendo companhia à amiga. Ainda não achava que Lúcia estava em condições de ficar sozinha.

Quando Lúcia abriu os olhos na manhã de domingo, Dia das Mães, pensou, por um breve instante, que Talita apareceria com uma bandeja trazendo um café matutino improvisado. Entretanto, ela logo se lembrou de que isso jamais voltaria a acontecer. Perdera sua melhor amiga e companheira de travessuras, sua filha amada, sua razão de viver. Definitivamente não queria mais continuar vivendo. Sua alegria morrera com Talita.

Laura dormia no sofá da sala, até porque seria falta de respeito dormir na cama que pertencera a Talita e Lúcia jamais permitiria. Laura sabia o quanto Lúcia ficaria mal no domingo que homenageava todas as mães. Já podia prever que a amiga passaria o tempo inteiro chorando e lamentando a ausência da filha. E como proibi-la? Quem poderia obrigar uma mãe a não sofrer a morte de um filho?

Todavia, para surpresa de Laura, Lúcia, assim que o domingo apareceu, surgiu com o rosto limpo, os cabelos penteados e até um pouco maquiada. Não estava chorando nem dava mostras de tê-lo feito nas últimas horas. Parecia até jovial e descontraída. Laura poderia dizer que estava diante da mesma Lúcia de sempre, se não fosse pelo seu olhar. Os olhos dela estavam parados, mortos, sem brilho e sem vida. Pareciam olhar sem realmente ver, como se tivesse ficado cega temporariamente.

— Bom dia, dona Laura. Como dormiu? — cumprimentou, sem sorrir.

— Bom dia. Eu dormi bem, obrigada — assumindo todos os riscos que seu comentário traria, Laura desejou: — Feliz Dia das Mães.

Lúcia estremeceu e a encarou com dureza.

— Você está tentando me insultar?

— De jeito nenhum. Estou falando isso porque você é mãe e merece ser feliz.

— Fui mãe, você quer dizer — tornou Lúcia, com os olhos ficando rasos d'água. — Hoje não sou mais nada.

— Você continua sendo mãe e sempre será. Você, eu e todas as mulheres que já tiveram filhos. Porque o amor é eterno e não morre jamais.

Lúcia ficou espantada, tanto por ver que uma sombra de tristeza perpassou o olhar da velha senhora como por ter ouvido o que ela dissera. Nunca soube que a amiga tinha filhos. Laura jamais tocara no nome deles. Curiosa, perguntou:

— Não sabia que a senhora tem filhos, dona Laura.

— Tenho... São três, dois garotos e uma garota — ela sorriu. — E eu os amo muito e sei que eles também me amam.

— Onde eles moram? São casados? — perguntou Lúcia, pela primeira vez desde a morte da filha, preocupando-se com outra pessoa que não fosse ela mesma. — Qual é a idade deles?

— Imagino que eles morem no mesmo lugar em que Talita também passará a residir.

Laura viu o olhar chocado de Lúcia, pareceu reflexiva por alguns segundos até continuar:

— Tive três filhos. Henrique, o mais velho e mais arteiro, Vitor, o mais inteligente e comportado, e Gabriela, a minha caçula muito amada. Quando eles tinham respectivamente catorze, doze e dez anos, Bernardo, o meu marido, desencarnou. Foi um sofrimento sem fim para mim e para as crianças. Mas, como eu lhe disse, a vida prossegue e temos que seguir sempre em frente. Porém, eu tinha outros obstáculos a serem superados. Três anos depois, Henrique, então com dezessete anos, sofreu um acidente de motocicleta. Seu espírito deixou o corpo na mesma hora.

Laura fez uma pausa para secar a lágrima que insistiu em descer.

— Novas tristezas, sofrimentos e perdas. Assim como você, nunca quis procurar a felicidade ao lado de outro homem. Bernardo fora o único homem em minha vida e assim é até hoje. Quis dedicar minha vida aos meus filhos. Então pode imaginar como fiquei ao perder

Henrique. E o pior é que faltava apenas três dias para sua formatura na escola. Devagar, fui tentando me recompor, mas eis que nova provação abateu-se sobre minha família. Dessa vez foi Vitor. Ele sempre fora muito caseiro, não gostava de sair, mas, quando se enamorou por uma menina, tudo mudou. Eu não via com bons olhos aquele romance, embora achasse que tudo era coisa de jovens, sabe? Porém a menina era viciada em drogas e levou meu filho para esse mundo sem volta. Num dia, ele foi cercado por um grupo de traficantes a quem ficara devendo algum dinheiro. Ele prometera pagar, mas os rapazes acharam que era enrolação mais uma vez. Sem piedade lhe desfecharam dois tiros no peito. A própria namorada me contou tudo exatamente como estou lhe contando. Fazia apenas dois meses que Henrique havia partido e agora Vitor também ia embora.

Lúcia fitava a amiga com absoluta atenção. Era como se aquela história triste pertencesse à outra pessoa que não a alegre, extrovertida e carinhosa Laura.

— Achei que fosse enlouquecer. Assim como você, eu queria morrer também, queria dar fim à própria vida. Também questionei a existência de Deus, pois achava que não era justo tanta gente ruim permanecer viva, como os traficantes que assassinaram Vitor, e as pessoas boas pagarem com a vida. Uma amiga tentava me explicar que a vida sempre continua após a morte e tudo por que passamos é necessário para nosso próprio crescimento espiritual. Era fácil para os outros de fora falar, mas só quem vivencia o problema sabe o quanto é difícil.

A voz dela falhou por um breve instante. Ela pigarreou para lubrificar a garganta.

— Bem, Lúcia, segui em frente, afinal tinha ainda uma filha que mal completara catorze anos e precisava de mim. Minha família mora no Rio de Janeiro e sou a única a morar na capital paulista. A vida foi seguindo em frente, mas... — Laura não conteve o pranto e Lúcia a abraçou por impulso. — Descobrimos que Gabriela estava com câncer no sangue. Leucemia, uma doença tão devastadora que em menos de um ano levou-a para o mundo espiritual. Imagine como me senti vendo minha filha amada morrer aos poucos, sem que eu pudesse fazer nada para ajudá-la. Eu a vi emagrecer, perder os cabelos e gritar durante a noite por conta das dores terríveis.

Apesar de Laura não ter pedido, Lúcia foi até a pia, encheu um copo com água e o colocou diante da amiga. Quando Laura sorveu um grande gole, prosseguiu com sua narrativa:

— Foi a partir daí que comecei a questionar o porquê das coisas. Se Deus tinha levado as pessoas que eu mais amei na vida, deveria haver uma razão. Por que Ele permitiria que nós conhecêssemos e amássemos tantas pessoas, para depois nos vermos sem elas? Foi quando descobri a espiritualidade, que me trouxe todas essas respostas. Entendi que tudo só acontece para o nosso melhor, por pior ou mais injusto que possa parecer. Entendi que Deus é a perfeição, e a vida é sábia, generosa, traz todos os recursos que nos ajudam a evoluir dentro de nossas possibilidades — ela terminou de tomar a água e concluiu: — E, tempos depois, quando recebi uma carta psicografada ditada pelos meus filhos, entendi que a principal mensagem era a de que a morte não existe.

Lúcia chorava tanto quanto Laura. Jamais poderia imaginar que uma mulher que sofrera tantas perdas ainda pudesse sorrir e ser feliz. Como era possível?

— Dona Laura, nem sei o que dizer — Lúcia usou as mãos para enxugar as lágrimas do rosto da senhora como Talita a ensinara a fazer. — Sinto muito mesmo. Eu... quantos anos a senhora tinha nessa época?

— Isso aconteceu há cerca de trinta anos. Quando Gabriela morreu, eu ia completar trinta e oito. Depois que me recuperei da perda de toda a minha família, abri um negócio com um velho amigo do meu marido. A ideia de abrir uma pensão foi dele. Ele entrava com o capital e eu gerenciaria tudo. O negócio deu certo, mas infelizmente Erasmo, esse era seu nome, só pôde gozar do sucesso por dois anos. Uma repentina parada cardíaca o levou à morte — ela entrelaçou os dedos. — Nessa época eu me questionava se havia alguma coisa de errado comigo, pois todas as pessoas de quem eu me aproximava morriam. Bastava que eu gostasse de alguém e essa pessoa partia. A única exceção foi você, que de uma hora para outra avisou que deixaria minha pensão. Até senti um pouco de ciúmes por perdê-la para um homem que não me inspirava confiança. É que eu tinha a mesma sensação do romance de Vitor com Lorena, a menina que o levou às drogas.

Lúcia tornou a abraçar Laura. Era tudo o que tinha a ofertar agora, sua amizade e seu carinho.

— Por que nunca me contou nada disso antes?

— Porque nunca me senti bem me abrindo com ninguém. Com você foi diferente, pois está passando pela mesma situação por que passei tantas vezes.

— Mas o meu caso não se compara com o da senhora. Eu, em seu lugar, não teria resistido.

As duas permaneceram assim boa parte do dia. Laura contou sobre a carta psicografada que recebera, em que os filhos diziam que haviam entendido o porquê de terem partido ainda jovens e um dia a mãe entenderia também. Diziam ainda que estavam todos juntos e haviam reencontrado o pai. Foi emocionante.

Ao final, Lúcia comentou que aquele estava sendo o Dia das Mães mais triste desde que Talita nascera, mas esperava que fosse pior. Porém, ao ouvir a narração da amiga sobre seu passado, algo tocou seu coração. Deveria ser verdade o que dona Laura dissera. Tudo devia ter um motivo, uma razão, explicação para acontecer. E o melhor, segundo ela, é que no astral estão todas as pessoas que amamos e desencarnaram. A bondade de Deus é infinita, e a morte não existe.

Rapidamente o tempo passou, embora Lúcia tivesse a impressão de que os dias se arrastavam. Foi difícil e doloroso enfrentar sozinha toda a situação. Claro que contava com a presença constante de Laura, que sempre lhe dava apoio nos momentos mais angustiantes. Era ela quem sempre estava ali para lhe oferecer um ombro amigo, onde Lúcia podia recostar a cabeça e dar livre curso às lágrimas.

Aos poucos, ela teve melhor compreensão dos fatos. No começo desejou ver, ouvir Talita, ou sonhar com ela. Queria ter mesmo certeza de que a filha estava viva em outro plano, mas isso nunca aconteceu. Interrogada, Laura explicou que nem sempre os espíritos têm permissão para nos visitar na Terra. Lúcia não se satisfez com a resposta. Todas as noites, ao se deitar, esperava ansiosamente que a filha viesse conversar com ela através de sonhos, mas nada acontecia. No entanto, ela não perdia as esperanças. Sempre esperava por Talita.

No começo foi muito difícil trabalhar sem demonstrar a tragédia que tinha acontecido. Conseguiu afastamento por licença nojo, o que não serviu de muita coisa. Quando voltou ao trabalho, estava sempre chorosa, chegava atrasada, nunca ria, jamais sorria e passou a tratar mal os visitantes do edifício. Graças aos seus vários anos de dedicação à empresa e seu histórico de boa funcionária, impediram sua demissão.

Ficou surpresa quando soube por Daniel que ele e Estela estavam de partida para a Europa. Iam passar dois meses por lá, visitar Gabriel e se esquecer um pouco dos problemas. Os pilares do casamento estavam sendo reerguidos. Sem a filha, nada mais deteria Daniel no Brasil.

Gabriel também lhe telefonou certa noite. Ao falar de Talita, ambos choraram muito. Ele amava a menina profundamente. Ainda imaginava que Lúcia e seu irmão continuavam mantendo um romance e não quis tocar no assunto. Lúcia nem se lembrou disso, pois as recordações de Talita suprimiam todas as outras.

Ela sentiu uma dor quase física quando resolveu se desfazer das coisas da filha. Manteve tudo do mesmo jeito por quatro meses, mas achava que teria mais proveito se os objetos e roupas fossem doados a quem precisasse. Laura falou que ela poderia doar à sua casa espírita, pois, periodicamente, a equipe do centro distribuía roupas, brinquedos e alimentos a pessoas de comunidades mais carentes. Disse que Lúcia faria uma grande caridade ao próximo se agisse assim.

Para Lúcia foi extremamente difícil. Tocar em cada peça de roupa de Talita, em seus vestidos, seus conjuntos, seus sapatos, tudo era triste demais. Tinha a sensação de estar escolhendo uma roupa para vestir em Talita, mas, quando se lembrava de que não havia mais Talita, seu coração se apertava e ela começava a chorar. Foi preciso mais uma vez a presença indispensável de Laura. Sempre apoiando a amiga, a velha senhora auxiliou-a nesses momentos mais difíceis.

A única coisa de que Lúcia não teve coragem de se desfazer foi da boneca, a dona Matilde. Sempre fora o brinquedo preferido de Talita e achava que a menina se entristeceria se ela se desfizesse da boneca. Laura não discordou.

Com o tempo Lúcia foi reorganizando sua vida. Soube que Alemão e Léo, os bandidos que atropelaram Talita, foram julgados e condenados a oito anos de prisão. Zecão, o chefe deles, também fora capturado, julgado e condenado a seis anos. Entretanto, isso não trouxe nenhuma satisfação a ela. Não pensava em perdoar os ladrões pelo mal que lhe causaram, mas também não queria julgar. Deus sabia o que era certo, Laura sempre dizia: "Cada um sempre responderá pelas suas próprias atitudes".

capítulo 29

A vinte metros da casa de Lúcia foi aberto um salão de beleza. Nada requintado, mas tinha qualidade. As mulheres da região foram atraídas pelas novidades vindas do exterior e pelos bons preços. Lúcia havia muito deixara de se preocupar com a aparência. Ainda não tinha encontrado motivos para se vestir melhor. Não tinha para quem se exibir e achava que não valia a pena agradar a si mesma.

Quando Glória soube da novidade do salão, correu a contar para sua única amiga.

— Cirina, você não sabe da última. Acabou de inaugurar um salão de cabeleireiros ao lado da casa de sua ex-nora.

— Minha ex-nora? A quem se refere? — perguntou Cirina, sem muito interesse. Desde que Daniel partira para a Europa em companhia da esposa, ela vinha se sentindo muito solitária. Deixou de sair com suas amigas para eventos e festas importantes. A única com quem ainda mantinha contato mais próximo era Glória.

— Refiro-me a Lúcia. Ela manteve um vínculo muito forte com Daniel. Eu a consideraria mais sua nora do que a própria Estela.

A simples menção ao nome de Lúcia fazia Cirina estremecer de raiva. Ela sempre odiou a outra com todas as forças de sua alma e não escondia seu contentamento com a morte de Talita. Achava que Lúcia estaria sofrendo como merecia e aquilo lhe causou a sensação de uma vingança concretizada. Agora, aquela mulher estava definitivamente fora da sua família.

— Nunca suportei aquela idiota — desabafou Cirina, de repente. — Graças a ela tive que enviar Gabriel para outro país. Ela só me trouxe problemas desde que apareceu. Maldito foi o dia em que Daniel se envolveu com ela. E não a chame de ex-nora. Jamais teria permitido que ela se casasse com Daniel, mesmo que ele não fosse casado com o espantalho da mulher dele.

Glória passou a insistir que Cirina a acompanhasse para que conhecessem o referido salão. Como sua vida ultimamente era pura melancolia, Cirina aceitou.

A visita aconteceu num sábado à tarde. Cirina achou o lugar muito simples, mas gostou do atendimento. Pouco antes de irem embora, Glória sugeriu:

— Poderíamos dar uma passada na casa de Lúcia e espiar. O que acha?

— Espiar o quê? Agora não me interessa o que ela faz com sua vida.

— Eu sei, mas pense em uma coisa — teimou Glória. — Ela está morando na casa que lhe foi dada pelo seu marido para que morasse com a menina. Agora a menina não existe mais. Ela deveria cair fora, não acha? Vender a casa e devolver-lhe o dinheiro.

— Ora, Glória, não diga besteira. A casa é dela de papel passado. Não há como restituir esse direito. Lembra-se de quando eu expulsei Estela do apartamento de Daniel? De que adiantou? Ela nem me deu confiança e continua morando lá até hoje.

— Mesmo assim você poderia passar na casa de Lúcia e averiguar.

314

— Averiguar o quê? — indagou Cirina, sem conseguir entender o motivo de a amiga estar tão curiosa a respeito de Lúcia. — O que quer que eu faça lá? Que lhe dê beijinhos? Ora, vamos...

— Está certo, Cirina. Vamos esquecer que existe uma mulher que seduziu seus dois filhos e lhe trouxe tanta dor de cabeça. Uma mulher que conseguiu convencer seu filho a encerrar o processo sobre a tutela da menina. Já imaginou como ela não deve ter rido de você? — vendo que Cirina se alterava, Glória sorriu e prosseguiu: — Ela sempre levou vantagem sobre você, minha amiga, pois há de convir que ela poderia ter tido Daniel pela segunda vez se quisesse. Graças a ela, a pobre Estela tentou se matar. Se ela valesse alguma coisa, não teria perdido a filha.

As palavras venenosas de Glória tinham apenas um objetivo: promover a discórdia e a intriga. Como sempre, ela se mantinha em perfeita sintonia com os vultos escuros que nunca se afastavam dela.

— Creio que agora, para a sua vingança contra tudo o que ela lhe fez, deveria ir até lá e mostrar que, no fim, você foi a mais forte. Ela ainda deve estar desnorteada em virtude da morte recente da menina. Você fecharia tudo com chave de ouro, querida.

Não é difícil fazer a cabeça de uma pessoa que só mentaliza o ódio e outros sentimentos inferiores. Cirina foi facilmente convencida. Como era um sábado, ela sabia que Lúcia não trabalhava e deveria estar em casa naquele momento. Resolvidas, as duas foram até lá.

Lúcia estava sentada na sala, os olhos marejados de água, enquanto contemplava as últimas fotos que tirara de Talita. Havia as fotos da praia e do zoológico. Talita saíra linda ao lado da jaula dos macacos. As fotos da formatura da escola, da festa de aniversário e do dia em que aprendeu a andar de bicicleta. No canto esquerdo da foto saíra a velhinha que elas quase atropelaram duas vezes.

Ela sorriu ao se lembrar desse fato. Nem parecia que seis meses haviam se passado desde que Talita partira.

No dia do aniversário dela, em que a menina completaria sete anos, Lúcia levou um lindo arranjo de flores ao cemitério. Levou também dona Matilde. Deixou-a sentada sobre o pequeno túmulo por um momento.

— Olha só quem eu trouxe para você ver, meu amor, a dona Matilde — explicou Lúcia olhando para o retrato sorridente na lápide. — Nós duas estamos com muita saudade — lágrimas vieram aos seus olhos. — Eu a amo muito, minha princesa, e sempre a amarei onde quer que esteja.

Lúcia fazia visitas frequentes ao cemitério. Às vezes levava a boneca, sentava-a sobre o túmulo, falava algumas coisas e ia embora com o brinquedo nos braços. Os funcionários do cemitério já a conheciam e, julgando-a meio louca, não interferiam.

Agora as lembranças vinham através dos retratos espalhados pelo chão, onde ela se sentava e observava o rostinho sempre sorridente de Talita congelado no tempo.

O toque da campainha a tirou de seus devaneios. Não esperava ninguém. Seria Laura?

Ao abrir a porta, ficou branca ao ver Cirina e Glória paradas ali. Nem lhe passou pela cabeça a razão da visita.

— Olá, querida, como tem passado? — cumprimentou Cirina, invadindo a casa sem pedir licença. Glória a seguiu. — Nossa, quantas fotos! — reparou ao baixar o olhar. — São da sua filha que morreu?

Lúcia contraiu o olhar e fingiu não reparar na maldade das palavras de Cirina. Imaginou que nunca mais veria aquela mulher em sua frente.

— O que querem? — perguntou, ficando nervosa.

— Viemos ver se não precisa de nada — foi Glória quem respondeu. — Deve se sentir muito sozinha, afinal não tem mais ninguém.

— Deve ser duro perder um filho, não? — as palavras de Cirina tinham o objetivo de ferir Lúcia. — Graças a Deus nunca perdi nenhum, embora tenha faltado pouco. Se eu não fosse esperta, você teria ficado com os dois.

— Por que você me odeia tanto, Cirina? — Lúcia estava se controlando para não chorar. — Você nunca fez nada de bom por mim. Não me lembro de tê-la prejudicado alguma vez para merecer tanta repulsa de sua parte.

— Realmente, nunca gostei de você. Nunca me convenceu com essa sua carinha de coitada. Desde aquela primeira vez em que surgiu implorando ajuda, vi que teria uma inimiga pela frente.

— Você me tomou por inimiga porque quis. Eu nunca tentei disputar Daniel com Estela, ao saber que ele era casado, e jamais me insinuei para Gabriel.

Glória sorriu ironicamente. Cirina se irritou, andando de um lado para o outro. Às vezes ela pisava nas fotografias com as pontas dos seus saltos.

— A quem você acha que engana? Não queira bancar a espertinha agora.

— Estou cansada, Cirina. Passei a minha vida inteira com medo de um ataque seu. Você fez de tudo para que eu não fosse feliz. Até minha filha tentou me tirar. O motivo de tudo isso é que eu nunca entendi — Lúcia fez uma pausa e alertou: — Cuidado, está pisando nas fotos!

— Danem-se as fotos. Você foi meu calo por todos esses malditos anos. Acho que, se meu marido não tivesse morrido, você teria tentado levá-lo para a cama também.

Um forte rubor coloriu as faces de Lúcia.

— Por que você não morreu no lugar do seu Ronaldo? — gritou Lúcia. — Sua cobra!

Cirina ficou possessa e desferiu um tapa violento no rosto de Lúcia, atirando-a sobre o sofá. Em seguida agarrou a moça pelos cabelos e empurrou-a para o chão.

— Eu odeio você, sua vagabunda — descontrolada, Cirina também se pôs a gritar. — Ainda por cima deseja a minha morte? Pois tomara que você seja a primeira a morrer entre nós duas.

— Como você consegue ser tão má, Cirina? — tornou Lúcia, afastando os cabelos do rosto. Sentia-se tão derrotada que nem tentou se erguer do chão. — O que você tem no lugar do coração? Tenho pena de Daniel e de Gabriel. Devem sofrer por ter uma mãe assim. E sinto dó de Estela. Tem a pior sogra do mundo.

Desta vez Cirina fechou o punho e aplicou um murro no queixo de Lúcia. A moça caiu sobre as fotos e não conteve o pranto. Glória não se continha de tanto prazer. Cirina sentia vontade de dar uma surra em Lúcia. Estava se contendo à força.

— Agora você não tem mais ninguém. Conseguiu muita coisa boa. Uma casa, um carro, uma filha. Mas não tem felicidade.

O carro de Lúcia fora guinchado no dia do acidente e levado para a seguradora. Lúcia o retirara mais tarde.

— Aos poucos tudo lhe será tomado. Sua filha já foi.

— Tenho pena de você, Cirina. Você é realmente uma bruxa má, como dizia Talita. Não passa de uma velha asquerosa.

Cirina aplicou-lhe outra bofetada no rosto, ainda mais forte do que a primeira. Lúcia não se sentia animada para reagir. Não havia mais motivo para nada em sua vida. Até que Cirina declarou:

— Se quer saber, eu fiquei muito feliz quando soube que a peste da sua filha estava enterrada. Que menina insuportável, chata e malcriada! Teve o fim que merecia.

Ao ouvir a menção sobre Talita, Lúcia não se conteve. Pouco se importava com o que falavam dela, mas não permitiria que ofendessem Talita. Lúcia iria defendê-la como sempre fizera.

Ela se pôs de pé e sustentou o olhar de Cirina. Por um momento ficaram frente a frente e o que Cirina viu nos olhos de Lúcia fê-la recuar dois passos. Mas era tarde demais. Talvez Lúcia tivesse agido pela raiva, pela mágoa armazenada durante tantos anos contra aquela mulher.

O primeiro golpe atingiu Cirina acima da orelha, o segundo a derrubou no chão. Lúcia não conseguiu se controlar e avançou sobre a mulher com fúria, dando-lhe socos, chutes e arranhões. Agarrou um tufo dos cabelos claros de Cirina e puxou-os com toda a força, ao mesmo tempo em que atacava com as pernas e o braço livre.

Glória, apavorada com a reação repentina de Lúcia, tentou intervir, mas recebeu uma cotovelada no estômago que a deixou sem fôlego. A moça parecia estar com a força de dois homens.

Lúcia somente cessou os golpes quando Cirina estava inconsciente. Não sabia o que havia acontecido ou o porquê de ter atacado a mulher de maneira tão violenta, quase animalesca. Glória berrava a plenos pulmões, ameaçando chamar a polícia.

— Chame a polícia e eu quebro todos os seus ossos — prometeu Lúcia com um rosnado.

Glória agachou-se ao lado da amiga e tentou reanimá-la. Cirina jazia desmaiada em meio ao sangue que escorria de sua boca, dos diversos arranhões espalhados pelo rosto e pelo corte largo acima da sobrancelha direita. O rosto estava inchando, e os olhos tornavam-se arroxeados por causa dos hematomas. Sua orelha esquerda parecia em carne viva, devido ao acúmulo de sangue.

Foi com muita dificuldade que Glória conseguiu fazer Cirina acordar. Lúcia estava sentada no sofá olhando para as duas tranquilamente. O máximo que poderia acontecer agora era que as mulheres a denunciassem à polícia. Não tinha mesmo mais nada a perder. A ideia de passar o resto de seus dias atrás de grades não era de todo ruim, afinal não sentia mais gosto em continuar a morar na casa onde Talita vivera. Em cada canto estava viva a memória da menina.

Cirina levantou-se com muito custo. Gemia e se lamentava. Quando conseguiu se firmar nas próprias pernas, olhou assustada para Lúcia. Se soubesse que isso iria acontecer, jamais teria pisado ali. E tudo fora culpa de Glória. Quem mandou dar-lhe ouvidos?

— Vamos chamar a polícia, Cirina — sugeriu Glória. — Vamos abrir um processo contra ela. Você foi agredida, espancada. Isso não deve ficar assim.

— Cale a boca, Glória — sussurrou Cirina. — E ajude-me a chegar até o carro. Você dirige.

— Mas...

— Cale a boca, já falei — Cirina lançou um último olhar a Lúcia e, como se nada tivesse acontecido, acrescentou: — Adeus, Lúcia.

Pouco depois, as duas deixaram a casa. Cirina levou quase dez minutos para chegar ao carro. Lúcia ainda estava surpresa com o ocorrido, mas no fundo estava satisfeita. Talvez dar uma surra em uma pessoa como Cirina, embora não solucionasse seus problemas, não fosse nenhum crime. Sentia um imenso alívio em seu peito. E, pela primeira vez desde a morte de Talita, Lúcia soltou uma gargalhada despreocupada.

Duas noites depois, Lúcia sonhou com o pai. Não se lembrava exatamente das palavras de Geraldo, mas acordou sentindo uma sensação boa. Tinha a impressão de que ele lhe dissera algo sobre o perdão, porém não tinha certeza. Fez o possível para se recordar e terminou desistindo.

Esperava ansiosamente por um encontro com Talita através dos sonhos. Já fazia seis meses que ela partira e nem sequer tivera um vislumbre da filha. Às vezes desconfiava de que tudo terminava com a morte; contudo, no fundo, queria acreditar que haveria uma continuação. E, agora que sonhara com o pai, tinha certeza de que a morte não era o fim. Seu maior desejo era voltar a ver Talita, ainda que apenas por um breve instante.

Em algumas visitas às reuniões no centro de estudos espirituais de Laura, ela aguardava uma mensagem psicografada de Talita, como acontecera com os filhos da amiga. Mas isso também não acontecia. Laura dizia que a paciência era uma grande virtude e no tempo certo sua vontade seria realizada. Lúcia pedia a Deus que fosse em breve.

capítulo 30

$\mathscr{E}$nquanto Lúcia se recordava da filha com emoção, não notava os espíritos de Geraldo e Ronaldo ali presentes. Os benfeitores espirituais olhavam-na com carinho e amor.

— Quando Lúcia poderá se encontrar com Talita? — perguntou Ronaldo. — Creio que ambas estejam preparadas para esse encontro.

— Tudo acontece na hora certa, meu caro amigo. O encontro acontecerá quando for possível. Talita é um espírito de grande instrução, embora ainda se mantenha com a aparência que tinha ao deixar o corpo. Aprende e brinca num educandário, um local destinado ao estudo e desenvolvimento de crianças e adolescentes aqui no astral — explicou Geraldo, concluindo: — Ela sente muita falta da mãe e pergunta por ela todos os dias. Foram muito ligadas nesta existência.

— Imagino que elas eram muito unidas em outras vidas — opinou Ronaldo. — É que elas se amam de uma forma muito verdadeira.

— Não é bem assim — sorriu Geraldo. Eles observaram a figura de Lúcia sentada no sofá. — Vamos descobrir o que elas fizeram na última encarnação. Gostaria que viesse comigo para que possa entender a causa de muitas coisas. Você já deve imaginar que Lúcia, Talita, Daniel, Estela, Gabriel e Cirina já estavam juntos em outras existências. E naturalmente nem sempre foi desse jeito. Tudo o que nos acontece na vida atual é reflexo de encarnações anteriores.

Pouco depois os dois volitaram até um lindo salão, no astral. Era muito limpo, claro e espaçoso. Uma grande tela, que lembrava a de um cinema, estava fixada numa parede. Os dois se sentaram em confortáveis cadeiras.

— As imagens que aparecerão mostrarão a última encarnação de Lúcia e dos outros. No fim você entenderá os motivos de algumas coisas parecerem injustas. Suas perguntas serão respondidas.

— E olha que são muitas — sorriu Ronaldo. — Eu quero saber o porquê de Talita ter morrido de forma brusca e violenta, a razão de Estela ter nascido estéril, o motivo de Daniel e Lúcia nunca terem sido felizes juntos, a origem do ódio inexplicável que Cirina sente por ela, entre muitas outras coisas.

— Então você descobrirá tudo agora — garantiu Geraldo com um olhar amável.

Ele movimentou um botão e as imagens foram aparecendo na tela. Era como assistir a um filme, mas era um filme real. Ronaldo viu alguns escravos e imaginou que essa encarnação tivesse se passado na época da escravidão.

— Vamos assistir — pediu Geraldo.

Realmente era época da escravidão no Brasil, por volta do ano de 1800. Em uma fazenda bonita e imensa, via-se uma bela mulher, de traços aristocráticos. Seu semblante, porém, era sério e fechado.

— Maria — berrou, agitando uma sineta. Quando a escrava apareceu às pressas, a mulher continuou: — Sinto vontade de beber um chá. Traga-o depressa.

Maria correu até a cozinha para atender a ordem. Sabia que a sinhá Dulce jamais tolerava qualquer tipo de atraso. Desde que o sinhô Serafim morrera e ela assumira o controle da fazenda, a vida dos escravos se transformou num inferno. O que o sinhô Serafim tinha de bondoso, sinhá Dulce tinha de malvada. Ela parecia ter uma

323

predileção especial em maltratar Maria, sua escrava particular. Era ambiciosa, egoísta, invejosa e ardilosa. Nunca era vista tratando com cordialidade uma pessoa de pele negra.

A escrava já estava toda trêmula só de pensar na reação que a sinhá teria quando soubesse que ela estava de barriga. A noite de amor que tivera com o negro Alonso resultara em um filho. Ela não queria ter o mesmo destino das outras escravas. Sabia que, quando uma escrava ganhava barriga, a sinhá mandava que ela tomasse ervas para sangrar. Então perdiam a criança que esperavam. E, se mesmo assim a criança nascesse, ela mandava que os capatazes dessem um fim nelas.

As negras jamais voltavam a ver seus filhos e, mais tarde, eram castigadas. Essa ideia deixava Maria apavorada. Queria ter seu filho a seu lado. Não queria que ele fosse assassinado como acontecera com as crianças das outras negras. E ela própria não queria ser castigada.

Estava pensando nisso enquanto preparava o chá e sua distração não a deixou perceber que estava adoçando o chá além do ideal. Ao levá-lo para Dulce experimentar, a sinhá fez uma careta e jogou o conteúdo restante, ainda quente, no rosto da escrava.

— Mas, sinhá...

— Negra dos infernos, eu pedi chá e não melado. Suma com isso daqui!

Aflita, Maria correu enquanto enxugava o rosto com a barra do avental. Não chegou a sofrer queimaduras mais graves, mas o chá estava bem quente e machucou bastante seu rosto. Ela não sabia por que a sinhá estava mais nervosa do que o habitual.

O fato é que Dulce recebera uma missiva comunicando que, em breve, sua irmã, sua sobrinha e o noivo dela passariam uma temporada na fazenda. Dulce gostava apenas de Ester, a irmã, mas tinha horror a Magali e a seu noivo Martim, filho do doutor Jordão. Ambos eram homens importantes na corte do Rio de Janeiro, mas Dulce não os suportava.

Também detestava a sobrinha. Magali procurava ser certa em tudo o que fazia, adotando uma postura que irritava a tia. Às vezes chegava a dar lições de moral em Dulce, o que a deixava colérica. Com Martim, formavam um casal desprezível.

Uma semana depois, duas carruagens pararam em frente à entrada da fazenda e delas saltaram duas damas elegantes e um admirável cavalheiro. Na outra carruagem, vinham dois criados e as bagagens. Dulce não estava propriamente feliz, embora gostasse de rever a irmã, com quem não mantinha contato havia muitos meses.

Os familiares de Dulce se hospedaram na casa por tempo indeterminado. Ester compartilhava das mesmas ideias de Dulce a respeito do modo como os escravos deveriam ser tratados. Em seu conceito, negro não era gente. As mulheres nunca deviam ficar prenhas, pensava ela. Já Magali e seu noivo Martim discordavam desse ponto de vista, mas preferiam não discutir.

Martim, acostumado ao movimento da cidade grande, não se sentiu muito confortável em sua primeira viagem ao campo e preferia ficar em casa sempre que a noiva saía para passear a cavalo com a mãe ou a tia. E foi num dia em que estava no alpendre da casa grande, apreciando as imensas campinas verdejantes que se descortinavam à sua frente, que notou a presença de Maria.

Fazia apenas três dias que estavam ali e ainda não tinha visto ou percebido a escrava. Maria era jovem e muito bonita, mas tinha a pele escura, o que era considerado quase um pecado na época. Martim gostava de Magali, achava-a simpática e educada, mas não a amava. Marcara seu casamento com ela seguindo as ordens do pai, que desejava unir a fortuna das duas famílias. Todavia, desde que vira Maria, sentira algo diferente. A escrava tinha algo em seus olhos escuros que o atraía, como se fossem poços profundos, e o convidavam para saber o que havia ali dentro.

Uma semana depois, ele descobriu que estava apaixonado por Maria, mesmo sem ter jamais trocado uma só palavra com ela desde que chegara à fazenda. Ela tinha percebido os olhares do sinhozinho. Isso a deixou feliz e, ao mesmo tempo, assustada. Já estava apavorada com o momento em que sinhá Dulce percebesse que sua barriga estava crescendo. E agora, o que diriam se soubessem que o sinhozinho a olhava com certo interesse?

Ela gostava de Alonso, o negro com quem havia tido a noite de amor, mas não era nada sério. Simplesmente gostava dele. Porém, quando percebia os olhos escuros do sinhozinho Martim fixados em seu rosto, ela sentia algo quente corroê-la por dentro.

Com a chegada de Ester, os negros sofriam em dobro. Ela era muito pior do que a irmã para aplicar castigos. Sabia que não havia quem os pudesse socorrer, por mais que Magali e Martim tentassem interferir. As duas mulheres chegaram a ponto de ordenar aos capatazes que preparassem ciladas aos negros, de maneira que eles fossem pegos em flagrante por algo que não estavam fazendo. Ambas pareciam ter uma sede especial por sangue e iam ao delírio quando viam os escravos serem amarrados ao tronco e chicoteados, muitas vezes até a morte.

Um mês depois, Dulce recebeu o comunicado de que havia uma negra desconhecida querendo falar-lhe. Ela dissera aos capatazes que viera fugida de outra fazenda não muito distante dali e implorava ter com a sinhá, ainda que por alguns instantes. Dulce jamais falava com negros, a não ser quando ordenava alguma coisa, e ficou bastante surpreendida com esse chamado. Na companhia da irmã, foram ver de que se tratava.

Uma negra forte e robusta estava sentada no chão, chorando abertamente. Dois capatazes seguravam-na pelos braços. Dulce deu ordem para que a soltassem. Quando a negra pôs-se de pé, notaram que ela estava em adiantado estado de gravidez.

Aquilo ferveu o sangue de Dulce. Sempre quisera ter filhos e nunca conseguira. Engravidara três vezes, mas os bebês sempre morriam antes mesmo de completar oito semanas de gestação. Nunca pudera entender o que acontecia, o fato é que passara a odiar ver uma negra esperando uma criança. Já que ela, sendo uma sinhá rica e branca, não podia ter filhos, não seriam as negras imundas que os teriam. Por isso, sempre mandava que as mulheres tomassem ervas abortivas, ou dessem um sumiço na criança logo que ela nascesse. Claro que as mães eram sempre castigadas depois.

E por que seria diferente desta vez? Havia ali uma negra fugida e prenha. Implorava por ajuda, mas elas não iam auxiliá-la. Dulce sentiu ódio ao vê-la ali, sadia e corada.

— Imploro, sinhá. Eu só quero ter meu filho. Na fazenda de onde vim, o sinhô disse que venderia minha criança. Suplico sua ajuda.

Naturalmente a pobre coitada não deveria saber da fama da horrenda e sádica sinhá, pois jamais esperaria que Dulce se armasse de uma ripa, ordenasse aos capatazes que a segurassem firme e a golpeasse repetidas vezes na barriga. Ester acompanhava a cena com ar de regozijo. Ao final, a negra caiu e foi a vez de a própria Ester terminar o serviço.

Naquele mesmo dia, enterraram o corpo da negra em algum canto da fazenda. Com ela seguiu seu filho, que não tivera oportunidade de nascer. Escondida em um ponto de onde não pudera ser vista, Maria tinha acompanhado toda a cena e tremia muito.

Com certeza teria um fim parecido com o daquela escrava, pois, além de ter o privilégio de viver na casa-grande em vez de na senzala, tinha traído a confiança de sua sinhá ao se deitar com o negro Alonso. Seria morta da mesma maneira que a negra fugitiva. Para piorar, descobrira-se apaixonada pelo sinhozinho Martim. E, mesmo sem ter trocado uma única palavra com ela, Maria tinha certeza de que ele também a amava.

De fato, Martim estava enamorado por Maria. Se pudesse, terminaria tudo com Magali, sequestraria Maria e fugiriam juntos, mas sabia que seria uma traição contra seu pai e contra a própria noiva. Jamais esperariam isso dele.

Houve uma ocasião em que eles trocaram olhares tão intensos que Martim não pôde suportar mais. Fez um gesto discreto para a criada, que o seguiu silenciosamente. Dulce, Ester e Magali tinham saído para seu costumeiro passeio a cavalo. A casa estava vazia. Martim levou Maria ao seu quarto, onde romperam todas as barreiras dos preconceitos e superaram todos os limites para o amor.

Outros encontros continuaram acontecendo, sempre que ficavam a sós. Magali começou a desconfiar da mudança de comportamento do noivo, mas nunca comentou nada. Ele demonstrava menos interesse por ela; contudo, Magali jamais poderia imaginar que estava sendo trocada por uma escrava.

Alonso foi o primeiro a descobrir tudo. Ele fora pessoalmente à casa-grande para colocar algumas achas de lenha na cozinha quando flagrou o sinhozinho e sua negra ali mesmo. Os dois estavam aos beijos. Alonso sentiu vontade de agredi-los, mas em sua condição de escravo não poderia fazer muita coisa. Se fizesse algo, seu fim seria o espancamento até a morte no tronco. No entanto, prometeu dar um jeito para que sinhá Dulce descobrisse tudo. Maria era mesmo uma desavergonhada, e sinhozinho Martim, um cafajeste. Era noivo de outra, afinal.

Alonso, movido pelo ciúme e pelo desejo de vingança, preparou seu plano. Maria o amara naquela noite e agora o trocara pelo moço engomadinho. Ela ia ver só uma coisa. Como ele tinha um pouco de conhecimento alfabético, conseguiu escrever uma carta, onde revelava tudo o que vira. Dizia que sinhô Martim e a escrava Maria estavam de caso. E conseguiu que a carta fosse parar nas mãos de Magali.

A moça sofreu muito, em silêncio. Sua alma era muito boa e pura. Sabia que, se fizesse alguma coisa, a escrava seria impiedosamente castigada, e Martim também, pelo pai. Não desejava nem uma coisa nem outra. Preferiu manter segredo, afinal já havia notado o comportamento estranho do noivo ultimamente. Também nunca se interessou em saber quem era o autor da carta anônima, mas tinha certeza de que dizia a verdade. Decidiu guardar o bilhete no fundo da gaveta de sua penteadeira.

Infelizmente, uma semana depois, sua mãe mexia ali, à procura de um par de brincos. Iam até a cidade vizinha, e ela julgava que a filha lhe tomara os brincos emprestados e os esquecera por ali. Não encontrou os brincos, mas achou a carta escrita por Alonso. Apesar dos excessivos erros ortográficos e gramaticais, ela pôde compreender muito bem a mensagem contida ali e ficou horrorizada.

Os fatos se desenrolaram muito depressa. Como já era de se esperar, Ester fez o maior escândalo. Não entendia como a filha nunca tinha notado nada. E Martim? O que tinha na cabeça para trair Magali com uma negra asquerosa? O que diria a sociedade na corte do Rio de Janeiro quando soubesse daquela infâmia? Furiosa, pediu ajuda à irmã.

Revoltada, Dulce mandou Maria para o tronco, mesmo sob os protestos de Martim e até mesmo da própria Magali. Quando ordenou que a açoitassem, reparou no ventre avolumado da escrava. A conclusão pareceu óbvia. A negra estava grávida de Martim.

Maria pediu, implorou, suplicou, orou, tudo em vão. O ódio de Dulce, aliado ao veneno da irmã, superou as súplicas de Maria. Foi chicoteada diversas vezes, embora Dulce tivesse ordenado que não a matassem. Quando foi solta do tronco, em meio a muito sangue e sob os olhares assustados de Martim e Magali, Dulce se aproximou e cuspiu no rosto dela.

Finalmente ordenou que Maria fosse amarrada ao estribo de um cavalo bravo. A seguir, deveriam espantar o animal para que saísse em disparada levando com ele a escrava. Esse seria o seu merecido fim por sua traição.

Magali rogou à mãe que tivesse piedade, mas Ester não compreendia como a filha poderia ser tão estúpida. Então não vira que o noivo a traía abertamente com a negra? E ainda por cima a defendia? Realmente não dava para entender.

Ninguém pôde fazer nada para impedir o fim trágico de Maria. Até mesmo Alonso estava arrependido de seu feito. Culpava-se pela tortura que infligiam a Maria. Pensava que tudo não passaria de um castigo bobo, mas agora sua negra terminaria morta, sem que nada pudesse fazer para impedir. Não tinha coragem suficiente para tentar defendê-la em seus momentos finais.

Maria desencarnou rogando piedade em sua morte lenta e dolorosa. Sentia aos poucos a pele se desprendendo do corpo em meio a um chiado agonizante. O cavalo a arrastou por quase um quilômetro até que ela não resistiu. Desencarnou com muito ódio de Dulce e de Ester. Jurou vingança e prometeu que um dia as duas iam pagar por todo o mal que fizeram às pessoas.

O noivado de Martim e Magali foi cancelado. O pai do rapaz, incapaz de superar a vergonha, pois a notícia da traição viera a público, suicidou-se. Magali foi mandada para um convento, onde passou o resto de seus dias orando e pedindo a Deus que perdoasse as almas de sua mãe e de sua tia.

Com o término do noivado da filha, Ester foi morar definitivamente com sua irmã na fazenda. E, com o passar dos anos, as duas tornaram-se ainda mais cruéis. Não admitiam uma negra grávida, ou prenha, como diziam. A escrava sempre tinha que se desfazer de seu filho. Caso contrário, pagaria com a vida.

capítulo 31

As imagens na tela se apagaram. Ronaldo enxugou uma lágrima que escorria discretamente. Virou-se para encarar Geraldo, que ainda mantinha o olhar na tela escura.

— Ainda não entendi algumas coisas. O que houve com o negro Alonso? E com Martim? E por que Ester e Dulce nunca foram castigadas por seus erros?

— O escravo Alonso, após a morte violenta da negra Maria, não se conformou. Constantemente jogava a culpa sobre si mesmo, pois não conseguia se livrar do remorso. Afinal, graças a ele, tudo fora levado àquele fim. E ainda prejudicou a sinhazinha Magali, que não havia feito nenhum mal a ele. Alonso tornou-se um homem calado e infeliz, já que ainda amava Maria. Desencarnou cinco anos depois, quando foi capturado pelos capatazes ao tentar fugir da fazenda de Dulce que ordenou que ele fosse levado ao tronco, onde deixou o corpo físico.

Ronaldo aguardava em respeitoso silêncio e Geraldo continuou:

— Alonso também desencarnou sedento de vingança e, no astral, encontrou-se com Maria. Ambos vagavam nas zonas inferiores. Ele pediu perdão a ela, porém Maria o ignorou. Não queria perdoar ninguém, mas sim fazer com que todos pagassem pelo mal que lhe fizeram

— Geraldo tornou a olhar para a tela escura, concentrado no que estava falando. — Martim, traumatizado com o suicídio do pai, nunca mais conseguiu se apaixonar por uma mulher. Achava que estaria traindo Magali de alguma forma, embora jamais tivesse voltado a vê-la. Nunca mais olhou para uma negra com desejos masculinos. Ele amara Maria, mas ela se fora. Martim passou o resto de seus dias sozinho. Nunca foi feliz de verdade.

— E o que aconteceu com Dulce e Ester? — perguntou Ronaldo.

— Elas foram assassinadas por uma escrava que, cansada de ser humilhada e agredida por elas, conseguiu envenenar o chá que as sinhás tomariam à noite. Ester e Dulce desencarnaram juntas e, quando acordaram em uma região de muito sofrimento, espantaram-se com a grande quantidade de inimigos que as aguardavam. A maioria eram ex-escravos da fazenda, que vinham cobrar o preço das antigas torturas. Entre eles, estava a escrava fujona que Dulce agredira com a ripa e Maria. Ester e Dulce sofreram muito até que conseguiram se arrepender do mal praticado e pediram perdão. Como a vida é justa, porém generosa, foi-lhes concedida a bênção de reencarnar.

Geraldo voltou seu olhar para Ronaldo com um sorriso terno nos lábios.

— Ao contrário do que você perguntou, Dulce e Ester não foram castigadas. Quem nos castiga não é Deus, mas sim a nossa própria consciência. As regiões do astral inferior são formadas pela concentração de pensamentos que vibram no ódio, no crime ou na falta de perdão. Quem comete um crime, como as irmãs cometeram, terá que responder pelos seus atos, pois o maior credor será seu próprio lado emocional e espiritual. Já aqueles que não conseguem perdoar o outro não perceberão que, ao fazer o outro sofrer através de sua vingança, também estarão sofrendo. Aquele que se vinga jamais consegue ser feliz.

— Houve acontecimentos muito tristes nessa encarnação. Por quê?

— O que pensamos ser triste é o melhor que poderia ter acontecido para o nosso próprio aprimoramento. Percebemos que a maldade é ilusória, é apenas uma maneira de se opor às forças do bem. O mal é como o frio, que perde seu poder quando surge o sol, aquecendo e iluminando as nossas vidas.

— Não sei se eu consigo relacionar cada personagem dessa história com os envolvidos na encarnação atual.

— Então vou ajudá-lo. O ingênuo Martim, cujo crime foi apaixonar-se por uma escrava é, atualmente, o seu filho Daniel, assim como Dulce reencarnou como a minha filha Lúcia.

Ronaldo fez uma expressão de completa consternação.

— Lúcia? Aquela fazendeira cruel e preconceituosa, que só soube desprezar aqueles que considerava inferiores a ela, é hoje a doce e serena Lúcia que conhecemos? Isso é impossível.

— Não, não é impossível. O sofrimento pelo qual ela passou após a morte nas mãos dos ex-escravos e de outras pessoas que a odiavam a fez prometer a si mesma que jamais cometeria o mal novamente, para não ter que acertar contas com espíritos presos ao rancor e ao desejo de vingança. Achava que podia tentar modificar os seus valores, se realmente desejasse. Qualquer um pode mudar seu comportamento, basta querer. Dulce quis se harmonizar consigo mesma, mostrando que estava preparada para um novo reencarne, em que tentaria se sair melhor como Lúcia do que quando foi sinhá.

— Tenho medo até de perguntar quem são os outros, embora já desconfie — tornou Ronaldo, o que valeu um sorriso do amigo. — Acho que já entendi o porquê de Estela ter nascido estéril.

— A única forma de sentir-se em paz seria retornar impossibilitada de engravidar. Ela não valorizou o dom da maternidade enquanto viveu como Ester. Nunca amou Magali, sua única filha, pois julgava ser mais interessante manter cumplicidade com sua irmã nos crimes contra as escravas gestantes. Impedir o nascimento de uma criança de maneira intencional é impedir o ciclo natural da vida, ou seja, não permitir que um espírito volte a Terra — após nova pausa, ele completou: — Esses espíritos, que não conseguiram reencarnar graças a ela, tornaram-se seus inimigos e logo a encontraram na frágil figura de Estela. Foi quando passaram a sugar suas energias, num verdadeiro processo de obsessão. Foram eles que a induziram ao suicídio, quando Daniel a encontrou com os pulsos cortados.

— Eu nunca poderia imaginar algo assim — comentou Ronaldo, repetindo: — Nunca mesmo.

— Perceba que, mais uma vez, não estamos falando em erros ou castigos. O que eu quero deixar bem claro é que aprendemos com as nossas atitudes e nos modificamos a partir delas. Assim como Lúcia, Estela também é uma mulher de bom coração. Temos certeza de que nos dias de hoje ela jamais agiria como na época em que foi Ester.

— Não há injustiça — murmurou Ronaldo.

— Nunca. Sob as diretrizes espirituais, essa palavra não existe. Estela não reencarnou estéril porque está pagando por um erro. Ela voltou nessas condições visando à sua própria harmonização. Acha que ela seria feliz tendo na consciência o peso dos seus crimes sem que pudesse fazer nada em troca para transformá-los em ensinamentos para si mesma?

Como Ronaldo só se limitou a balançar a cabeça negativamente, Geraldo prosseguiu:

— Creio que você esteja se perguntando quem a escrava Maria é atualmente. Ela foi a sua esposa Cirina. Só isso explica a origem de tanto ódio por Lúcia. Maria demorou muitos anos para perdoar sua sinhá, e Cirina guarda até hoje os resquícios da ira de tempos antigos. Enquanto foi Maria, ela teve que dividir Martim com Magali, mesmo sabendo que ele não amava a noiva. Magali é um espírito de altas esferas. Está sempre pronta a ajudar a quem precisa. Muito esclarecida e caridosa, ela continua reencarnando, mesmo sem ter necessidade de voltar a Terra, embora ela o faça com grande prazer e alegria.

— E hoje, quem é Magali?

— Ela voltou como a adorável Talita.

Ronaldo estava bastante impressionado. Eram muitos nomes e informações ao mesmo tempo. Continuava sem entender algumas coisas. Se Talita era um espírito tão instruído, por que morrera de forma repentina e brusca? E por que, afinal, Lúcia e Daniel não puderam ficar juntos? E quem seria o negro Alonso?

— Como eu acabei de falar, não existe nada injusto. Embora não precisasse voltar ao mundo físico, ela decidira desencarnar através de um acidente por dois grandes motivos, ambos voltados ao aprendizado de Lúcia. Sua mãe repensaria na diferença entre amor e apego, e a ensinaria a dar mais valor à maternidade, algo que jamais aconteceu enquanto Lúcia viveu como Dulce.

— Ela morreu para ajudar Lúcia? Não é o que pareceu. Lúcia continua sofrendo com a morte dela.

— Porque elas eram muito ligadas uma à outra. Lúcia se apegara à filha de uma maneira muito forte, quase a ponto de tornar-se perigosa, como a obsessão. Ela amava Talita de tal forma que deixava a si mesma em segundo plano, o que não é recomendável. Agora, sem a filha, Lúcia precisará reconstruir sua vida, provando para si mesma a importância da superação. Ela recorrerá à sua força interior para tentar tocar a vida, contornando o que compreende ser uma tragédia para tentar ser feliz.

Geraldo olhou para o amigo. Pareceu pensativo antes de continuar:

— Quanto ao negro Alonso, que agira nas sombras de forma covarde, não superou o seu maior vício: o medo. Jamais teve coragem de resolver seus problemas de frente.

— Ele agora é Gabriel, meu filho — percebeu Ronaldo.

— Exato. E mais uma vez ele continua sufocando dentro de seu coração todos os seus maiores desejos. Teme expô-los e se magoar, mas guarda tudo para si mesmo e continua se magoando. Gabriel jamais teve coragem de declarar o seu amor a Lúcia, muito embora seu coração não pertença a ela. Ele ainda ama Maria, embora não se lembre disso.

— Mas, se Maria é minha esposa Cirina, como ele poderia amar a própria mãe?

— Naturalmente, o espírito de Alonso, agora na pele de Gabriel, não poderia se apaixonar pela mãe. Há todo um planejamento reencarnatório antes de voltarmos ao corpo físico. A vida sempre trabalha a nosso favor. Cirina ainda mantém um cuidado especial por seu filho caçula. Na verdade é o amor, que está simplesmente adormecido. Cirina, infelizmente, tem feito muito mal aos outros e a si mesma.

Geraldo fez uma pausa e prosseguiu:

— Lúcia e Daniel se uniram apenas para propiciar o reencarne de Talita. Ele descobrirá seu amor verdadeiro por Estela. Os dois terão tudo para ser felizes, por muito tempo.

— Quando ele foi Martim, também amou Maria, que hoje é mãe dele.

— É verdade. Os sentimentos permanecem, mas se transformam. Aos poucos, ele sentirá uma afinidade cada vez maior por Estela. Os dois, nessa encarnação, ainda serão muito felizes juntos.

— Isso é surpreendente — sorriu Ronaldo. — A vida é surpreendente. Ela guarda segredos profundos sobre nós mesmos. Percebi que, quando esses segredos começam a ser revelados, nos levam a um único objetivo: o amor.

capítulo 32

O tempo passou rapidamente. No plano físico, Lúcia ainda não se conformava, mesmo que três anos tivessem se passado desde a morte da filha. Ainda chorava silenciosamente pelos cantos sempre que alguma lembrança de Talita vinha-lhe à mente. Jamais esqueceria sua única filha, a sapeca menininha de cachinhos dourados e olhos azuis, como uma princesinha.

Ignorando os acontecimentos de sua vida passada, Lúcia se questionava se de fato existia vida após a morte, como Laura falava. Se fosse verdade, por que nunca sonhou com a filha nesse tempo todo? Onde estava sua menininha amada? Por que jamais se comunicara com ela?

Depois do acidente, Lúcia tornou-se uma pessoa silenciosa e pouco comunicativa. Raramente sorria e jamais ria. Passou a colaborar com a casa espírita de Laura trabalhando como voluntária. Prestava assistência em todos os setores necessitados.

Inquirida algumas vezes sobre sua situação amorosa, Lúcia repetia sempre que não estava interessada em manter relacionamento com homem nenhum. Daniel fora o primeiro e o último em sua vida. Tinha decidido passar o restante dos seus dias sozinha.

Ela sofreu novamente ao receber a triste notícia de que Laura tinha sofrido um infarto e viera a óbito. A bondosa senhora, além de ser sua única e melhor amiga, fora a pessoa em quem se apoiara após a perda de Talita. Lúcia sabia que, sem os conselhos dela, teria sucumbido à loucura. Agora, ela esperava que, se a vida realmente continuasse, Laura reencontrasse seus filhos amados no astral.

"Deus queira que isso realmente possa acontecer!", refletiu ela em uma noite, sozinha, deitada no sofá de sua casa.

Era assim sua vida atualmente. Levantava-se de manhã, ia para o trabalho e voltava para casa. Tomava um banho rápido, fazia um jantar simples e logo adormecia. Passava os fins de semana deitada na cama, assistindo a filmes que alugava. Naquela noite, cochilou no sofá e sonhou com Laura. Viu a amiga feliz, abraçada a dois rapazes e uma moça. Ela dizia:

— Eu estou muito feliz, minha querida Lúcia, pois aqui é nossa verdadeira morada. Aqui estão aqueles que amamos e já se foram. Jogue fora toda a tristeza que invade a sua alma. Anime-se porque a vida é bela. Há vida e somente vida. Tudo é vida, pois o nosso espírito é eterno e a morte não existe. Jamais se esqueça disso.

Ao acordar, Lúcia não se lembrou exatamente das palavras da amiga, mas teve certeza de que ela vivia em algum lugar, encontrara seus filhos e estava feliz. Será que, quando ela partisse, ainda que demorasse muitos anos, reencontraria Talita? Ela desejava imensamente que sim, estava disposta a esperar o tempo que fosse necessário para isso. Seria a maior bênção de sua vida, uma alegria sem igual, algo que ela interpretaria como um verdadeiro milagre.

Daniel e Estela, em suas viagens ao exterior, haviam repensado suas vidas. Conversaram como nunca haviam feito em todos aqueles anos. Chegaram então à conclusão de que o motivo de seu casamento ter fracassado fora a ausência de uma criança. Daniel nunca consentira com uma adoção e Estela era estéril. No entanto, decidiram que, se quisessem realmente esquecer o passado, deveriam deixar para trás todas as dificuldades.

Decidiram adotar uma criança assim que voltassem ao Brasil. Estela sabia que o marido ainda sentia alguma coisa por Lúcia, mas ela não temia que eles voltassem a se relacionar. Confiava em Daniel agora.

Gabriel se arrependeu imediatamente assim que viu o irmão e Estela felizes juntos. Soube então que Lúcia não estava com ele. Talvez eles jamais houvessem retomado o romance como ele tinha imaginado. Nunca confirmou essa informação com ela, por vergonha ou medo de ouvir a resposta.

Decidido, ele resolveu telefonar e colocar tudo em pratos limpos. Mesmo alguns anos atrasado, achava que ainda estava em tempo. Lúcia o atendeu com a mesma simpatia de antes. Eles conversaram por alguns instantes e ela revelou estar sozinha.

Gabriel lamentou a morte de Talita. Sofria por saber que ela estava sofrendo. Quando o assunto estava se esgotando, ele resolveu abrir seu coração. Finalmente diria a ela o que sentia. E, dependendo do que ela respondesse, ele embarcaria num avião imediatamente e retornaria ao Brasil, ao encontro de Lúcia.

— Lúcia, eu queria lhe dizer algo que nunca tive coragem de falar antes. Espero que possamos manter a nossa amizade com essa revelação. Perdoe-me por tudo — ele estava sendo dramático, embora essa não fosse a sua intenção.

— De que se trata? Você está me assustando.

— Quero que saiba que eu amo você profundamente. Acho que me apaixonei no dia em que você apareceu na casa de meu irmão. Como quis pedi-la em casamento e ser o pai que meu irmão não era para Talita... Como desejei tomá-la nos braços e amá-la como você merecia... Fui covarde e tolo ao me privar de tudo isso. Covarde, por não ter enfrentado minha mãe quando ela quis me mandar para cá, e tolo, por não ter me declarado antes.

Lúcia ouvia aquilo sem saber o que dizer. Mas Gabriel ainda não tinha terminado:

— Sei que não existe a menor chance de ficarmos juntos, principalmente agora que a distância nos separa. Espero que não se ofenda por fazer essa confissão tão tardia.

— Gabi, eu estou muito surpresa. Espantada, na verdade. Eu já tinha desconfiado dos seus sentimentos por mim, mas, como nunca houve nenhuma iniciativa da sua parte, supus que estivesse enganada. Acho que sempre soube que você não sentia apenas uma simples amizade por mim.

— Lúcia! — Gabriel gritou o nome pelo telefone, sua paixão prestes a explodir. — Diga que me ama também, eu lhe imploro. Juro que vou para o aeroporto agora mesmo e, ao chegar aí, eu me caso com você. É tudo o que mais quero. Por favor, Lúcia.

Ela riu:

— As coisas não funcionam assim. Eu gosto muito de você, mas como a um irmão. Não seria possível ficarmos juntos a essa altura do campeonato. Sabe que meu coração pertenceu a seu irmão e, mesmo agora, estando certa de que não tenho mais nenhuma chance com Daniel, não pretendo iniciar uma nova relação amorosa. Seria até um pouco estranho, após tanto tempo sozinha. Eu o amo, Gabi, mas não como você deseja. Sinto muito.

Gabriel chorou largamente ao telefone e Lúcia chorou com ele. Todavia, não podia fazer nada, estava decidida a tocar sua vida sozinha. Pediu perdão a Gabriel, mas queria que ele compreendesse.

Quando desligou o telefone, Gabriel permaneceu em silêncio por quase uma hora. Finalmente se declarara, melhor seria se não o tivesse feito jamais. Lúcia o dispensou. Agiu como ele sempre temera. Ele sabia que não conseguiria esquecê-la. Teria que conhecer alguém em Londres que fosse digna de seu amor. Gabriel sabia que mulher nenhuma se compararia a Lúcia.

Numa tarde gelada de junho, durante o feriado de Corpus Christi, Lúcia foi até a praça onde ensinara Talita a andar de bicicleta. Ali se encontrou com Estela e Daniel. Ela estava com um bebê nos braços. Lúcia estranhou um pouco, mas logo chegou à conclusão de que a criança deveria ser adotada. E teve a suposição confirmada quando se aproximou.

— Este é Ronald, nosso bebê — apresentou Daniel. — O nome é em homenagem ao meu pai. Estela e eu decidimos adotar uma criança. Nunca havia concordado com isso antes, pois desejava uma criança que tivesse meu sangue, mas concluímos que só conquistamos a felicidade quando vamos atrás dela.

— Eu gostaria de agradecer a você, Lúcia — Estela abraçou-a. — Sinto-me tão feliz como nunca me senti antes, em toda a minha vida. E não estaria aqui se minha tentativa de suicídio tivesse dado certo. Graças a você, que me deu sábios conselhos e incentivou que Daniel ficasse comigo, minha tão desejada felicidade foi conquistada. Não pude ter filhos, mas superei esse problema. Deus sabe o que faz, não é mesmo?

— Sim, com certeza. Desejo toda a felicidade do mundo para vocês.

Daniel aproximou-se e pousou suave beijo nos lábios de Lúcia. Ela olhou assustada para Estela, mas ela continuava sorrindo.

— Eu também desejo muita sorte para você — disse ele. — Lúcia, você é uma mulher guerreira, venceu muitas dificuldades na vida. É um exemplo a ser seguido, pois, mesmo depois de tantas perdas, está aqui, de cabeça erguida. Você é digna de parabéns — ele sorriu quando viu as lágrimas brotarem dos olhos de Lúcia. — Garanto que um dia você ainda encontrará a recompensa de tudo isso.

— Assim espero — ela retribuiu o sorriso. — Que Deus abençoe a todos nós!

Lúcia se despediu e se afastou. Estava contente. Perdoara definitivamente Daniel. Sentia que não havia mais nenhuma corrente que a ligasse a ele. No instante em que ele deu um beijo de leve em seus lábios, ao contrário de antes, Lúcia não sentiu nada de diferente. Era como receber um beijo do melhor amigo.

Quando chegou ao outro lado desta mesma praça, uma nova surpresa a aguardava. Sentada e encolhida num banco estava Cirina. Olhava tristemente para uns pombos que passeavam por ali. Levantou o olhar e avistou Lúcia se aproximando. Ao reconhecê-la, levantou-se e tentou se afastar, mas Lúcia a deteve:

— Espere, Cirina, por favor.

Ela se virou lentamente. Nunca se esqueceu da surra que levara da moça. Será que Lúcia iria atacá-la de novo?

— Cirina, quero falar com você. É rápido, eu prometo — Lúcia contou rapidamente que tinha acabado de ver Daniel e Estela com o pequeno Ronald e finalizou: — Eu queria que soubesse que nunca desejei mal nenhum à senhora ou a seus filhos. Se alguma vez pratiquei algo que a ofendeu, acho que já aprendi com a perda de Talita. Por isso, gostaria que pudesse me perdoar, gostaria que esse ódio que sente por mim se transformasse apenas em mágoa, se é que ele não possa ser extinto.

Lúcia chorava e Cirina disse algo que pensava que nunca diria em toda a sua vida.

— Acho que a única que agiu e atrapalhou tudo fui eu. Você não precisa me pedir desculpas. Eu sempre quis ser a mãe superprotetora dos meus filhos e não quis enxergar que eles cresceram e tinham que tomar suas próprias decisões. E agora fiquei sem nenhum dos dois, pois Daniel sente raiva de mim. Aprendi que só damos valor às coisas quando as perdemos.

— Eu sei, acho que comigo também foi assim — Lúcia se sentia duplamente feliz. Não queria seguir em frente, deixando rancores para trás. — Bem, desejo-lhe sorte, Cirina, e quero que saiba que, se um dia precisar, pode contar comigo.

— Obrigada, Lúcia — Cirina sentia vontade de chorar, mas era orgulhosa o suficiente para não fazê-lo na frente de Lúcia. Elas trocaram um aperto de mão. — Espero que todas nós possamos ser felizes um dia.

Lúcia foi para casa com o coração leve. Era a primeira vez que sentia alegria desde a morte de Talita. Como era bom perdoar. Como era bom ser perdoada.

Suzete e Roberto tiveram três filhos. Ela assumiu o posto de dirigente do centro de estudos espirituais após o desencarne de Laura. Seu casamento com Roberto era leal, seguro e feliz.

Mara e Simone, as colegas de Lúcia no serviço, também seguiram com suas vidas. Mara casou-se, engravidou, pediu as contas e decidiu ser feliz com o marido. Simone permaneceu no cargo.

A jovem e fofoqueira Ana foi demitida. Entrara uma moça no lugar de Mara que era tão faladeira quanto ela. Ana, infelizmente, experimentou do próprio veneno. Embora tivesse deixado de cuidar do alheio, foi vítima de fofoca da nova colega, o que culminou em sua dispensa. Ana entendeu que o mal que fazia aos outros voltava para ela mesma.

Glória, a amiga de Cirina, não teve sorte diferente. Durante um tiroteio entre polícia e bandidos, foi vítima de bala perdida enquanto dirigia. Ao desencarnar, viu-se frente a frente com os espíritos sombrios que sempre a acompanharam. Glória tentou fugir, pois agora eles a assustavam. Mas era tarde demais. Glória foi pega e levada para o astral inferior. Mantivera essas companhias junto de si e agora não poderia se livrar delas tão facilmente.

Gabriel, em Londres, conheceu uma jovem brasileira e iniciou um romance. A moça se apaixonou por ele, mas Gabriel não retribuía como devia. Por mais que se esforçasse, não conseguia afastar de sua mente a imagem de Lúcia. Sabia que sempre ia amá-la, não importava quem namorasse. Seu coração seria sempre de Lúcia.

Daniel e Estela estavam muito felizes com o pequeno Ronald, que crescia bem depressa. Era uma criança bonita e saudável. Foram surpreendidos quando souberam que Lúcia vendera a casa e o carro. Não deixara novo endereço, simplesmente sumira. Daniel sabia que ela também tinha direito à felicidade e agora nada mais os unia.

Ambos estavam definitivamente livres um do outro. A ele cabia agora a tarefa de cuidar do filho e da esposa, constituindo uma verdadeira família.

Cirina permaneceu só. Depois da morte de Glória, perdeu o gosto de sair e ficava o tempo todo dentro de casa. Certa noite estava deitada no sofá da sala, no escuro, refletindo sobre sua vida. Ronaldo se fora, os filhos se foram, a amiga se fora. E, embora lhe fosse indiferente, a neta também se fora. Nada mais lhe restava. Possuía uma casa imensa, mas era vazia e fria. Tinha dinheiro, contudo não via em que poderia gastá-lo. Não ia viajar sozinha ou comprar roupas se não havia para quem exibir. Perdera contato com suas amigas de sociedade. Não tinha mais motivo para nada. Cirina então se perguntou se algum dia em sua vida fora feliz de verdade.

Na espiritualidade, Laura reencontrou seus filhos. Bernardo, seu marido, havia reencarnado na pele de Ronald, o bebê que Estela e Daniel haviam adotado. Laura também encontrou a paz e a verdadeira felicidade. Torcia para que acontecesse o mesmo com Lúcia.

Com o dinheiro do carro e do imóvel que Lúcia tinha vendido, ela comprou uma pequena residência no interior de São Paulo. Fez um acordo com a empresa e foi mandada embora. Com o dinheiro que recebeu, somado aos seus investimentos, tentou manter a vida na nova cidade. Conseguiu um emprego de faxineira em uma floricultura. Como não era orgulhosa, aceitou de bom grado. O salário era relativamente menor do que ganhava, mas seu custo de vida era mais baixo agora.

Decidida a construir uma nova vida, Lúcia conseguiu. Viveu ali por mais três anos, sempre sozinha. As pessoas nunca entenderam o que uma moça tão bonita fazia solitária. Alguns homens tentaram conhecê-la melhor, mas Lúcia sempre se esquivava. Não ia iniciar outro relacionamento amoroso.

Seis anos se passaram desde que Talita se fora. Ela teria agora doze anos. Todavia, o destino não quis assim. A Lúcia só restou aguardar pelo dia em que ela e a filha voltassem a se ver, ainda que em sonho, ainda que numa breve fração de segundo. Porém nada disso aconteceu.

Vítima de um infarto fulminante, Lúcia desencarnou repentinamente, tão solitária e silenciosamente como vinha vivendo nos últimos tempos. Espíritos amigos, como Ronaldo, Laura e Geraldo, participaram de seu desligamento.

Foi recebida com festa na espiritualidade e agora a sua maior recompensa estava por vir.

epílogo

Logo que abriu os olhos, viu o teto branco e sentiu um agradável perfume de flores. Levantou a cabeça e percebeu que estava em um quarto. Era pequeno, simples e bastante acolhedor. Lúcia não estava entendendo o que havia acontecido. Lembrava-se somente de ter sentido uma dor muito forte no coração, no momento em que ia se deitar. Viu tudo escuro e não sentiu mais nada. E acordava ali, naquele ambiente.

A porta do quarto se abriu e três pessoas entraram. Lúcia apertou as vistas para reconhecer o primeiro visitante. E, quando o fez, levou as mãos à boca e gritou de alegria:

— Papai, é você mesmo? — Geraldo se aproximou e se abraçaram com força. Os demais acompanhavam a cena emocionados. — Papai, o que faz aqui? Você está vivo? Então era verdade? Nós não morremos de verdade? Que sonho lindo! Mal posso esperar para acordar e me lembrar dele.

— Isto não é um sonho. Você está aqui realmente. Este é o nosso verdadeiro lar.

— Então eu morri? — em vez de estar surpresa, ela parecia imensamente feliz. — Eu desencarnei?

— Sim, minha querida. Seu corpo foi enterrado há três dias e somente agora você acordou. Seja bem-vinda à sua nova casa.

— E onde está mamãe?

— Ela já voltou à Terra, em um novo processo de reencarne. Quando possível, iremos vê-la.

As lágrimas não paravam de escorrer pelo rosto de Lúcia. Beijava e abraçava o pai repetidas vezes. Então morrer era aquilo? Acordar em um local diferente, porém com as mesmas sensações de quando se está na Terra? Lúcia estava tão emocionada que não havia reparado nas pessoas que entraram com Geraldo. Ali estavam Ronaldo e Laura. Ambos sorriam felizes.

— Seu Ronaldo! Dona Laura! — Lúcia parecia uma criança empolgada. Não conseguia parar de chorar, tamanha era a sua emoção. Abraçou e beijou os amigos sem parar.

— Oh, meu Deus, que alegria poder revê-los! Parece mesmo um sonho, só que um sonho do qual sei que não vou acordar. Nem quero, claro.

Todos riram. A paz reinava ali. Foi quando um nome veio à mente de Lúcia. Se todos estavam ali, ela também deveria estar. Tinha que estar. Era tudo o que mais desejava. Deus seria bom e lhe concederia esse único desejo. Ela olhava ansiosamente na direção da porta. Os outros sorriram, pois sabiam quem ela desejava ver.

Silenciosamente, Geraldo caminhou até a porta e abriu-a. Lúcia mal piscava. Sentou-se na cama para ter uma visão melhor do ambiente. Uma moça de olhar bondoso apareceu trazendo uma menina pela mão. Lúcia olhou e piscou algumas vezes, incapaz de acreditar.

Ela estava ali, exatamente como a vira pela última vez no dia do acidente em frente à escola. Mantinha a aparência de uma criança de seis anos, inclusive continuava banguela. Lúcia reparou nesse detalhe quando Talita sorriu e entrou em disparada no quarto. Ela sentiu as pernas tremerem. Chorava tanto que chegava a estremecer. Deus a ouvira, Talita estava ali.

— Mamãe! — gritou Talita como fizera tantas e tantas vezes.

— Oh, meu amor! — foi tudo o que Lúcia conseguiu dizer.

Talita correu e ambas se abraçaram, misturando as lágrimas. Os presentes saíram, deixando-as sozinhas. O momento tão esperado finalmente havia chegado.

— Eu senti muita saudade — revelou Talita abraçada a Lúcia. — Eu a amo, mãezinha.

— Eu também, meu amor, eu também — Lúcia beijou os cachinhos dourados da filha. Mal podia se conter, queria gritar de alegria. Estava com muita saudade também.

Elas permaneceram abraçadas por mais alguns instantes, unidas pelo afeto que sentiam, até que finalmente a emoção serenou. Lúcia virou o rosto para encará-la melhor, comentando com um sorriso nos lábios:

— Você está exatamente igual ao dia em que a vi pela última vez.

— Na verdade, não é bem assim — Talita afastou-se um pouco de Lúcia e segurou nas mãos dela com carinho. — Aqui no plano espiritual as coisas funcionam de maneira diferente. O nosso corpo astral pode ser modificado, de acordo com as necessidades de cada um. Você sabe que já vivemos outras vidas antes desta, não é mesmo?

— Sim, eu sei. Dona Laura sempre me falou sobre reencarnação — intrigada, Lúcia analisou a filha com mais atenção. — Pensando bem, você está um pouco diferente. Está se comportando de forma mais madura. O que aconteceu?

— Peço que observe uma coisa, mamãe. E, por favor, não se assuste.

Lúcia assentiu com a cabeça. Talita levantou-se e parou diante da mãe. Sorriu e aos poucos seu sorriso banguela foi se transformando, assim como todo o seu corpo. Ela ficou mais alta e seu rosto mais atraente. O aspecto infantil foi substituído pela imagem de uma moça jovem e muito bonita. Uma luminosidade clara e delicada envolveu-a totalmente, o que a deixou cintilando como uma estrela. Ternura, paz e serenidade transbordavam do seu olhar, e novas lágrimas surgiram nos olhos de Lúcia.

— Meu Deus! — foi tudo o que ela conseguiu dizer diante daquela visão belíssima. — Minha filha é um anjo!

Desde que desencarnara, após o acidente, Talita assumira aquela aparência. Ela era um espírito muito evoluído e com grande conhecimento da espiritualidade. Entretanto, ao saber do retorno de Lúcia ao astral, decidira retomar a forma de uma criança de seis anos para que a mãe matasse a saudade e pudesse serenar o coração tão combalido pela dor.

A nova aparência de Talita era idêntica a que ela tivera em sua penúltima encarnação como Magali. A emoção de Lúcia impediu que suas lembranças aflorassem naquele momento.

— Não me considero um anjo. Apenas acredito no bem e no amor. É tudo de que precisamos para construir a nossa felicidade.

— Nós ainda vamos ficar juntas?

— Claro que sim. Não importa que sejamos mãe e filha, duas amigas ou duas irmãs. O que importa são os laços de afeto que nos unem. Com eles, sempre seremos felizes.

Lúcia também se levantou, aproximou-se daquela figura maravilhosa e beijou seu rosto tão amado que, mesmo diferente da feição de Talita que ela conheceu, ainda parecia possuir certa ingenuidade. Em seguida, fechou os olhos e agradeceu a Deus pela bênção concedida. Recebera a confirmação de que a morte não existe e percebeu, naquele momento, que o verdadeiro amor ultrapassa os limites da vida e da morte, fortalecendo os laços afetivos e perdurando pela eternidade.

— Eu a amo, Talita, muito mesmo — ela confessou entre as lágrimas.

Talita sorriu e deslizou as mãos pelo rosto da mãe como sempre fizera.

— Não chore, mamãe, não há mais motivos para isso. E não se esqueça de que eu também a amo. Muito, muito, muito.

Fim

Rua Agostinho Gomes, 2.312 – SP
55 11 3577-3200

contato@vidaeconsciencia.com.br
www.vidaeconsciencia.com.br